月如钩 著

苏东坡传

一蓑烟雨任平生

华中科技大学出版社
http://www.hustp.com
中国·武汉

图书在版编目(CIP)数据

苏东坡传:一蓑烟雨任平生/月如钩著. -- 武汉:华中科技大学出版社,2021.9
ISBN 978-7-5680-5773-8

Ⅰ.①苏… Ⅱ.①月… Ⅲ.①苏轼(1036-1101)-传记 Ⅳ.①K825.6

中国版本图书馆 CIP 数据核字(2021)第 162760 号

苏东坡传:一蓑烟雨任平生
Su Dongpo Zhuan:Yisuo Yanyu Ren Pingsheng

月如钩 著

责任编辑:孙　念
封面设计:今亮後聲 HOPESOUND 2580590616@qq.com ・任晓宇　梅杨
责任校对:李　琴
责任监印:朱　玢

出版发行:华中科技大学出版社(中国・武汉)　　电话:(027)81321913
　　　　　武汉市东湖新技术开发区华工科技园　　邮编:430223
印　　刷:天津中印联印务有限公司
开　　本:880mm×1230mm　1/32
印　　张:8.5
字　　数:205 千字
版　　次:2021 年 9 月第 1 版第 1 次印刷
定　　价:42.00 元

本书若有印装质量问题,请向出版社营销中心调换
全国免费服务热线:400-6679-118　竭诚为您服务
版权所有　侵权必究

自序

平生功业在三州　风流千古冠九州

　　对现代人来说,提到苏东坡的名字,概不知者寥寥。今天的世界多元且开放,读万卷书、行万里路、食万家菜、赏万家画,已不再是少数人的专利,而是社会大众的生活常态。在我们所读的书中、在我们行走的路上、在我们品尝美酒佳肴的杯盏间、在我们鉴赏书画的艺廊里、在我们吟唱经典的歌曲中……不期然地,我们总会遇到苏东坡这个名字,并对其情不自禁地表现出由衷的欢喜!假若你爱美食,你的唇齿间少不了会沾染"东坡肉"和"东坡肘子"的芬芳。假若你爱饮酒,你的嗅觉里又怎会少了眉山东坡酒、桂酒等佳酿的醇香。而作为一名旅游达人,当我们欢喜地微笑时,"何妨吟啸且徐行"之"蓑笠翁"的潇洒身影便会浮现于脑海中。偶尔狂傲的瞬间里,"大江东去"的浩荡江流与千古人事的旷达豪壮会油然在胸中奔腾;而在恋乡思友的时刻,我们体会共享一轮皓月、洒脱旷远的浪漫情怀;在情痴难解的纠缠里,那份"多情却被无情恼"的孤寂与惆怅正可以借以抒发。在书画家的求索中,回荡着随性而为、"成竹在胸"的意趣与清雅;在士大夫或从政者的仕途曲折里,则共鸣着"九死南荒吾不恨"的执着与超然……所有这一切皆源于苏东坡遗存千古、意蕴风流的人格魅力!而这种人格魅力,不仅在于他具有天才的深厚、广博、诙谐、旷达与高度发达的心智,更在于他终其一生都保持着一颗天真烂漫的赤子之心，一颗纯粹的、不老的、对外界充满热望与好奇、看世间一切都美、视所有人都好的不泯童心！

苏东坡出生于景祐三年十二月十九日（1037年1月8日），病逝于建中靖国元年七月二十八日（1101年8月24日），历经了宋仁宗、宋英宗、宋神宗、宋哲宗、宋徽宗五任皇帝。他科考于仁宗时期，为官于神宗在位期间，"乌台诗案"后遭到贬谪，哲宗登基后两遭流放，"虽怀坎壈于时，遇事有可尊主泽民者，便忘躯为之，祸福得丧，付与造物"。

年少时，苏东坡即以东汉"慨然有澄清天下之志"的范滂为榜样激励自己，"奋厉有当世志"。他觉得"有笔头千字，胸中万卷，致君尧舜，此事何难"，立志要做一个风节凛然、敢作敢为的儒者。神宗执政期间，重用王安石，推行以富国强兵为宗旨的经济体制改革。苏东坡因反对王安石的激进政策，主动请求外任。在担任地方官期间，他为百姓做了很多好事实事，政绩卓著。初任凤翔签判，他为纾民困，改革"衙前役"；任杭州通判，他走访民间，了解百姓疾苦，了解运河堵塞情况；任密州知州，他率领民众，灭蝗减灾；任徐州知州，他筑堤抗洪，"公庐于城上，过家不入"，最终取得抗洪的胜利；他还视察监狱，关心囚犯的健康。他以儒家立德、立功、立言的弘道济世的生命观，实现了"达则兼济天下"的宏愿。

然而，胸怀济世之才、品性刚直不阿的苏东坡不可避免地卷入了政治斗争的旋涡，成了政治斗争的箭靶。他反对新法，因为任职地方时，他亲身体会到每一项政策都关系到民生大计，大意不得，因而反对操之过急的新政。新政推行十年，在强大且顽固的利益集团兼保守势力的围攻下颇受挫折，司马光以垂老之年主持朝政，重在尽废新法。对此，苏东坡也认为不妥。他向司马光据理力争，认为新政施行十年，百姓业已习惯，且实践证明有些政策于民有利，可以保留，如果全部废除,无疑是另一次扰民。于是,他又被变法反对派的旧党所不容,等到"朋党之争"祸起,他便不断地被排斥,一再遭到贬谪和流放。

苏东坡的一生可谓跌宕起伏,穷达多变、吉凶祸福相伴相随。在"乌台诗案"里,他死里逃生,被贬黄州。尽管身处逆境,却仍以执着的信念高唱生命之歌:"吾侪虽老且穷,而道理贯心肝,忠义填骨髓,直须谈笑于死生之际?"虽政治失意,幅巾芒履,躬耕东坡,生活困窘,却仍关注民生。他为武昌一带溺死初生婴儿的野蛮风俗痛心疾首,一面上书知州,希望官方出面禁止溺婴恶俗;另一方面又成立救儿会,动员富人捐钱,他自己虽穷困不堪,却也慷慨解囊。

在政治信念和人生态度方面,苏东坡以天然的自觉,将"尊主"与"泽民"高度统一起来,堪称为官之楷模。他"居庙堂之高,则忧其君",身为京官,忠言谠论,尽"尊主"之责。元祐年间高太后摄政时,苏东坡任翰林学士知制诰,写下大量激扬清议的政论文章和奏议表章,以表达忠君报国的赤诚之心。他"处江湖之远,则忧其民",任职州郡,关心民瘼,尽"泽民"之任。元祐四年(1089年),苏东坡再度到杭州任知州,"岁适大旱,饥疫并作",他立即采取各种赈济措施,拯救民难。其中最著名的是疏浚西湖,修复六井,将湖中淤泥堆成堤坝,成就了当今西湖的一大景观——苏堤。即使远贬惠州,失去了权力地位,他还是凭借时任提刑的程之才的友情,对地方施加影响而颇有建树。他向地方官建议依谷物市价向百姓征税,关心惠州城的各种改善革新事宜,热心医疗卫生、居民饮水等公益事业。及至最后被贬谪到瘴疬之乡的海南儋州,他仍然作诗道:"莫嫌琼雷隔云海,圣恩尚许遥相望。平生学道真实意,岂与穷达俱存亡。"面对当地落后的生产力和愚昧的风俗,他帮助儋州百姓摆脱陋习,苦劝居民发展农业,同时倡导礼乐教化,兴办教育变化人心。他还呼吁黎、汉平等相处,以促进民族团结。

正如陆游所言,"公不以一身祸福易其忧国之心。千载之下,生气凛然"。苏东坡的一生无论穷达祸福,无论顺境逆境,始终积极有为。他力行惠政,矢志为民。即使不断地遭到贬黜,也没有被悲伤和痛苦压倒,而是及时调适心境,排解悲苦,以随缘自适、旷达超脱的态度对待自身处境。遇赦北归途中,他走到镇江,作《自题金山画像》,对自己一生的际遇作出总结:"心似已灰之木,身如不系之舟。问汝平生功业,黄州惠州儋州。"

结词中的黄州、惠州、儋州三地,正是苏东坡一生经历三次重大政治打击后被贬谪之地,也是他人生的三次巨大创痛,且一次比一次艰难。但他的人格特质和人生观却由此一次又一次地飞跃,并在他的生活和作品里显露得淋漓尽致。一次次的变迁,让他的生存环境渐次下降到唯求苟活的程度,然而他的艺术造诣却上升到登峰造极的境界。他挥动如椽之笔,创作出冠绝古今的"一词二赋"。所谓"一词",即《念奴娇·赤壁怀古》;所谓"二赋",即《赤壁赋》《后赤壁赋》。南宋诗人刘辰翁在《辛稼轩词序》中说:"词至东坡,倾荡磊落,如诗如文,如天地奇观。"苏东坡一生留下两千七百多首诗,其中广为传诵者大部分写于被贬谪时期。清代学者赵翼在《瓯北诗话》中说:"以文为诗,自昌黎始,至东坡益大放厥词,别开生面,成一代之大观。……其尤不可及者,天生健笔一枝,爽如哀梨,快如并剪,有必达之隐,无难显之情,此所以继李、杜后为一大家也。"

苏东坡生活的宋朝,是个思想大开放的时代,是我国古代文化的繁荣时期。在中国传统文化中,儒、道、佛是思想主流,到北宋时则呈现出"三教合流"的局面。苏东坡汲取儒、道、佛三家思想的精华,并融会贯通,形成了独特的人生观。他尊崇儒教,但又不为儒学拘囿;他崇尚老庄思想,又不走向虚无和厌世;他喜欢研读佛经,参禅悟道,但又不愿执着于相。儒家思想使他腾达时积极有为,尊主泽民,匡时济世,穷困时也心系民瘼;道家思想使他身处逆境时淡泊名利,安时处顺,超然物外;佛家思想又使他随缘自适,心境空明,圆融通达。李庆皋在《苏轼思想"大杂烩"论辩》一文里认为,"乌台诗案"前,苏东坡的思想以儒家为主;被贬黄州时期,佛老思想占据了主导地位;从元祐元年(1086年)开始,苏东坡"长期埋在心底里的建功立业、致君尧舜的儒家思想被唤醒,又占据了上风";到桑榆暮年,又遭到贬谪,他的思想又一次大颠倒,佛老思想占主导,儒家思想退居次位。苏东坡善于批判地从佛老思想中吸取安贫乐道的精华,随遇而安。王水照在《苏轼的人生思考和文化性格》中分析苏东坡对人生和生死问题的看法,总结了苏东坡人生道路上的两条基线:一是儒家的俗世精神;二是人生苦难意识与虚幻意识。但苏东坡的人生体验"没有发展到对整个人生的厌倦和感伤,其落脚点也不是从前人的'对政治的退避'变为'对社会的退避'"。苏东坡的文化性格中具有"狂、旷、谐、适"四因子,它们构成了苏轼完整的性格系统,统一于他对人生思考的结果之上。这样的性格特征决定了无论生活发生怎样的起伏、变化和冲突,他都能获取动态的平衡。因而,苏东坡即使被贬儋州,依然识见通达而不滞阻,心胸开阔而能因缘有适。无论道路如何崎岖,他都能泰然自若地行走。如此心性自然映照于其诗文中,犹如夜明珠跃动于他所写的每一句诗行上,又好似清晨荷莲上的露珠晶莹剔透。

王国维在《文学小言》中写道:"三代以下之诗人,无过于屈子、渊明、子美、子瞻者。此四子者苟无文学之天才,其人格亦自足千古。故无高尚伟大之人格,而有高尚伟大之文学者,殆未之有也。天才者,或数十年而一出,或数百年而一出,而又须济之以学问,帅之以德性,始能产真正之大文学。此屈子、渊明、子美、子瞻等所以旷世而不一遇也。"

作为一个全才,任何抽象的概括都难以述尽苏东坡的特质。他既是秉性难改的乐天派,又是悲天悯人的道德家;既是心忧天下的士大夫、皇帝近秘,又是心怀悲悯的审判官、政治立场坚定的己见者;既是豪情与悲情兼备的诗人、收放随性的散文家、文人新派的绘画家、挥洒自如的书法家,又是自制佳酿的实验者、匠心独运的建筑师;既是瑜伽术的修炼者、虔心钻研的佛教徒,又是月下抒怀的漫步者、躬耕田亩的蓑笠翁……如此这般集众多特质于一身者,天地间实在是凤毛麟角。尽管身处政治斗争之中,但他始终保持天真淳朴的品格,与变法派和反对派中的众多人物保持着亦敌亦友的关系,视"天下无一个不好人"。因为涉及的人物众多,关系繁杂,因而在编写本书时,笔者力求客观真实地引用可查考的资料,并尽可能以中立的态度表现苏东坡以外的人物,以利于读者对历史人物有客观、公正的认识。

  本书在内容上分为两部分,以"乌台诗案"苏东坡被贬黄州为分界线。一部分为年少轻狂的苏东坡一路顺畅、意气风发的人生经历,但凡作文必高谈阔论、引经据典,虽才华横溢,但更多的是书生之泛泛空论,尚未付诸实践,其洋洋洒洒、盲目议论利害得失之文风,既是应试科举下的通病,也是理想主义者纯真的社会构想,同时因其才高而难容于世。另一部分为"乌台诗案"后苏东坡对人生意义的思考和探索。在被贬谪三州的过程中,苏东坡完善了自己的人格,实现了理想的自我。他收敛了身上桀骜不驯的傲气,珍养稳健平和的正气;在与农夫村民等底层民众的交往中,他去除了纠缠恩怨的意气,蓄养虚怀若谷的大气;在躬耕东坡的劳动中,他蜕掉了多愁善感的书生气,护养刚毅坚强的大丈夫气;在纵情山水的天真中,他超越了人类时空的局限,养聚天地宇宙一体的浩然气。他以顺其自然、坦然面对的生死观,实现了人格魅力不朽的精神气。

苏东坡在世时便已出版众多诗集，按时期分，至少有7种：《南行集》、《钱塘集》（杭州）、《超然集》（密州）、《黄楼集》（徐州）、《毗陵集》（常州）、《兰台集》（任翰林时）、《海外集》（儋州）。目前已知最早的苏东坡诗集，是驸马王诜授意刊刻的《王诜刻诗集》。王诜在元丰二年（1079年）以前刊印了苏东坡诗的一部分，在苏东坡被控受审时，将四卷诗呈上作为证物。元丰五年（1082年），陈师仲刊刻了《超然集》和《黄楼集》。元丰八年（1085年），苏东坡自黄州获释后，写信给朋友滕元发，要求把诗集的木版毁掉。绍圣四年（1097年）至元符三年（1100年），刘沔写信与苏东坡商议刊印全集，苏东坡称赞那本集子毫无伪作掺入。苏东坡去世后，各种评注本出现，评论部分都是注明诗句的出处，注解部分则集中说明人名、地名和写诗的背景。

有关苏东坡漫长一生中多姿多彩、曲折多变的丰富经历，既存在于各种史料中，也存在于他那浩繁的著作里。他的诗文总计接近百万言，他的札记、遗墨、私人书信亦广见于敬仰他的文人所写的大量闲话漫谈中，并流传至今。由王安石变法引起的纷争以及绵延苏东坡一生的政坛风波，历代也有大量记录资料，其中包括数量甚多的对话录。宋儒都长于写日记，尤以司马光、王安石、刘挚、曾布最为著名。苏东坡不写日记，但留下大量札记，游山玩水、思想、人物、处所、事件，他都笔之于书，有的记有日期，有的不记日期。当时他还以杰出的书法闻名，经常有人恳求墨宝，他习惯于题诗，或书写杂感评论，酒饭之后随手赠予友人。此等小简偶记，人皆珍藏，传之子孙后代，有时也以高价卖出。在这些偶记题跋中，往往有精妙之作。现今保存下来的东坡书简约有八百通，有名的墨迹题跋约六百件。

众多的史实资料，为今人研究苏东坡提供了便利。笔者经过长期的阅读构思，认真研读林语堂大师所著的《苏东坡传》、王水照先生的《王水照说苏东坡》、王伟先生的《风情百样苏东坡》等书籍,观看康震教授在《百家讲坛》主讲的《唐宋八大家之苏轼》,同时参考公共文献、地方志等后,确定本传记以诗词为眼,纵观苏东坡的人生经历,对与之相关的人物也作相应介绍,以利于读者更好地把握和了解历史人物的多面性、复杂性。

　　在此对所有为本书成稿引发思考与提供借鉴之人、之事,致以诚挚的谢意!由于笔者才疏学浅,能力有限,编撰本书恐有疏漏之处,敬请读者、专家多多指正,不胜感激!

目 录

第一章 眉山千载诗书城 人境同渊育名人 / 001

宽严相济有榜样 潜移默化塑内质 / 001
文豪之家受熏陶 少作文章显奇巧 / 007

第二章 手足情深深几许 姻缘奇情传美名 / 012

亦师亦友兄弟情 姐嫁错人伤母心 / 012
不谋而合唤鱼池 韵成双璧结良缘 / 013
身行万里半天下 人情练达勤持家 / 016
玉骨那愁瘴雾 冰姿自有仙风 / 018

第三章 天纵之才慧眼识 金榜题名天下知 / 024

伯乐慧眼识英才 退让佳话千年传 / 024
丁忧守孝居山林 辞别故乡奔前程 / 029

第四章 初入仕途无所惧 个性交友辨曲直 / 038

新官上任祈雨忙 虔心为民试锋芒 / 038

年少气盛言无忌　父逝妻丧守孝制 / 044

第五章　守制变法竞圣听　执拗对决两相误 / 050

倾情一生求变法　理想未竟暗神伤 / 050
彼称此之为流俗　此谓彼之为乱常 / 056
上书万言谏人君　激恼权臣遭贬逐 / 061
兄弟共度话别离　诗书易成意难平 / 067

第六章　杭州密州又徐州　一波三折登轼忙 / 072

诗友僧朋西湖游　酒酣景美心无忧 / 072
出本无心归亦好　白云还似望云人 / 081
徐州治水出奇招　文冠天下孚众望 / 089

第七章　乌台诗案惊鬼魂　神宗惜才谪黄州 / 097

上表谢恩埋祸根　谤讪朝政起风波 / 097
因诗获罪因诗解　劫后诗笔已如神 / 101

第八章　乐观旷达文峰巅　爱国泽民志亦坚 / 110

此处依稀似乐天　敢将衰朽较前贤 / 110
谁能伴我田间饮　醉倒惟有支头砖 / 119
莫听穿林打叶声　何妨吟啸且徐行 / 126

第九章 肌肤握丹身毛轻 冷然纷飞同水行 / 137

瑜伽炼丹修性情 圆通觉悟更清净 / 137
相知未能正当时 从公已觉十年迟 / 142
入淮清洛渐漫漫 人间有味是清欢 / 150

第十章 太后恩宠破格升 迷倒众生遭人妒 / 156

直面痛击三路神 名士群集成党朋 / 156
空肠得酒芒角出 肝肺槎牙生竹石 / 167

第十一章 忠直率性树劲敌 谦退之道有玄机 / 171

木秀于林风摧之 行出于众人非之 / 171
洞若观火诚无惧 奈何弹劾非本然 / 177

第十二章 雕不加文磨不莹 子盍节概如我坚 / 181

体恤民生巧断案 浚河治湖有奇功 / 181
抢购食粮为平仓 未雨绸缪防饥荒 / 187
百折不挠呈奏章 如愿以偿免沉账 / 189

第十三章 此生天命更何疑 且乘流遇坎还止 / 193

新党得势风云起 外任定州坎坷至 / 193

岭南流放艰且险　天地浩然我独行 / 200
　　酒醒梦回春尽日　闭门隐几坐烧香 / 210

第十四章　世事一场大梦　人生几度秋凉 / 217

　　平生学道真实意　岂与穷达俱存亡 / 217
　　九死南荒吾不恨　兹游奇绝冠平生 / 223

第十五章　南渡北归漫漫路　劫后染疫断诗魂 / 230

　　问翁大庾岭头往　曾见南迁几个回 / 231
　　世事坎坷识天意　贫病淹留见人情 / 237
　　道大平生为民容　才高济世未成累 / 245
　　鉴平生忠义之心　还千古英灵之气 / 252

附录　苏东坡年谱 / 255

第一章　眉山千载诗书城
　　　　人境同渊育名人

在四川峨眉山麓，有一座静谧的小城，名眉山，古代曾被称为眉州。在中国文学史上，眉山一城自古以来文化鼎盛，饮誉四海，史不绝书，素有"千载诗书城"之誉。其中，以苏轼为代表的苏氏父子以其丰富的人生经历、深邃的哲学思想、卓越的政治实践、辉煌的文学成就，形成了中国文化史上一个独特的文化现象——三苏文化。

早在宋朝时期，眉州乡人就已热衷于纪念享誉全国的三苏父子。有一位吴姓眉州太守有两个设想：一是修建三苏祠，将苏氏父子的遗像和作品请进去，供当地乡人瞻仰；二是建设一座远景楼，既可以纵览眉州山水，又能观赏峨眉霁雪。

古人的热爱历经千年岁月洗礼而不绝，三苏祠几兴几衰，经过数百年的营造，终于在今天成了一座富有四川特色的古典式园林建筑，让千年眉州成了川西南的一颗璀璨明珠，苏氏父子的精神也一直滋养润泽了当地的文化。

宽严相济有榜样　　潜移默化塑内质

眉山是一座非常宜居、环境优美的城市。在今眉山市区纱縠行南街七十二号，有一座中等结构的住宅，是国内目前规模最大、保存最好的三苏纪念祠堂。自大门进入祠堂，迎面是一道漆有绿油的影壁。影壁之后，一栋中型带有庭院的房子出现在眼前。房子附近有一棵高大的梨树、一处池塘、一片菜畦，显得幽静古朴。庭院内，花草树木种类繁多，庭院外是一片竹林。整个祠堂被红墙环抱，绿树萦绕。水流相通的荷池，扶疏挺拔的古木，掩映于翠竹浓荫之中。堂馆亭榭，错落有致，形成"三分水二分竹"的岛居特色。而处处可见的匾额对联，词意隽永，散发出浓郁的文学气息。

宋仁宗景祐三年十二月十九日（1037年1月8日），在这栋古朴幽静的宅院里，一个初生婴儿的啼哭声划破寂静，回荡在林木与池水之间，这个孩子便是苏东坡。

众所周知，每一个个体的成长无不与他所处的社会环境、家庭环境有着密切的关系。尤其是当今的教育研究已证明，原生家族的影响是个人一生的烙印与传承。

苏东坡出生时，祖父苏序年六十三岁，身体健壮得很，他为人慷慨大方，酒量极好。父亲苏洵则是一个尚未成熟的青年，他有点不务正业，长年游山玩水、无心向学。母亲程氏是眉山程文应之女，她知书达礼、温柔贤淑。两个伯父苏澹和苏涣都勤奋务实，尤其是二伯父苏涣聪颖好学，从来不让家人操心，已在朝廷为官。

苏东坡是苏洵夫妇生育的第三个孩子，东坡前面有一个姐姐和一个哥哥，但哥哥早在他出生前便已夭折。

苏家算得上是当地富有的中产之家。他们居住在乡间，有不少田产，家里除有几个侍女服侍外，还有两名奶妈负责照顾苏东坡姐弟。

众所周知，从事农业生产，必须储备粮食，一则为备足粮种，二则为应对灾荒。田地多的大地主，还可以储备粮食用于商品经营。

据史书记载，苏东坡的祖父在储粮方面大异于常人，比如当地富户喜欢储存大米，而苏序却不然，他把大米换成稻谷储存。他在自家谷仓中储藏了三四万石稻谷。其后有一年遇到大灾荒，农作物普遍歉收，苏序便开仓放谷。他依据血缘关系的亲疏远近散放粮食，先散给自己的近族近亲，再散给妻子的娘家，然后分派给家中的佃农，最后发放给同村的贫民。乡民们这才恍然大悟，原来他广存稻谷是因为稻谷可储藏数年，而大米一旦遇潮就会发霉坏掉。平日里，苏序喜欢到处晃悠，他时常携一壶酒，与亲友在草地上席地而坐，一边畅饮一边大声谈笑，用以打发闲散时光。有时他们还一起饮酒高歌，令附近那些拘谨内敛的农夫大为吃惊。

有一天，苏序喝酒取乐正酣时，突然传来苏涣进京赶考高中的消息，同时考中的还有姻亲程家的儿子，也就是苏东坡的二伯父和舅父一块高中了，这是一件双喜临门的事情。

苏涣亲自派人从京城给老父亲送上官家的喜报、官衣官帽、上朝用的笏板以及一张太师椅和一个精美的茶壶。喜信送达时，苏序正喝得兴起，手攥一大块牛肉猛吃。当他看见行李袋里露出官帽上的红扣子，一下子就明白了。乘着酒兴，他拿起喜报向朋友们高声宣读，为儿子光耀门楣而欣喜不已。他把未吃完的牛肉扔进行李袋，与喜报和官衣官帽装在一处。随后，他找了一个村中的小伙子背行李袋，他自己则骑驴往城里走。苏家儿子考中的消息早已传遍街巷，街上的人们看见酩酊大醉的苏序骑在驴背上，后面跟着一个小伙子扛着一件怪行李，禁不住围观大笑。

又有一次，苏序大醉之下，走进一座庙里，把庙里供奉的一尊神像砸碎了。事实上他对这神像早有厌恶，加上庙祝常以香火之名向信徒们勒索钱财，他便借着酒醉故意砸毁了神像。

苏序这些离经叛道的行为在苏东坡外公家人眼里，都是令人不齿的行为。而苏东坡在成名后对祖父的怀念与评说中则认为，只有高雅不俗之士才能欣赏祖父的质朴自然之态。

这位纯真的老人身上蕴藏了丰富的人生智慧，在往后的年月中，那些智慧的光芒在子孙们身上灿烂地怒放。他开阔的胸襟、非凡的气度、淳厚的内心、正直的为人等高尚的品质对后辈产生了潜移默化的影响。受祖父的熏染，苏东坡在以后的人生中亦有着独特的酒趣和人生志向。

苏东坡的父亲苏洵堪称大器晚成之人。他自小聪颖，禀赋异于常人，但天生沉默寡言，性格又古怪顽皮。长大后虽然有着英俊的外表、儒雅的气质，但贪恋山水，不爱读书。

苏洵不爱读书的性格，与其父苏序极为相似，因而深得父亲喜爱。加上他是家中的小儿子，不需要养家，因此他最大的爱好就是游山玩水。即使结婚成家，生儿育女后，他仍然四处游历，而苏序也很放任他，从不过问。有朋友问苏序"为什么儿子不肯用心读书而你却不管教呢"，苏序很平静地答："我的儿子不用操心这个。"

不知是为了回报父亲的信任还是受其他因素影响，总之，到二十七岁时，这个"不务正业"的"浪子"回头了。他开始自知自省，发愤读书，直至一鸣惊人。据史料记载，大约在苏东坡出生后，苏洵对待读书的态度突然严肃起来。他开始追悔韶华虚掷，痛恨过去无所事事的自己。他看到自己的哥哥、内兄，还有两个姐夫，都已科考成功，封官授印，感到十分羞愧，自觉脸上无光。

事实上，激励苏洵发生改变的亲人有两个，一个是他的妻子程氏，一个是他的二哥苏涣。

据《武阳县君程氏墓志铭》载："夫人姓程氏，眉山大理寺丞文应之女。生十八年归苏氏。"苏东坡的母亲程氏从小就接受了良好的教育，通经史、识大义，十八岁时嫁入苏家，当时苏洵年仅十九岁，还是一个未知世事的懵懂少年。两人的婚姻生活一度因家贫而过得十分艰难。有人建议程氏求助娘家，但程氏不希望别人因此事指责苏洵靠岳丈家维持生活，因而一口回绝。婚后的苏洵照旧到处游荡，无意于挣钱养家，一度使程氏郁郁寡欢。苏洵后来在悼念亡妻的祭文中也承认，"昔予少年，游荡不学，子虽不言，耿耿不乐，我知子心，忧我泯没"。据传，有一天苏洵因纵酒感疾，闲居在家，见程夫人亲笔写了几句文字，题在书房壁间。其文曰："童年读书，日在东方。少年好学，日在中央。壮夫立志，两山夕阳。老来读书，秉烛之光。人不知书，悠悠夜长。嗟尔士子，勿怠勿荒。"苏洵看后叹道："贤妻诲我深矣。果然人不知书，如长夜漫漫，一无所见。我年未三十，须将发白，若不读书，悔之晚矣。"于是立志攻读。对于苏洵的幡然觉悟，程氏甚为喜悦，她把家事全部承担下来，上事翁姑，下教子女，终日勤劳不息。她还在眉山城南纱縠行街上租下一栋宅子，做起了布帛织物的生意。

苏洵的二哥苏涣比苏洵年长九岁，与苏洵性格完全不同。苏涣聪颖好学，读书勤奋。他的读书方法之一就是抄书，《史记》《汉书》他都抄过，事实证明这是个加强记忆的好方法。苏东坡、苏辙都视他为榜样，苏东坡就曾抄过三遍《汉书》。

苏涣二十四岁就考中进士，他回乡时，乡人出迎一百多里。从唐朝开始，居住在眉山的苏氏一族就没有人出去做官，自苏涣以后才开始有越来越多的人出去做官。苏洵的母亲病逝那一年，苏涣回家守丧，见弟弟苏洵整天无所事事，于是说道："三弟啊，你游历了那么多名山大川，哥哥整日繁忙，没时间领略这大好河山，你能不能写点文章，让我看看这纸上山川如何雄奇峻伟呀？"这下可把苏洵难住了，他觉得自己满肚子都是锦绣河山，却不知如何将它写到纸上，想画画不成，想写写不出，急得他满头是汗。苏涣见状笑了笑，说:"三弟,你别着急,二哥有一个心愿,想请三弟帮忙圆了。"苏洵忙问:"什么心愿?"苏涣说:"我们苏家先人原本很有一些来历,可自大唐以来,我们只知苏味道是我们的先人,往后记述不详。从下往上推,也只知道祖父叫苏杲、曾祖叫苏祜。三弟既然喜欢周游四方,何不找些老人聊聊,再去查查别人的族谱,把苏家族谱也编出来呢?"苏洵听了,觉得这件事做起来挺有意思,便一口应诺下来。

苏洵首先从眉山地区与本家有亲戚关系的程家和史家着手,通过查看他们的族谱和先人的往来书信以及眉州府的陈年案卷,追溯到了唐代武则天时的宰相苏味道的名字,这位外号"苏模棱"的先人事迹不免让他脸红。苏味道的二儿子苏份在眉山娶妻生子,"自是眉州始有苏氏"。再往前,他查到了汉代的苏建和苏嘉、苏武、苏贤三兄弟,以及先秦的苏秦和苏公。为了弄明白这些人的来历,苏洵开始通读史书,一直读到二哥苏涣丁忧期满,离家上任。当他准备下笔编写苏氏族谱时才发现心有余而力不足,加上乡试落第,他开始冷静地反省过往经历。以前他仗着自己聪明,以为读书不是什么难事,现在他取出以前写的书稿重新审读,感觉糟糕至极,惭愧之余索性一把火把书稿烧了。

随后,苏洵重新取出《论语》《孟子》和韩愈等人的文章,继续穷究诗书经传及诸子百家之书。他每天端坐在书斋里苦读不休,并发誓读书未成之前,不再写任何文章。有一年端午节,夫人程氏给他端来几个剥好的粽子和一碟白糖,让他蘸着吃。待去收拾碗碟时,程氏却发现白糖没动,而砚台四周残留了不少糯米粒,苏洵的嘴边也是"黑白并存",黑的是墨,白的是糯米粒。原来,苏洵只顾专心读书,把砚台当成糖碟,蘸在粽子上的是墨而不是糖。

后来,苏洵在谱学领域贡献巨大,创造了现代修谱方法之一的苏氏谱例，时至今日仍然是许多地方和姓氏的修谱范例。他还把自己的学识、品行教授给两个儿子，即苏轼和苏辙，最终成就了文学大家的美名。虽然他在仕途上未曾得志，抑郁而终，但令人欣慰的是，在他去世前，他一生致力追求的文名与功名在两个儿子身上实现了。

文豪之家受熏陶　少作文章显奇巧

庆历三年（1043年），六岁的苏东坡入学了。私塾在眉县天庆观，规模不小，有学童一百多人，但只有一个老师，且是个道士，名叫张易简。在众多学童里，苏东坡是备受张道长青睐的一个。

苏东坡不只喜欢读书，还有广泛的兴趣爱好，爱观察探究新奇之物。比如，放学后，他回到家里就喜欢观察鸟巢。因为母亲告诫他不得捕捉鸟雀，他在观察时就尝试轻轻地触摸一两下，感受小鸟绒毛的柔软。鸟雀也很有灵性，常常飞到苏家的庭院，并在庭院的树枝上筑巢哺育后代，偶尔还会有一些羽毛艳丽的小鸟飞过来"串门"。每到这个时候，苏东坡便望着小鸟鲜艳的羽毛遐想，它从哪儿来呢？

每当有官员经过眉山，缘于苏东坡二伯父的朝官身份，他们都会到苏家拜访。这时，家里会准备筵席款待宾客。看到女仆们打着赤脚慌忙跑去菜园摘菜、跑到鸡舍里捉鸡宰杀，以致搞得鸡飞狗跳、手忙脚乱的样子，苏东坡便觉得这是一件趣事。

苏东坡八九岁时，父亲苏洵第一次进京赶考，但没有考中。落第之后，苏洵到江淮一带游历，母亲程氏居家管教孩子。据《宋史·苏轼传》及苏辙为母亲写的长篇碑文记载，程氏当时主要教孩子们学习《后汉书》。书上记载，后汉时朝政不修，政权落入阉宦之手，地方上的官僚多为太监豢养的走狗和无耻之辈，一些忠贞廉洁、清明正义之士和饱读诗书的太学生们不惜冒着生命危险，上书直谏，弹劾奸党。其中有个名叫范滂的青年，尤其勇敢无畏。程氏引导着苏东坡认真读了《范滂传》全文，这是对苏东坡影响深远的一件事、一篇文。

范滂，字孟博，汝南征羌（今河南漯河布召陵区）人。他从小磨砺出高洁的节操，受到州郡和乡里人的钦佩，被举荐为孝廉、光禄四行①。当时冀州地区发生饥荒，盗贼纷起，于是朝廷任命范滂为清诏使，派他前去巡行查办。范滂登上车，手揽缰绳，意气激昂，大有整顿天下吏治的壮志。到冀州后，太守、县令听说范滂来了，知道自己贪污受贿之事迟早被揭发，便辞官离开。

而后范滂升迁为光禄勋主事。当时陈蕃担任光禄勋，范滂按照属下参见上司的礼仪拜访陈蕃，陈蕃没有留下他，范滂内心不满，扔下笏板弃官离开。郭林宗听说后，责备陈蕃说："像范滂这样的人才，怎么能按照官府礼仪来要求他呢？现在成全了他甘愿辞官维护尊严的名声，你不是自找非议吗？"陈蕃醒悟，向范滂道歉。

范滂又被太尉黄琼征召。不久，皇上下诏三府衙门的属官收集呈报那些民间反映官吏政声好坏的歌谣，范滂借机弹劾了刺史、二千石权臣及其党羽达二十多人。太守宗资此前就听说过范滂的声名，请求朝廷让范滂暂任功曹，并把政事交给他处理。范滂在任期间，执行政纪谨慎严肃，痛恨奸邪，严惩那些违反孝悌道德、不遵守仁义规范的人，也不愿和他们在官府共事。范滂的外甥、西平人李颂是王侯之家的子弟，却被同乡的人鄙弃。中常侍唐衡把李颂请托给

---

① 光禄四行：汉朝选举科目，即光禄勋举有敦厚、质朴、逊让、节俭等四种品行的人为官。

宗资，宗资任命他做小官。范滂却认为李颂不是合适人选，就把这件事压下不办。宗资以为属下不服从命令，迁怒于书佐朱零，命人鞭打他。朱零仰起头，大声说："范滂这样做是公正的，好像用锋利的刀刃剜除腐烂的坏东西。今天我宁愿受鞭打而死，也不能违背范滂的意思。"宗资只得作罢。

后来牢修诬告范滂结党营私，范滂获罪，被拘禁在黄门北寺监狱。不久案情查清，范滂南行返乡。刚从京城出发，汝南、南阳就得到消息，两地迎候他回乡的士大夫不计其数，仅马车就有几千辆。一起坐牢的同乡人殷陶、黄穆也被赦免，和他一起回乡，两人在他身旁守卫服侍，接待宾客。范滂心下不忍，对殷陶等人说："现在你们这么跟着，这是加重我的祸患啊。"随后与殷陶等人分别，悄悄回乡。

建宁二年（169年），朝廷大规模诛杀结党之人。诏书下达，范滂等人的名字赫然在列。督邮吴导抵达县府，手捧诏书，把自己关在官府驿站中伏床哭泣。范滂听说这件事后，自责道："这一定是因为我呀！"当即赶到县狱。县令郭揖十分吃惊，丢下官印，走出官衙，拉着范滂要和他一起逃走。他劝范滂："天下那么大，您为什么要在这里等死呢？"范滂说："我死了，灾祸自然平息，怎么敢因为我的罪名连累您，又让我的老母亲流离他乡呢！"他的母亲接到消息后前来和他诀别。范滂对母亲说："弟弟仲博孝敬，可以供养服侍您，儿跟随先父去黄泉，生存者、赴死者各自得到相宜处所。只希望母亲大人割舍这恩情，不要再增添悲伤了。"随后再三跪拜母亲，告别离开。围观的路人看到此情此景，没有谁不感动流泪。范滂离世时年仅三十三岁。

苏东坡听母亲讲完范滂的故事，抬头望了望母亲，问道："母亲，我长大后若做范滂这样的人，您愿意不愿意？"程氏回答道：

"你若能做范滂,难道我不能做范滂的母亲吗?"

从东坡母子共同学习《范滂传》这一事情和探讨主题的对话中,我们不难看出母亲对于儿子的影响有多深,也不难看出苏东坡幼小的心灵中与众不同的情怀,这间接预示了他在成年后将会走上一条坎坷不平的仕途。

到苏东坡十岁左右时,他已经能写出一些奇巧的文章了,比如《黠鼠赋》。

苏子夜坐,有鼠方啮。拊床而止之,既止复作。使童子烛之,有橐中空,嘐嘐聱聱,声在橐中。曰:"嘻!此鼠之见闭而不得去者也。"发而视之,寂无所有,举烛而索,中有死鼠。童子惊曰:"是方啮也,而遽死耶?向为何声,岂其鬼耶?"覆而出之,堕地乃走,虽有敏者,莫措其手。

苏子叹曰:"异哉!是鼠之黠也。闭于橐中,橐坚而不可穴也。故不啮而啮,以声致人;不死而死,以形求脱也。吾闻有生,莫智于人。扰龙伐蛟,登龟狩麟,役万物而君之,卒见使于一鼠;堕此虫之计中,惊脱兔于处女,乌在其为智也。"

坐而假寐,私念其故。若有告余者曰:"汝惟多学而识之,望道而未见也。不一于汝,而二于物,故一鼠之啮而为之变也。人能碎千金之璧,不能无失声于破釜;能搏猛虎,不能无变色于蜂虿:此不一之患也。言出于汝,而忘之耶?"余俯而笑,仰而觉。使童子执笔,记余之作。

苏东坡写这篇文章时不过是小小孩童,但其文形象生动、寓意深刻、发人深省,阐明了不要为假象所迷惑的哲学思考。

有一天课间休息时,他的老师正读着一篇关于当代名儒的佳作。苏东坡走过老师的身后，看了一会后忍不住发问。老师给苏东坡大概讲了讲宋仁宗奖励文学艺术的风气和文坛风貌，朝廷之上有诸多贤良大臣，文才杰出者皆受到恩宠。这是苏东坡首次听到欧阳修、范仲淹等当政文人的大名，当下深受鼓舞。

十一岁时，苏东坡开始认真准备科举考试。为应对科考，学生必须读经史诗文，经典古籍必须熟读成诵。当他和弟弟苏辙在家苦读经史时，他们的父亲苏洵铩羽而归。总结苏洵的科考失败经验，十之八九是败在作诗上。按科考要求所作的诗，既需要有相当的艺术情趣，又要求措辞精巧工整，而苏洵则更重视思想观念。当时的读书人可选择的出路十分有限，要么教书，要么通过科举走上仕途，而后者是唯一的荣耀和成功之路。苏洵自视甚高却名落孙山，深受打击之下很是颓丧。

落败回家后，整日听着两个儿子抑扬顿挫、清脆悦耳的读书声，苏洵的心情逐渐好转，他把希望寄托在儿子们身上并相信儿子们必然能够考取功名。此后，他恢复了信心，颓丧心绪不治而愈。初学者读经典，往往有许多错谬。苏洵便一边听儿子读书，一边校正他们读音的错误。练习作文时，苏洵要求坚守文章的淳朴风格，他力戒当时华丽铺张之流行文风，以纯粹而雅正的文体教授二子，教他们深研史书中的为政之法，乃至国家盛衰更替之道。苏洵的坚守与传授，为两个儿子开启了一扇通往未来的理想之门。

用今天的教育观点来看，苏家的家庭气氛为培育文学天才提供了良好的成长土壤。家中耕读的传统与储藏丰富的典籍图书，为苏东坡兄弟营造了天然优质的学习环境；宽容豁达的祖父，学问丰富、引导得当的父母，是他们健康成长与创造性读书路上的珍贵保障。

第二章　手足情深深几许
　　　　姻缘奇情传美名

苏东坡与弟弟苏辙深厚的兄弟情谊世所罕见，与他们的诗文一同为人称道并令人羡慕。而苏东坡一生经历的三段婚姻在让人动情之余，又引来人们深深的叹惜，叹上天给予他们的美满时间太短，叹有情人难长相守……

亦师亦友兄弟情　姐嫁错人伤母心

在苏家，弟弟苏辙仅比苏东坡小三岁，因此两兄弟一起长大、一起读书且一生相互扶持照应，关系最为密切。在性格方面，苏东坡与父亲苏洵有几分相似，激烈粗犷，疾恶如仇；弟弟则相对平和，恬静冷淡，稳重务实。他们兄弟之间的友爱及以后兴衰荣辱过程中深厚的手足之情，是苏东坡毕生歌咏的题材。兄弟二人忧伤时相互慰藉，患难时彼此扶助。他们彼此相会于梦寐之间，长期写诗文寄赠以通音信。据《宋史·苏辙传》记载："辙与兄进退出处，无不相同，患难之中，友爱弥笃，无少怨尤，近古罕见。"在苏东坡数以千计的诗词中，以苏辙的字"子由"为题的诗词就有一百多首，其中有诗句写道"我少知子由，天资和而清""岂独为吾弟，要是贤友生"。在评价苏辙的文章时，苏东坡甚至认为他超过了自己，只是不为世俗所知,"子由之文实胜仆,而世俗不知,乃以为不如"。

苏东坡十六岁时,姐姐嫁给了表兄程之才。在古代,表兄妹结婚被认为是亲上加亲。但是,苏东坡的姐姐嫁到程家后生活得很不幸,她在程家受到未为人知的折磨和虐待,婚后不久就忧郁而终。

女儿的早逝激起了苏洵的恼怒。他写了一首诗,既为女儿之死自责,也暗含刻毒的字词。为表达恨意,他还编了一个家谱刻在石头上,上面还立了一个亭子。他把苏氏全族人请到一起,在完成祭告祖先的仪式后,愤怒地向在场所有人宣告,代表一个家族的"某人"——暗指他的妻兄——已经让全村的道德沦丧:他赶走幼侄,独霸家产;他宠妾压妻,纵情淫乐;他们父子共同宴饮喧哗,家中妇人亦受其害;他们是一群欺下媚上、嫌贫爱富的势利小人;他家的金钱和权势可以左右官府,他们"是州里之大盗也。吾不敢以告乡人,而私以诫族人焉"。

苏洵这样做的目的就是要向岳父程家表明立场,为女儿打抱不平,与程家断绝亲戚关系。他告诫两个儿子,永远不要和他们的表兄姐夫往来。苏东坡兄弟果然严守父命,与程之才断绝往来长达四十余年。但在父亲逝世之后,兄弟二人倒是和除程之才之外的其他表兄弟保持着很好的关系。最痛苦的莫过于苏东坡的母亲程氏,她在这场不幸的冲突中处境十分艰难,一边是娘家兄长和侄子,一边是丈夫和亡女,都是自己至亲至爱之人,割舍任何一个对她而言都是生生的痛。尤其是痛失爱女的打击,使她的身体被迅速击垮。

不谋而合唤鱼池　韵成双璧结良缘

皇祐六年(1054年),十七岁的苏东坡到了成家立业的年纪。他按媒妁之言迎娶了乡贡进士王方之女王弗。王弗这年十五岁,家住眉山南约十五里处的青神县,靠河而居。她聪明沉静,知书达礼。但刚嫁给苏东坡时,她并不声张自己读过什么书。婚后,每当苏东坡读书,她便陪伴在侧,整天都不离开;苏东坡偶有遗忘之处,她便从旁提醒。

据《蜀中名胜记》载,苏东坡与王弗的姻缘中暗藏着一段佳话,称为"唤鱼姻缘"。

北宋年间,中岩有座书院,青神县的乡贡进士王方在此执教时,好友苏洵送苏东坡到中岩书院读书。苏东坡聪颖好学,王方十分喜爱。

中岩寺丹岩赤壁下,有绿水一泓,清澈怡人。苏东坡读书之余常临流观景,有一次不禁大叫:"好水岂能无鱼?"随后抚掌三声,立时,岩穴中群鱼游跃,皆若凌空浮翔。苏东坡大喜,向老师王方建议:"美景当有美名。"王方深以为然,遍邀文人学士在绿潭前投笔竞题,可惜诸多秀才的题名不是过雅就是落俗。最后苏东坡缓缓展出他的题名"唤鱼池",令王方和在场众人叫绝。苏东坡正得意之时,王方的女儿王弗也使丫鬟从闺阁中送来题名,纸上赫然写着"唤鱼池"三字,众人不由惊叹:"不谋而合,韵成双璧。"随后,苏东坡手书的"唤鱼池"三字被刻在赤壁上。不久,王方请人做媒,将王弗许配给苏东坡。故此,他们的婚姻实质上是两情相悦的结果。

作为苏东坡的原配夫人,王弗对他可谓关怀备至。在苏东坡初入官场时,王弗作为贤内助,对他的帮助显而易见。因为从小饱读诗书,她非常务实,且明晓官场的利害关系,对于为官处世的见识似乎远胜过苏东坡。她知道丈夫性格坦白直爽,脾气有点急躁,因而在悉心照顾他的生活之余,偶尔也提醒他处世之理。

苏东坡属于大事聪明、小事糊涂的类型。苏东坡在凤翔任职时,王弗常常提醒他遇事要冷静,多思考。苏东坡的天性是把人人都看作好人,而王弗则非常有知人之明。每当苏东坡与来访的客人谈话,她总是躲在屏风后屏息静听，从他们谈论的话题中捕捉微妙的信息。有一天，客人走后，王弗问苏东坡："你费了那么多功夫跟他说话，有没有注意到什么？他只是留心听你要说什么，然后迎合你的意思说话。这样的人擅长逢迎拍马，不是与你真心相交之人哪。"

在提醒苏东坡注意防范溜须拍马之人的同时，王弗还警示苏东坡要提防那些过于坦白直率的泛泛之交，提醒他即使真的"天下无坏人"，也要提防有些受他照顾的"朋友"。总而言之，从苏东坡一生经历的麻烦事来看，他确实只看别人的优点，而看不出他人的欠缺，这也给他带来了无尽的祸患。王弗曾忠告苏东坡："速成的交情靠不住！"苏东坡也承认妻子的忠言非常正确。

夫妻二人情深意笃、恩爱有加地生活了十一年。可惜天命无常，治平二年（1065年）五月，王弗病逝于京师开封，年方二十六岁。夫妻俩生育的儿子苏迈，当时年仅六岁。次年，苏东坡作《亡妻王氏墓志铭》，他在铭文中悲痛地写出自己的心境："余永无所依怙。"平静的语气下饱含着无比的沉痛。

十年后，也就是熙宁八年（1075年），苏东坡到密州任职。这一年正月二十日，他梦见爱妻王弗，于是写下传诵千古的悼亡词《江城子·乙卯正月二十日夜记梦》：

十年生死两茫茫。不思量，自难忘。千里孤坟，无处话凄凉。纵使相逢应不识，尘满面，鬓如霜。

夜来幽梦忽还乡。小轩窗，正梳妆。相顾无言，惟有泪千行。料得年年肠断处，明月夜，短松冈。

这首缅怀亡妻的千古悲词，是我国文学史上众多悼亡作品中十分突出的一首。当我们了解到苏东坡与王弗的爱情故事后再读这首词,那种真挚的情感、沉痛的悲伤、深切的怀念,无不令人随之洒下"泪千行"!

身行万里半天下　人情练达勤持家

苏东坡的第二位妻子王闰之是王弗的堂妹,比苏东坡小十一岁。早在八九年前,苏东坡的母亲去世,他曾返回故里奔丧。丁忧期间,他常到妻子娘家青神县游玩。王闰之当时大概十一岁,多次在堂姐家看见姐夫。在家人们一同出外游玩、野餐聚会时,她知道意气风发的姐夫年少有为,已金榜题名,心里充满惊奇和崇拜。

王闰之嫁给苏东坡时,已经二十周岁了。根据宋代礼仪,如果不是丧服在身,"女子十四至二十,皆可成婚"。从苏东坡的姐姐十六岁嫁给程之才、王弗十五岁嫁给苏东坡、史氏十五岁嫁给苏辙来看,当时眉山的女子多在十五岁到十六岁之间出嫁。而王闰之却为何二十岁还待字闺中呢?有人研究,这可能是王弗在病危之际做出的安排。三年前,王弗病逝前,苏、王两家已经议定,将王闰之嫁到苏家,给苏东坡当继室。而王闰之从小倾慕姐夫,也被苏东坡对堂姐的一片深情所感动,更有对东坡文采和人品的仰慕。

王闰之秉性柔和,遇事随顺,容易满足。在丈夫宦海浮沉的生涯里,一直与之同甘共苦,陪伴苏东坡走过了人生中重要的二十五年,这是苏东坡人生起伏最大的一段时间。王闰之陪伴苏东坡从家乡眉山来到京城开封,尔后辗转于杭州、密州、徐州、湖州、黄州、汝州、常州、登州、颍州等地,可谓"身行万里半天下"。她默默无闻地陪伴苏东坡度过了人生最重要的阶段,历经人生坎坷与世间繁华。经济最困难时,她和苏东坡一起采摘野菜,赤脚耕田,还变着法子给苏东坡解闷。苏东坡有首诗《小儿》,就记载了家中发生的一件小事：

> 小儿不识愁，起坐牵我衣。
> 我欲嗔小儿，老妻劝儿痴。
> 儿痴君更甚，不乐愁何为？
> 还坐愧此言，洗盏当我前。
> 大胜刘伶妇，区区为酒钱。

当时苏东坡刚到密州任太守，正值天下大旱，蝗灾四起，百姓饥馑，民不聊生。苏东坡到任后马上投身灭蝗，接着扶困济危，沿着城墙捡拾弃婴，最后与百姓一道挖野菜，度饥荒，几乎到了心力交瘁的地步。因公事焦心，他偶尔会在家里发点脾气，对孩子说话声音大些。诗中的"小儿"就是王闰之在杭州生的苏过，当时年仅三岁，他见父亲从外面回来，就拉扯父亲衣裾。苏东坡又累又饿，身心俱疲，心头的火气难抑，差点责骂小儿子。"儿痴君更甚，不乐愁何为"是记述王闰之的话，大意是："小孩子不懂事倒罢了，你怎么比他还任性？回到家就生气，为什么不找点乐子呢？"话中既有责怪，又有怜惜，还有对丈夫、儿子的双重关怀。接着她又给丈夫洗净茶盏，砌上新茶，用融融暖意让丈夫回到家庭的温馨之中。

王闰之去世时，葬礼极为隆重，苏东坡亲自写了祭文《祭亡妻同安郡君文》，内容比写给王弗、王朝云的墓志铭丰富得多。这篇祭文里，苏东坡的悲痛之情真实且感人，与《江城子·乙卯正月十日夜记梦》一样具有震撼人心的魅力，显露了苏东坡内心对王闰之的依恋之情。还有一个例证能证明王闰之与苏东坡及其家人的感情之深厚，即苏辙特意为王闰之写了两篇祭文——《祭亡嫂王氏文》《再祭亡嫂王氏文》。

玉骨那愁瘴雾　冰姿自有仙风

王闰之嫁给苏东坡后，苏家曾在杭州买了一个十一岁的丫鬟，这个聪明伶俐的小丫鬟名叫王朝云。王朝云是浙江钱塘人，因家境清寒，自幼沦落在歌舞班中，成为西湖艺妓。王朝云天生丽质，聪颖灵慧，能歌善舞，虽混迹风尘之中，却独具清新雅洁的气质。宋神宗熙宁四年（1071年），苏东坡因反对王安石新法而被贬为杭州通判。大约在熙宁六年（1073年）的某日，他与几位文友同游西湖，宴饮时招来王朝云所在的歌舞班助兴。悠扬的丝竹声中，数名舞女浓妆艳抹，长袖徐舒，轻盈曼舞，而舞在中央的王朝云又以其艳丽的姿色和高超的舞技特别引人注目。舞罢，众舞女入座侍酒，王朝云恰好转到苏东坡身边，这时的王朝云已换了装束。她洗净浓妆，黛眉轻扫，朱唇微点，一身素净衣裙，清丽淡雅，楚楚可人，别有一番韵致。她仿佛空谷幽兰，凭一缕清香，沁入苏东坡因世事变迁而黯淡的心。恰在此时，本是艳阳普照、波光潋滟的西湖，由于天气突变而转为山水迷蒙，成了另一番景色。湖山佳人，相映成趣，苏东坡灵感顿至，挥毫写下了传颂千古的佳句：

水光潋滟晴方好，山色空濛雨亦奇。
欲把西湖比西子，淡妆浓抹总相宜。

这首《饮湖上初晴后雨·其二》明写西湖的旖旎风光，而实际上寄寓了苏东坡初遇王朝云时为之心动的感受。朝云时年十一岁，虽然年幼，却聪慧机敏。由于十分仰慕东坡先生的才华，且受到苏东坡夫妇的善待，她十分庆幸自己与苏家的缘分，决意终生追随苏东坡。王朝云与苏东坡的关系很奇特。她与苏东坡共同生活了二十三年,特别是陪伴苏东坡度过了贬谪黄州和贬谪惠州两段艰难岁月,但一直没有苏东坡妾室的名分,只是到了黄州后才由侍女改为侍妾。

王朝云与苏东坡相知至深,可谓举手投足间皆能知晓对方的用意。苏东坡所写的诗词,哪怕是轻描淡写地触及往事,也会引起王朝云的感伤。这种相知最典型的莫过于苏东坡所写的《蝶恋花》:

花褪残红青杏小,燕子飞时,绿水人家绕。枝上柳绵吹又少,天涯何处无芳草!

墙里秋千墙外道,墙外行人,墙里佳人笑。笑渐不闻声渐悄,多情却被无情恼。

据说苏东坡被贬惠州时,寓居于嘉祐寺内,王朝云常唱这首《蝶恋花》为他纾解愁闷。第二年秋天,嘉祐寺的树木叶子有些变黄,有些已开始掉落,周围的环境有些凄凉。苏东坡与王朝云闲坐在一处,顿时觉得心里沉闷,于是让人置酒,令朝云为他唱这阕他最心爱的《蝶恋花》词。每当唱到"枝上柳绵吹又少"时,朝云就难抑惆怅,不胜伤悲,哭而止声。苏东坡问她原因,朝云答道:"妾每次唱到'天涯何处无芳草'这句就没办法唱下去了。"苏东坡听罢大笑:"我正悲秋,而你又开始伤春了!"朝云唱到那两句时,想起苏东坡宦海的浮沉、命运的波折,对苏东坡忠诚却被贬、沦落天涯的境遇同感在心,于是泪下如雨,不能自已。而苏东坡亦知悉她的这份心意,才故意笑而劝慰,两人之知心由此可见一斑。朝云去世后,苏东坡"终身不复听此词"。

如果说王弗努力在苏东坡的仕宦生活与处理人际关系中给予苏东坡关注和帮助;王闰之在苏东坡大起大落的人生沉浮中,认同苏东坡的人生价值观,让他感受到家庭的温暖与和谐;那么,王朝云则以其灵秀的艺术气质、思想见解、对佛教的兴趣和对苏东坡内心的了解，与苏东坡的灵魂长久契合。

据明代毛晋所辑的《东坡笔记》记载，有一天，苏东坡退朝回到家中，吃过饭后，他悠闲地摸着肚子在院里散步。闲来无事，他问周围服侍他的仆役们："你们且说一说，我这肚子里装的是什么东西？"有女仆抢先说："学士肚子里的装的当然都是锦绣文章。"苏东坡不以为然。又有个仆人说："学士满腹都是治国理政的经韬纬略。"东坡轻轻摇头，还是觉得不甚恰当。到朝云回答时，她俏皮地说："学士装了一肚皮的不合时宜。"苏东坡听罢，捧腹大笑，连连赞叹："知我者，只有朝云一人耳！"能透视苏东坡内心世界至此，王朝云称得上是苏东坡的红颜知己、精神挚友。

苏东坡在杭州三年，后又官迁密州、徐州、湖州，颠沛不已，之后因"乌台诗案"被贬黄州，其间王朝云始终紧紧相随，无怨无悔。在黄州时，他们的生活十分清苦。苏东坡在给友人的诗中记述："去年东坡拾瓦砾，自种黄桑三百尺。今年刈草盖雪堂，日炙风吹面如墨。"王朝云甘愿与苏东坡一家共度患难，布衣荆钗。她悉心照顾苏东坡的生活起居，用廉价的肥猪肉，文火慢煨，做出香糯滑软、肥而不腻的肉块，作为苏东坡常食的佐餐妙品，这就是后来闻名遐迩的"东坡肉"。

元丰六年（1083年）九月二十七日，二十一岁的王朝云为苏东坡生下一个儿子，苏东坡为他取名遁，小名干儿。此时苏东坡正遵照苏洵的遗命为《易经》作传，"遁"取自《易经》中的第三十七卦"遁"卦，有远离政治旋涡、消遁、归隐的意思。这一卦的爻辞提到"嘉遁，贞吉""好遁，君子吉"，可见这个名字中，既寓有苏东坡意欲远遁世外之义，又包含对儿子的诸多美好期望。

遁儿满月时，苏东坡想起自己昔日名噪京华，而今却"自喜渐不为人识"，都是因为聪明反被聪明误。他心生感慨，因而作《洗儿戏作》一诗自嘲："人皆养子望聪明，我被聪明误一生。唯愿孩儿愚且鲁，无灾无难到公卿。"

元丰七年（1084年）三月，苏东坡又接到诏命，将他改为汝州团练副使，易地京西北路安置。苏东坡接到诏令后不敢怠慢，四月中旬便携家眷启程。七月二十八日，当他们的船停泊在金陵江岸时，仅有几个月大的遁儿中暑不治，夭亡在朝云的怀抱里。苏东坡很伤心，写了一首诗，这首诗题为《去岁九月二十七日，在黄州，生子遁，小名干儿，颀然颖异。至今年七月二十八日，病亡于金陵，作二诗哭之》。

"吾年四十九，羁旅失幼子。幼子真吾儿，眉角生已似。未期观所好，蹒跚逐书史。摇头却梨栗，似识非分耻。吾老常鲜欢，赖此一笑喜。"从这些文字中，我们可以看到苏东坡对儿子的喜爱：看到孩子对他的诗书感兴趣，便认为他将来是块读书的料；孩子摇头不要梨果，即认为是像孔融那样懂得仁让之礼。年近半百的苏东坡因为添了这个儿子，郁郁寡欢的心情得到莫大的抚慰。然而刚过半年，孩子就意外夭折，这使他陷入极度悲恸之中。为此苏东坡深深地自责，甚至认为干儿之死，是受到自己的连累："忽然遭夺去，恶业我累尔！衣薪那免俗，变灭须臾耳。归来怀抱空，老泪如泻水。"苏东坡的哀伤已近极致，朝云的悲痛可想而知。

诗的第二首直接述说此时的朝云："我泪犹可拭，日远当日忘。母哭不可闻，欲与汝俱亡。故衣尚悬架，涨乳已流床。"如此让人哀悔的诗句，既可视作人生苦难的"诗史"，也是东坡与朝云相互劝慰的告白。尤其是"故衣尚悬架，涨乳已流床"两句，如果不是情挚意切地爱那女人、那孩子，不是生活中对他们精心呵护的人，怎会将佣人眼中的情景写进诗内？王朝云一生虽然没有夫人的名分，但这几句诗足以说明，生活上一向大而化之的苏东坡对朝云的同情和理解，几乎到了心意相通、脉搏连动的地步。

在爱怜朝云的同时，东坡仍在追悔，不停地埋怨自己："储药如丘山，临病更求方。仍将恩爱刃，割此衰老肠。""医不自医，卜不自卜"是古人的一句俗话。如果干儿全由通晓医道的东坡医治，还不至于离他而去，可东坡实在太珍爱这个孩子了，万一干儿在他手下有个好歹，他那"多情善感"的心，哪里担待得起？越是小心，就越麻烦，恶果出现了。一把沾满夫妻情、父子情的"恩爱刀"，真要将东坡的心肠割成碎片……干儿死后，东坡决意不去汝州，他向神宗上表，要求在常州居住。这一方面与他的常州情结密不可分，另一方面，也与要照料肝肠寸断的朝云不无关系——常州在太湖周围，那里的山水和风土民情最称朝云心意。更巧合的是，十七年后，苏轼也在七月二十八日仙逝，他与小儿子苏遁共担了同一个忌日。

公元1094年，王朝云随苏东坡谪居惠州，遇瘟疫，身体十分虚弱，终日与药为伍，总难恢复。居惠州的第三年，她便带着不舍与无奈溘然长逝，年仅三十四岁。

王朝云一生向佛，颇有悟性和灵性，这也是她能和苏东坡心灵相通的原因。早在苏东坡为徐州太守时，朝云曾跟着泗上比丘尼义冲学《金刚经》，后来在惠州又拜当地名僧做俗家弟子。临终前她握着东坡的手诵《金刚经》四偈："一切有为法，如梦幻泡影，如露亦如电，应作如是观。"这四句偈语是说世上一切都为命定，人生就像梦幻泡影，又像露水和闪电，转瞬即逝，不必太在意。临终前诵念这些话并不只是她皈依佛门后的参悟，其中还寓藏着她对苏东坡无尽的关切和牵挂，生前如此，临终亦然。

遵照朝云的遗愿，苏东坡把她安葬在惠州城西丰湖边的一片松林里，离一座佛塔和几座寺院不远。苏东坡亲笔为她写下墓志铭，铭文也像四句佛偈："浮屠是瞻，伽蓝是依。如汝宿心，惟佛之归。"

在朝云逝去的日子里，苏东坡不胜哀伤，写了《西江月·梅花》《雨中花慢》《题栖禅院》等许多诗词文章来悼念这位红颜知己。其中，著名的《西江月·梅花》一词更是着力写出王朝云的精神风貌和高尚情操。

玉骨那愁瘴雾，冰姿自有仙风。海仙时遣探芳丛。倒挂绿毛么凤。

素面翻嫌粉涴，洗妆不褪唇红。高情已逐晓云空。不与梨花同梦。

为了表达对王朝云的思念，苏东坡又依《朝云》诗韵写了《悼朝云并引》诗一首。

苗而不秀岂其天，不使童乌与我玄。
驻景恨无千岁药，赠行惟有小乘禅。
伤心一念偿前债，弹指三生断后缘。
归卧竹根无远近，夜灯勤礼塔中仙。

此外，苏东坡还在墓前筑六如亭以纪念王朝云，并亲手写下楹联：

不合时宜，惟有朝云能识我
独弹古调，每逢暮雨倍思卿

此联不仅投射出苏东坡对一生坎坷际遇的感叹，更饱含着他对一位红颜知己的无限深情。

第三章　天纵之才慧眼识
　　　　金榜题名天下知

　　苏东坡初婚第二年，年满十六岁的苏辙也成家了。成家事毕，求取功名以立业也就排到了兄弟两人的日程上。苏东坡与弟弟首次出蜀进京应试，便同时及第，立即轰动了整个京师，这一年他二十岁。他清新洒脱的文风，深受欧阳修、梅尧臣的赏识。在欧阳修的一再称赞下，苏东坡声名大噪。

伯乐慧眼识英才　　退让佳话千年传

　　嘉祐元年（1056年），苏洵带二子起程赴京赶考。父子三人先行到达成都，拜访了时任蜀中太守的张方平。张方平性格豪放，年少时即有建立功业的雄心壮志，常借颂扬古代建立丰功伟绩的英雄人物表达自己的远大理想与豪迈气概。他立朝无所阿附，晚年反对新法，但早年与范仲淹、欧阳修等人也立场不同。不过他为人多识见，有气量。镇守西蜀期间，他结识了苏家父子三人，深表器重，并积极为之远播声誉，后待苏东坡如同子侄。当苏东坡因作诗被诬陷下狱治罪时，他不顾个人安危，奏章论救，所以苏东坡一生都很尊敬他，称他是曹魏孔融、蜀国诸葛亮一类的人物。

　　这一年，苏洵已经四十七岁了，寻求一官半职的心愿依然强烈。

自上次科举名落孙山后，他一直苦读不懈，其间还写了一部重要的著作，论为政之道、战争与和平之理，显示出其真知灼见。按照当时选用人才的制度，只要有著名文人和重要官卿向朝廷推介，朝廷就可以直接任命官职。苏洵把自己的作品呈献给张方平，张方平十分器重，有意推荐他出任成都书院教习一职。但是苏洵的目标不止于此，他希望获得更大的功名。古道热肠的张方平情面难却，于是给文坛泰斗欧阳修写去一封推荐信。尽管张方平当时与欧阳修在政见上存在很多分歧，但张方平依然以惜才爱才之心和对苏洵的情谊去求助欧阳修。与之同时，苏洵的一位雷姓友人也给梅尧臣写去一封推荐信，力陈苏洵有"王佐之才"。

怀揣着这两封推荐书信，父子三人走旱路前往京都。同年五月，"三苏"到达汴梁城（今河南开封），寄宿于僧庙，等待秋季的考试。这是由礼部主考的初试，只选择考生，为第二年春季皇帝亲自监考的殿试准备。在从眉州来京城赶考的四十五名考生中，礼部需选出十三名考生，而苏家兄弟的名字赫然在列。

在等候明春的殿试时，父子三人无他事可做，便在京都盘桓。他们一同在城内游览，并与社会上的知名人士结交。苏洵将《权书》《衡论》《几策》等文呈给德高望重的欧阳修阅览。作为文坛泰斗，欧阳修深受读书人的敬重，他总是以求才育才为己任，为北宋朝廷发现和培育人才。他很欣赏苏洵的文章，认为可与贾谊、刘向的文章相媲美，于是向朝廷推荐，一时公卿士大夫争相传诵，苏洵的文名因而传遍天下。经欧阳修介绍，苏洵又受到时任枢密使的韩琦邀请，到其家中做客。韩琦介绍苏洵认识了一些高官显宦，但是苏洵却表现出冷淡自傲的态度，因而没有给人留下好印象。这时，青春勃发的苏轼和苏辙则在热闹的街市上游逛。他们寻找有名的饭馆品尝美食佳肴，有时候，他们站在寒风凛凛的街头，注视着高官们乘坐的马车在街巷上悠闲地来往，露出十分向往的神情。

作为北宋的都城，开封处处显示着皇都应有的雄伟壮观和富丽堂皇。开封城外环绕着开阔的护城河，河面纵宽约百尺，河道两岸的花草树木郁郁葱葱，一橙橙朱红色的鲜亮大门和一道道刷得雪白的围墙掩映在翠绿的树木之间。自西而东，有四条河流自城中穿流而过，其中最大的一条为汴河，漕运而来的粮食全都通过这条河道运输。穿城而过的河道上架有一座座木桥，桥梁上雕刻着诸多花纹且油漆一新，河水在桥下缓缓流淌……这一切都让来自西南蜀地的苏氏兄弟着迷。

殿试的日子很快就到了，宋仁宗任命欧阳修为主试官。对参加殿试的读书人来说，决定一生命运的关键时刻近在眼前。多年三更灯火、五更鸡鸣之勤学苦读，正是为了迎接这一时刻的到来，只有顺利通过这场考试，他们才有机会登上施展个人才华和政治抱负的舞台。考生们必须半夜起床，抢在黎明前赶到皇宫外等候。一旦进入考场，按照规定，考生不考完全部科目不允许走出考场，因而考生们都需随身携带饭食。为了防止考场中出现行贿受贿或徇私舞弊行为，考试时，考生们在各自的斗室里答题，斗室外由皇宫的侍卫统一看守。每个考生的试卷在交到考官手中之前，先要由书记官抄写一遍，以免考官批阅考卷时认出答题者的笔迹。在书记官誊抄的试卷上，考生的名字全部省去，另存在档案册子里作为备份。通常从正月底到三月初，试卷批阅持续将近两个月的时间，试卷审阅完成后，主考官将优秀的试卷和考生的成绩排名呈送皇上。宋仁宗特别重视为皇家招贤纳才，对科举考试极为关注。他每次都派贴身臣仆把题目送到考场，有时因为担心或防止泄露，他还会在最后一刻改变考试题目。

在这场考试中，苏氏兄弟均以优等成绩考中，尤其是苏东坡在礼部应试时写的《刑赏忠厚之至论》，引起了京师轰动。苏东坡在文中写道：

　　尧、舜、禹、汤、文、武、成、康之际，何其爱民之深，忧民之切，而待天下以君子长者之道也。有一善，从而赏之，又从而咏歌嗟叹之，所以乐其始而勉其终。有一不善，从而罚之，又从而哀矜惩创之，所以弃其旧而开其新。故其吁俞之声，欢休惨戚，见于虞、夏、商、周之书。成、康既没，穆王立，而周道始衰，然犹命其臣吕侯，而告之以祥刑。其言忧而不伤，威而不怒，慈爱而能断，恻然有哀怜无辜之心，故孔子犹取焉。

　　《传》曰："赏疑从与，所以广恩也；罚疑从去，所以慎刑也。"当尧之时，皋陶为士，将杀人，皋陶曰"杀之三"，尧曰"宥之三"。故天下畏皋陶执法之坚，而乐尧用刑之宽。四岳曰"鲧可用"，尧曰"不可，鲧方命圮族"，既而曰"试之"。何尧之不听皋陶之杀人，而从四岳之用鲧也？然则圣人之意，盖亦可见矣。《书》曰："罪疑惟轻，功疑惟重。与其杀不辜，宁失不经。"呜呼，尽之矣。可以赏，可以无赏，赏之过乎仁；可以罚，可以无罚，罚之过乎义。过乎仁，不失为君子；过乎义，则流而入于忍人。故仁可过也，义不可过也。

　　古者赏不以爵禄，刑不以刀锯。赏之以爵禄，是赏之道，行于爵禄之所加，而不行于爵禄之所不加也。刑之以刀锯，是刑之威，施于刀锯之所及，而不施于刀锯之所不及也。先王知天下之善不胜赏，而爵禄不足以劝也，知天下之恶不胜刑，而刀锯不足以裁也。是故疑则举而归之于仁，以君子长者之道待天下，使天下相率而归于君子长者之道，故曰忠厚之至也。

　　《诗》曰："君子如祉，乱庶遄已。君子如怒，乱庶遄沮。"夫君子之已乱,岂有异术哉?时其喜怒,而无失乎仁而已矣。《春秋》之义,立法贵严,而责人贵宽,因其褒贬之义以制赏罚,亦忠厚之至也。

在这篇文章里,苏东坡通过论述为政的宽与简,表达了自己基本的政治认知。文章以忠厚立论,通过援引古仁者施行刑赏以忠厚为本的范例,阐发儒家的仁政思想,说理透彻,结构严谨,文辞简练且平易晓畅。参评官梅尧臣一看到此文,立即被文章流畅的语句、飞扬的词藻和其中的纵横之气所吸引,认为有"孟轲之风",又将这篇文章推荐给主试官欧阳修。欧阳修看到文章后,大喜过望,认为它"脱尽五代宋初以来的浮靡艰涩之风",十分赏识。他一向爱才、惜才如命,本欲将这篇拔擢为第一,但又恐该文是自己的得意门生曾巩所作。为了避嫌,他劝说同样主张将这篇文章录为第一的梅尧臣将这篇文章列为第二。结果阴差阳错,试卷拆封后才发现该文为苏东坡所作,而取为第一的却是曾巩的文章。

嘉祐二年(1057年)四月十四日,苏东坡高中进士,这年他二十岁。

考试过后,苏东坡依礼去答谢欧阳修。欧阳修就文中的疑惑问道:"尧和皋陶这段话见于何书?我一时想不起在何处读过。"苏东坡答:"在《三国志·孔融传》的孔融注释中。"事后,欧阳修查《三国志》,但还是没有查到。等苏东坡又一次来拜访时,欧阳修再次问及此事。

苏东坡答:"曹操灭掉袁绍,把袁绍儿子袁熙的妻子甄宓赐给自己的儿子曹丕。孔融说'这无异于周武王讨伐纣王后把妲己赐予周公啊'。曹操闻言大吃一惊,连忙询问此话出于什么典故,孔融回答,'以今天的情况猜测推断,想当然耳。'"苏东坡之意是说他用那个典故和孔融一样，也是想当然耳。

苏东坡的回答让欧阳修这位宿儒前辈大惊，赶忙确认："你自己杜撰的？"苏东坡坦然回答："帝尧有圣贤之德，说出这样的话也是意料中的事啊！"

古时的科举考试对于学问的要求非常严谨。言必有出处，是不可颠覆的原则。"想当然"地杜撰典故，属于违背规则，犯了考试的大忌。但作为主考官，欧阳修不仅大为包容，还对人称赞："此人可谓善读书，善用书，他日文章必独步天下。"他甚至在写给梅尧臣的书信中坦陈：读苏东坡来信，不知为何，我竟喜极汗下。老夫当退让此人，使之出人头地。这样谦恭的语言出自文坛泰斗之口，如此佳话很快就传遍了整个京都。据说有一天，欧阳修和儿子闲聊，谈到苏东坡时，他难掩欣赏之情，对儿子说道："汝记吾言，三十年后，世上人更不道著我也！"

历史的发展轨迹证明了欧阳修对苏东坡的精准判断，苏东坡的确以独步天下之姿立于文学巅峰，成为难以企及的高峰。而赏识他的伯乐之自谦，不仅没有被人遗忘，反而成为天下美谈，欧阳修以其文采和道德为后世所景仰！

丁忧守孝居山林　辞别故乡奔前程

苏家父子进京赶考时，程氏和两个儿媳均留在老家。兄弟俩科考一举成功，大好的前途指日可待。没想到天有不测风云，正待苏东坡和苏辙的宦途生涯初启时，却突然传来母亲病故的噩耗。

听闻噩耗，父子三人急返家乡。家里乱成一团，两个儿媳形貌憔悴。无人修缮的房屋看上去更破败了，篱笆糊成的墙体已经倾倒，被风雨侵蚀的屋顶残破不堪、到处漏雨。家中处处是凄凉的景象。

办完丧礼，他们在一处名为"老翁泉"的地方挑选出一块地方作为苏家的坟地。后来苏洵也埋葬于此，故苏洵也被称为"苏老泉"。

为表哀思，苏洵作《祭亡妻文》，详述程氏相夫教子的时光和自己的难舍之情。他写道：

> 呜呼！
> 与子相好，相期百年。不知中道，弃我而先。
> 我徂京师，不远当还。嗟子之去，曾不须臾。
> 子去不返，我怀永哀。反复求思，意子复回。
> 人亦有言，死生短长。苟皆不欲，尔避谁当？
> 我独悲子，生逢百殃。有子六人，今谁在堂？
> 唯轼与辙，仅存不亡。咻呴抚摩，既冠既昏。
> 教以学问，畏其无闻。昼夜孜孜，孰知子勤？
> 提携东去，出门迟迟。今往不捷，后何以归？
> 二子告我：母氏劳苦。今不汲汲，奈后将悔。
> 大寒酷热，崎岖在外。亦既荐名，试于南宫。
> 文字炜炜，叹惊群公。二子喜跃，我知母心。
> 非官实好，要以文称。我今西归，有以借口。
> 故乡千里，期母寿考。归来空堂，哭不见人。
> 伤心故物，感涕殷勤。嗟予老矣，四海一身。
> 自子之逝，内失良朋。孤居终日，有过谁箴？
> 昔予少年，游荡不学。子虽不言，耿耿不乐。
> 我知子心，忧我泯没。感叹折节，以至今日。
> 呜呼死矣，不可再得！安镇之乡，里名可龙。
> 隶武阳县，在州北东。有蟠其丘，惟子之坟。

凿为二室，期与子同。骨肉归土，魂无不之。
我归旧庐，无不改移。魂兮未泯，不日来归。

在我国古代，父母死后，子女须按儒家之礼持丧守孝三年，其间不得行婚嫁之事，不预吉庆之典，任官者须立即离职守孝，称为丁忧。官员在丁忧期间唯一的任务就是为父母守孝报恩。其间，夫妻要分开起居，吃、住、睡都在父母的坟茔旁边。

居丧守礼的蛰居生活，是苏东坡青年时期最畅快的一段日子。那时，苏东坡经常到青神县的岳父家去游玩。那里不仅有秀美的山林、清澈的溪流和深幽的静池，山巅之上还有古朴的佛寺。涉足其间，令人有游历仙界、探寻异境、超然出尘之感。苏东坡常与岳父家的叔伯表兄弟去庙中访高僧。他们也常坐在古桥附近的防护岸堤上，以游闲野炊为乐。寂静的夏夜，坐在茅庐外，仰望星空，静听虫语，阵阵清爽的微风吹过，很是惬意。

守孝的同时，苏洵焦急等待着来自京中的任命消息。和母丧不同，妻丧可以接受官职。因为妻子去世，苏洵已经决定远离家乡而不再回来。欧阳修和韩琦等高官显贵承诺了要提拔苏洵，但等了一年多，他也没有等到确切的消息。嘉祐三年（1058年），圣旨终于来了，宋仁宗宣召苏洵赴京，到舍人院参加专门的策试。苏洵有些慌张，也有些不如意。考试不是他的强项，他对考试似乎有一种恐惧心理。他给皇帝上了一道奏折，以年老多病为由，谢绝前去应诏。在奏折中，苏洵较系统全面地阐述了自己的政治见解，认为要治理好国家，必须"审势""定所尚"。他主张"尚威"，加强吏治，破苟且之心和怠惰之气，激发天下人的进取心，使宋王朝振兴。其中有些观点等于重申"庆历新政"的主张，而且总结了庆历年间的经验教训。

苏洵还写了《答雷简夫书》《与梅圣俞书》《上欧阳内翰第四书》等，表达自己不愿应试的情绪。他反复论及自己的政治理想，并反思式地自问：以五十岁之既老且病的身躯，奔波万里去参加考试，不是自取其辱，引得那些山林间的隐士轻视嘲笑吗？皇上召自己千里迢迢地去考试，大概是心里还不信任他，这就更不能苟且进取，追求荣华富贵了。

嘉祐四年（1059年）六月，苏洵又接到圣旨，仍是上一次的内容，并未言及免除任何考试，自然也不能满足他的期望。所以他再次辞谢，在奏折中陈述自己已年届五旬，又何以能报效国家？身为读书人，之所以愿意居官从政，是想有所作为，报效国家，否则做一个乡野寒士也未为不可。倘若他此时再入仕途，既无机会遂报国之志，又不能享隐逸贤达之清誉。

直至居丧期满，苏洵才与儿子一道出发，踏上前往京都的旅程。这是一次全家大迁徙，父亲和两对小夫妻及家里的仆人都将离开家乡。临行前，他们请来僧人做了法事，两对夫妻向母亲的灵位跪别。苏洵向亡妻的灵位告别并作了祭文，在结尾他写道："死者有知，或生于天，或生于人，四方上下所适如意，亦若余之游于四方而无系云尔。"

北宋时期的疆域，东北以今海河、河北霸州、山西雁门关为界，西北以陕西横山、甘肃东部、青海湟水为界，西南以岷山、大渡河为界。无论从南到北还是从西到东，交通工具除了车马便是船只。

从眉山至开封有两条路可走，一条是走水路，出三峡；一条是走陆路，经剑门，穿秦岭。他们选择了走水路，按照当时的交通条件并充分考虑自然条件等影响的因素，大约需要花费半年的时间才能抵达京都。因为路程遥远，又带着家眷同行，所以他们走得很慢。对于书香之家来说，所有沿路经过的山水风光无不是美好的创作素材。他们尽可从容地一路走一路游，以轻快的心情欣赏沿途的风景。他们从嘉州上船，满怀着对未来的期望，开始了终生难忘的水上之旅。

走了一个月之后，进入三峡。三峡是万里长江中一段山水壮丽的大峡谷，它西起重庆奉节县的白帝城，东至湖北宜昌市的南津关，由瞿塘峡、巫峡、西陵峡组成。三峡的一山一水、一景一物，无不如诗如画，伴随着许多久远的传说。大峡深谷曾是三国古战场，是无数英雄豪杰用武之地，历尽岁月剥蚀，有些已成为著名的名胜古迹，如白帝城、黄陵、南津关等。它们同旖旎的山水风光交相辉映，名扬四海。然而对于旅行者而言，三峡又是险象环生的。两岸悬崖绝壁，江中滩峡相间，水流湍急。在长江三峡江流近二百公里的江面，急流漩涡在悬崖峭壁之间滚转出入，水下暗礁隐伏，船夫要极其敏捷熟练才可使船安全通行。两岸山顶上的城镇庙宇，让东坡兄弟想起古代的战将、昔日的隐人道士。他们上岸游历胜景，拜访"仙都"，苏东坡写下《仙都山鹿》诗：

日月何促促，尘世苦局束。
仙子去无踪，故山遗白鹿。
仙人已去鹿无家，孤栖怅望层城霞。
至今闻有游洞客，夜来江市叫平沙。
长松千树风萧瑟，仙宫去人无咫尺。
夜鸣白鹿安在哉，满山秋草无行迹。

苏东坡一家乘船而行恰逢冬季，正是江面航行尤为困难之时。行经三峡的人，进入三峡之前往往先焚香祷告，出了三峡再焚香谢神。苏家向神祈求赐福后，开船向下行驶。为避免船只行驶时相距太近发生碰撞，通常是在一艘船往下走了至少半里水程后，另一艘船才缓缓开出。若遇官家有船通过，会有兵丁手持红旗，按距离分立江边，待前面的船平安驶过危险地段后，便挥旗发出平安信号。苏东坡作《入峡》诗描写了船入峡谷的惊险：

自昔怀幽赏，今兹得纵探。长江连楚蜀，万派泻东南。合水来如电，黔波绿似蓝。余流细不数，远势竞相参。入峡初无路，连山忽似龛。萦纡收浩渺，蹙缩作渊潭。风过如呼吸，云生似吐含。坠崖鸣窣窣，垂蔓绿毵毵。冷翠多崖竹，孤生有石楠。飞泉飘乱雪，怪石走惊骖。绝涧知深浅，樵童忽两三。人烟偶逢郭，沙岸可乘篮。野戍荒州县，邦君古子男。放衙鸣晚鼓，留客荐霜柑。闻道黄精草，丛生绿玉篸。尽应充食饮，不见有彭聃。气候冬犹暖，星河夜半涵。遗民悲昶衍，旧欲接鱼蚕。板屋漫无瓦，岩居窄似庵。伐薪常冒险，得米不盈甔。叹息生何陋，劬劳不自惭。叶舟轻远沂，大浪固尝谙。矍铄空相视，呕哑莫与谈。蛮荒安可住，幽邃信难妉。独爱孤栖鹘，高超百尺岚。横飞应自得，远扬似无贪。振翮游霄汉，无心顾雀鹌。尘劳世方病，局促我何堪。尽解林泉好，多为富贵酣。试看飞鸟乐，高遁此心甘。

船行至巫峡时，苏东坡看着江面渐行渐窄，光线渐渐暗淡，周围呈现出黎明时的昏黄颜色，感觉整个世界一片苍茫，似乎万古如斯。巫峡又名大峡，以幽深秀丽著称。整个峡区奇峰突兀，怪石嶙峋，峭壁屏列，绵延不断，是三峡中最可观的一段，宛如一条迂回曲折的画廊，处处有景、景景相连。船行其间，只有正值中午，才能看得见太阳。而若在夜间行船，也只有月上中天之际，才能看见一丝月光的清晖。两岸巨石耸立，巨石顶端云雾缭绕，石形若隐若现。因为风力强劲，空中的云彩不时地改变形状，山峰高耸得令人生畏，亦因云影聚散飘移而变换出不同的形状，即使是绘画大家，也无法捉摸、把握山的神韵。船出巫峡，抵达秭归，沿岸高高低低地散布着茅草屋和简陋的村舍。

过了瞿塘峡和巫峡，便进入最险要的西陵峡。整个峡区由高山峡谷和险滩礁石组成，峡中有峡，大峡套小峡；滩中有滩，大滩含小滩。船毁人亡之事时有发生，可谓步步惊心！

因为天气寒冷且遭遇大风雪，在穿过一条狭窄的通道时，为避免危险，苏东坡一家在江洲停留了三天。其间，他作诗《江上值雪》以记述这一段经历：

缩颈夜眠如冻龟，雪来惟有客先知。江边晓起浩无际，树杪风多寒更吹。青山有似少年子，一夕变尽沧浪髭。方知阳气在流水，沙上盈尺江无澌。随风颠倒纷不择，下满坑谷高陵危。江空野阔落不见，入户但觉轻丝丝。沾裳细看巧刻镂，岂有一一天工为。霍然一挥遍九野，吁此权柄谁执持？世间苦乐知有几，今我幸免沾肤肌。山夫只见压樵担，岂知带酒飘歌儿。天王临轩喜有麦，宰相献寿嘉及时。冻吟书生笔欲折，夜织贫女寒无帏。高人著屐踏冷冽，飘拂巾帽真仙姿。野僧斫路出门去，寒液满鼻清淋漓。洒袍入袖湿靴底，亦有执板趋阶墀。舟中行客何所爱，愿得猎骑当风披。草中咻咻有寒兔，孤隼下击千夫驰。敲冰煮鹿最可乐，我虽不饮强倒卮。楚人自古好弋猎，谁能往者我欲随。纷纭旋转从满面，马上操笔为赋之。

从秭归继续下行，经过黄牛山一带，长江三峡的惊涛骇浪便消散不见，夕阳洒满低洼的稻田，处处是炊烟袅袅的茅舍。惊心动魄的旅程已成为回望之所，苏东坡一家欢喜庆祝，并以美酒佳肴犒赏船夫。随后他们下船登岸,换乘车马,直奔京都。

江上航行数十日,父子三人在船上、岸边赏景论道时已作诗百首。他们将这些诗词单独结集,辑为《南行集》。这是三苏父子亲自编辑的唯一一部诗文合集,其中既有对长江一带山川、风俗、名贤、民族等不同方面的记录,也有三苏各自文论主张和思想状况的阐述,可惜今已失传。

嘉祐五年(1060年)二月,苏洵一家抵达京都。他们在宜秋门附近买了一座带有花园的宅院,占地半亩。住宅离喧嚣的街市较远,房屋周围种有高大的槐树和柳树,幽静的环境、质朴的氛围,很适合文人雅士居住。

一切安顿就绪,父子三人便耐心恭候朝廷的任命。其间,苏东坡兄弟二人又参加了两次考试,一次考京都部务,另一次考制策。宋仁宗求才若渴,下令举行制策考试,为了激励公众敢于直谏的风气,要求考生坦诚地批评朝政。读书人经大臣推荐,并凭借呈送的专门著述之优长,便可申请参加考试。苏东坡兄弟有欧阳修的推荐,顺利通过了申请。

嘉祐六年(1061年),苏东坡应中制科考试,即通常所谓的"三年京察",入第三等,为"百年第一",授大理评事。随后,苏东坡又呈上二十五篇策论文章,其中包括《贾谊论》《晁错论》《刑赏忠厚之至论》等名篇。宋仁宗读罢苏氏兄弟二人的文章,喜不自胜,对皇后说:"今天,我已经给后代们挑选了两名宰相。"

苏洵未经考试被任命为校书郎,这一安排正好符合他的心意,后来他又被授以新职,负责为本朝皇帝写传。这样的工作苏洵自然乐于接受,但是有一个问题出现了,要立传的皇帝都是当今天子的祖先,他们的传记与历史事实应如何把握呢?苏洵考虑再三,决定采取史家的春秋笔法,不文过饰非,讲求客观性、真实性,就算是为自己的祖先立传，也必须如此。

此后，苏氏父子的文名日盛一日，他们与同时代的名家交往，所作诗文也受到文人们的推崇和喜爱。此时的苏东坡和苏辙仅二十出头，风华正茂。尤其是苏东坡，他心情畅快，才气纵横，大有策马扬鞭、驰骋千里之势。

第四章　初入仕途无所惧
　　　　个性交友辩曲直

从古到今，官员们仕途上的晋升都是一步一步从底层工作做起的。纵使苏东坡有天才的、炫目的光华，也仍须从低到高一寸寸地前行。在制科考试中大出风头的苏东坡，其仕途起点要比一般人高，而他在初涉政事时，也表现出极充沛的热情。

新官上任祈雨忙　　虔心为民试锋芒

嘉祐六年（1061年）十一月，朝廷任命苏东坡为大理评事，签书凤翔府判官，有权连署奏折公文。当时，苏辙也被任为商州军事通官。但由于父亲苏洵在京中为官，为了不让鳏居的老父亲一个人生活，兄弟二人必须有一人留下与父亲同住京师，因此苏辙谢绝了去外地就职的机会。

苏东坡离京赴任时，苏辙为兄嫂送行，兄弟二人难舍难分，走到离开封城外四十公里的地方才分手。这是他们平生第一次离别。一直目送兄嫂远去后，苏辙才骑着瘦马慢慢往回走，来时雪地上留下的痕迹还清晰可辨，回时眼望此景，他不胜悲楚……远去的苏东坡勒住缰绳，望着弟弟夫妇的背影在低洼起伏的古道上若隐若现，直至消失不见，他才转身继续赶路。此情此景，让苏东坡备感寂寞，所以刚一分别，他就作诗《辛丑十一月十九日，既与子由别于郑州西门之外，马上赋诗一篇寄之》寄给弟弟：

> 不饮胡为醉兀兀，此心已逐归鞍发。
> 归人犹自念庭帏，今我何以慰寂寞？
> 登高回首坡垄隔，但见乌帽出复没。
> 苦寒念尔衣裘薄，独骑瘦马踏残月。
> 路人行歌居人乐，童仆怪我苦凄恻。
> 亦知人生要有别，但恐岁月去飘忽。
> 寒灯相对记畴昔，夜雨何时听萧瑟。
> 君知此意不可忘，慎勿苦爱高官职。

这首诗中，苏东坡直抒惜别之意和别后对弟弟的思念之情以及期盼早日团聚的心愿，情感充沛，感人至深。此后三年，苏东坡一直在外为官，苏辙则一直偕同妻子精心侍奉父亲。

从京都到凤翔，寄出的信函通常要十天左右才能送到收信人手中，所以兄弟二人差不多每月寄诗一首，并在诗中相互唱和。和诗时，他们非常讲究同韵同字，彼此间的通信成了精进写诗技巧的好机会。在与弟弟最早的和诗中，苏东坡初步显示出其诗才。比如，苏辙在《怀渑池寄子瞻兄》写道：

> 相携话别郑原上，共道长途怕雪泥。
> 归骑还寻大梁陌，行人已度古崤西。
> 曾为县吏民知否？旧宿僧房壁共题。
> 遥想独游佳味少，无言骓马但鸣嘶。

苏东坡按规定用"泥"和"西"两字作韵脚,以《和子由渑池怀旧》相应和:

> 人生到处知何似,应似飞鸿踏雪泥。
> 泥上偶然留指爪,鸿飞那复计东西。
> 老僧已死成新塔,坏壁无由见旧题。
> 往日崎岖还记否,路长人困蹇驴嘶。

这首七律是苏东坡的代表作之一,诗中"飞鸿"一词象征人的心灵。苏东坡一生向往自由,犹如一只无拘束的鸟,翱翔于宇宙星辰之间。

判官是闲差,因此苏东坡有时间到外游玩。凤翔位于陕西西部,离渭水只有四十多公里。整个渭水流域遍布名胜古迹,所以自嘉祐六年(1061年)腊月抵达凤翔后,苏东坡趁着岁末空闲,将凤翔的名胜古迹全都逛了一遍。直到第二年正月,他才正式开始接手凤翔的公务。

新春刚过,宋仁宗颁下仁德之政,要求各地州郡的官吏分往属县减决囚犯。按照安排,苏东坡被下派到宝鸡(今宝鸡市区)、虢县(今虢镇街道,属陈仓区)、郿县(今眉县)、盩厔(今周至)四个县。嘉祐七年(1062年)二月,苏东坡用七天时间跑完全部公务。公事毕,苏东坡自南山(今秦岭)北麓西行归府,一路游览了官竹园、楼观台、大秦寺、延生观、仙游潭等名胜,并留下多达数百句的诗歌记述其经历,后寄给弟弟苏辙。

这是苏东坡第一次亲身感受秦岭太白山及其北麓的名胜,他一路游历一路抒怀。他写周至官竹园"二曲林泉胜,三川气象俱。近山麰麦早,临水竹篁修",写楼观台"尹生犹有宅,老氏旧停辀。问道遗踪在,登仙往事悠",写延生观"溪山愈好意无厌,上到巉巉第几尖。深谷野禽毛羽怪,上方仙子鬓眉纤。不惭弄玉骑丹凤,应逐嫦娥驾老蟾。涧草岩花自无主,晚来蝴蝶入疏帘",写仙游潭"清潭百尺皎无泥,山木阴阴谷鸟啼。蜀客曾游明月峡,秦人今在武陵溪。独攀书室窥岩窦,还访仙姝款石闺。犹有爱山心未至,不将双脚踏飞梯"。尤其是当他来到太白山主峰脚下的青湫镇,亲眼见到神往已久的太白山,又听到许多美丽的传说,激情更是一发不可收,当晚写下自己的感受:"……平生闻太白,一见驻行驺。鼓角谁能试,风雷果致不。岩崖已奇绝,冰雪更雕镂。春旱忧无麦,山灵喜有湫。蛟龙懒方睡,瓶罐小容偷。……"

太白山的雄伟壮阔和美丽传说不仅给苏东坡留下了深刻的印象,更使初入官场即忧国忧民的东坡想到了祈雨这件事。他回到凤翔后立即向知府宋选提出在太白山祈雨以解春旱的建议。眼看着地里的麦苗危在旦夕,身为父母官的凤翔知府宋选与苏东坡一拍即合,他亦想到了祈雨这个古老的办法。他把祈雨的公务派给苏东坡,让他亲自带人去太白山取湫水。这既是对苏东坡的信任,也是一份考验。

按照程序,祈雨首先要写好祈雨文状呈递给神明。苏东坡略加思考,很快就写成了一篇祈雨奇文《凤翔太白山祈雨祝文》:

维西方挺特英伟之气,结而为此山。惟山之阴威润泽之气,又聚而为湫潭。瓶罂罐勺,可以雨天下,而况于一方乎?乃者自冬徂春,雨雪不至,西民之所恃以为生者,麦禾而已。今旬不雨,即为凶岁,民食不继,盗贼且起。岂惟守土之臣所任以为忧,亦非神之所当安坐而熟视也。圣天子在上,凡所以怀柔之礼,莫不备至。下至于愚夫小民,奔走畏事者,亦岂有他哉!凡皆以为今日也。神其盍亦鉴之。上以无负圣天子之意,下以无失愚夫小民之望。尚飨。

带着这篇铿锵有力的祈雨文，苏东坡带人翻山越岭以求湫水。他们在拜仙台上虔诚祈祷、击鼓吹号，祈雨持续了三天。结果只下了一场小雨，并没有彻底缓解干旱。而知府宋选则认为可能是年轻气盛的苏东坡触犯了山神，决定亲自前往祈雨。他带了一千多人前往太白山取湫水。与此同时，求雨失败的苏东坡以不服输的劲头查找原因。他查找资料，走访经验丰富的农民，发现是在分封上出了问题。据说前朝有个皇上封太白山为侯后，祈雨就不再灵验了。苏东坡找来《唐书》一查，发现太白山神在唐朝时曾被封为公卿。按爵位高低来说，太白山神的地位实际上被降低了，他们料想是山神因此不高兴，故而不降雨。

这年三月，苏东坡随知府第二次去太白山。清晨行走到眉县横渠镇时，他在崇寿院的墙壁上写下"马上续残梦，不知朝日升。乱山横翠幛，落月淡孤灯。奔走烦邮吏，安闲愧老僧。再游应眷眷，聊亦记吾曾"的诗句。从这首诗里，不难看到苏东坡对祈雨的虔诚与路上的奔忙。

取来湫水后，苏东坡又随宋选在凤翔城内的真兴寺阁举行了盛大的祈雨活动。他在《真兴寺阁祷雨》诗中写道："太守亲从千骑祷，神翁远借一杯清。云阴黯黯将嘘遍，雨意昏昏欲酝成。已觉微风吹袂冷，不堪残日傍山明。今年秋熟君知否，应向江南饱食粳。"这次求雨天遂人意，凤翔府果然下了三场雨。下第三场大雨的三月十九日，苏东坡代宋选草拟了一份上书皇上的奏本《乞封太白山神状》，请求恢复太白山神以前的爵位。

乞封状写好后，宋选派人立即送往朝廷，然后苏东坡与知府一道斋戒沐浴，敬告神灵，表明他们已为山神求取更高的封号，又派人从庙前的池塘里取回一盆"龙水"。

苏东坡随太守出城去迎"龙水"。因为事关乡民们的生存大计，一大早，乡村中聚集了好几千人，十分热闹。"龙水"未到时，天空已经阴云密布，大地一片昏黑。老百姓等了很久，依旧没有下雨。苏东坡又进城去，陪同知府到真兴寺祷告。祷告完毕，他又和知府出城去，走到郊外时，忽然吹来一阵冷风，旗帜和长枪上的缨子猛烈地飘动。天上乌云翻卷，犹如一群野马在奔驰。远处雷声隆隆，闪电划破天空。就在这时，一盆"龙水"到来，苏东坡随宋选前去迎接。他们把"龙水"放在临时搭建的祭台上，虔诚跪拜。不久后，大雨倾盆而下。

春旱总算解除，众人欢喜。行将枯萎的庄稼又挺拔起来了，重新焕发出生机，处处一片欢腾景象。而恰在此时，苏东坡在凤翔官邸中的亭子也已落成，他欣然命名为"喜雨亭"，并写下著名的《喜雨亭记》以记之，并将其文镌刻在亭子上。文曰：

亭以雨名，志喜也。古者有喜则以名物，示不忘也。周公得禾，以名其书；汉武得鼎，以名其年；叔孙胜狄，以名其子。其喜之大小不齐，其示不忘一也。

余至扶风之明年，始治官舍，为亭于堂之北，而凿池其南，引流种树，以为休息之所。是岁之春，雨麦于岐山之阳，其占为有年。既而弥月不雨，民方以为忧。越三月乙卯乃雨，甲子又雨，民以为未足。丁卯大雨，三日乃止。官吏相与庆于庭，商贾相与歌于市，农夫相与抃于野。忧者以乐，病者以愈，而吾亭适成。

于是举酒于亭上以属客，而告之曰："五日不雨，可乎？"曰："五日不雨，则无麦。""十日不雨，可乎？"曰："十日不雨，则无禾。"无麦无禾，岁且荐饥，狱讼繁兴，而盗贼滋炽。则吾与二三子，虽欲优游以乐于此亭，其可得耶？今天不遗斯民，始旱而赐之以雨，使吾与二三子，得相与优游而乐于此亭者，皆雨之赐也，其又可忘邪？

既以名亭，又从而歌之，曰：使天而雨珠，寒者不得以为襦；使天而雨玉，饥者不得以为粟。一雨三日，繄谁之力？民曰太守，太守不有。归之天子，天子曰不然。归之造物，造物不自以为功。归之太空，太空冥冥。不可得而名，吾以名吾亭。

《喜雨亭记》是苏东坡很有代表性的文章，不仅因为其文笔简练，很能代表其文的特性，而且也表现了苏东坡解民之忧、与民同乐的精神。

第二年七月，又遇大旱，苏东坡再次求雨，却没有灵验。失望之余，他到蟠溪求姜太公的神灵。苏东坡此次向姜太公求雨是否应验，我们不得而知。无论如何，他祈求神灵的态度十分虔诚。他相信自己的行为合乎天道，深信万能的神灵必然会为老百姓消灾造福。不过，在他论及天灾的奏折里，有几篇文章的论点有所变化，他指出，假若朝廷不废除暴政以纾解民生疾苦，那么向神明祷告请求保佑也收效甚微。

年少气盛言无忌　父逝妻丧守孝制

凤翔任职是苏东坡正式迈入官场的第一步，虽然有职无权，但初到凤翔时，他和上司宋选相处得十分融洽，做起事来也心情舒畅。但随着新知府的到来，情况发生了变化。新知府陈希亮原任京东转运使，与苏洵有交情。他为人清廉、刚直、寡欲，极重威严，自王公贵人以下，官员们都很忌惮他。按理，苏东坡是陈希亮的晚辈和同僚，在仕途进取和公务处理上本应关系密切，但事实却是两人水火难容。

陈希亮认为苏东坡少年得志，不免张扬，所以有意压制这个锋芒毕露的后辈，对他毫不客气；而苏东坡生性豪爽，不会逢迎取悦，遇有异见便据理力争，形诸辞色，毫不屈就退让。久而久之，两人的摩擦越发严重，成见日深。苏东坡此时仅二十六岁，年轻气盛，见此情状便赌气不参加府宴，中元节时也不过知府厅堂。陈希亮紧抓这一点，上奏弹劾苏东坡，此事更加深了苏东坡对陈希亮的芥蒂。

不久，苏东坡便等到"报复"陈希亮的契机。陈希亮在寓所后院建造了一座凌虚台，以便公务之暇登台观望终南山之胜景。为了纪念此台建成，陈希亮请苏东坡作记。苏东坡正憋着一肚子气，他决定借此机会好好戏谑陈希亮一番。概凡作文章刻石留念，是为了传之久远，故必须庄重典雅，方为得体。如此一来，苏东坡便隐晦写之，既无伤于人，亦无害于己。于是，他写下了流传至今的《凌虚台记》：

国于南山之下，宜若起居饮食与山接也。四方之山，莫高于终南。而都邑之丽山者，莫近于扶风。以至近求最高，其势必得。而太守之居，未尝知有山焉。虽非事之所以损益，而物理有不当然者，此凌虚之所为筑也。

方其未筑也，太守陈公杖屦逍遥于其下，见山之出于林木之上者，累累如人之旅行于墙外而见其髻也，曰："是必有异。"使工凿其前为方池，以其土筑台，高出于屋之危而止。然后人之至于其上者，恍然不知台之高，而以为山之踊跃奋迅而出也。公曰："是宜名凌虚。"以告其从事苏轼，而求文以为记。

轼复于公曰："物之废兴成毁，不可得而知也。昔者荒草野田,霜露之所蒙翳,狐虺之所窜伏。方是时,岂知有凌虚台耶?废兴成毁,相寻于无穷,则台之复为荒草野田,皆不可知也。尝试与公登台而望,其东则秦穆公之祈年、橐泉也,其南则汉武之长杨、五柞,而其北则隋之仁寿、唐之九成也。计其一时之盛,宏杰诡丽,坚固而不可动者,岂特百倍于台而已哉!然而数世之后,欲求其仿佛,而破瓦颓垣无复存者,既已化为禾黍荆棘、丘墟陇亩矣。而况于此台欤?夫台犹不足恃以长久,而况于人事之得丧,忽往而忽来者欤?而或者欲以夸世而自足,则过矣。盖世有足恃者,而不在乎台之存亡也。"既已言于公,退而为之记。

这篇文章本为庆祝而作,但苏东坡却以平静的语气设想其将来坍塌毁坏之状,并暗讽太守不知所住之城外有山。看到这篇文章,陈希亮大抵感受到了苏东坡的嘲讽之意。但他不以为忤,反而欣然接受,命人将《凌虚台记》一字未改地刻在石碑上。二十余年后,也就是陈希亮去世十四年后,苏东坡主动为陈希亮作传。他在传文中回顾年少往事,不无忏悔地说:"方是时,年少气盛,愚不更事,屡与公争议,至形于言色,已而悔之。"

陈希亮的幼子陈慥后来也成了苏东坡毕生的友人,苏东坡也曾为他立传。他与苏东坡的相交缘于内在的洒脱。据说有一天,陈慥带着两个兵卒到山中骑马打猎,忽然有一只喜鹊自他面前飞起,他的手下没能将喜鹊射中。陈慥略微恼怒,自丛林隐藏处飞马跃出,"嗖"地一箭射去,喜鹊应声落地。陈慥的眉宇间泛起"精悍之色",这神情瞬间吸引了苏东坡,连连感叹他非"山中之人"可比。后来苏东坡被贬黄州,路过岐亭,再次与陈慥相遇。故人重逢,分外欣喜。已隐居世外的陈慥命家人杀鸡宰鹅、盛罗酒食欢迎苏东坡一家。此后几年，两人相从甚密，充分展现出"患难见真情"的真谛。

这一时期，苏东坡还遇见了一生中最特殊的"朋友"章惇。这位特殊的朋友，将成为苏东坡后半生宦途的"克星"。而此时的章惇以出众的才华和豪爽大方的性格，吸引了苏轼。

据说，他们曾一同前往终南山游玩。二人进入深山后，步行到达仙游潭。当他们走到一条沟壑边时，只见沟壑上架着一根很窄的薄木板。沟壑深三四十米，有深流翻滚倾泻而下，两侧是陡峭的万丈悬崖。章惇向苏东坡提议从木板上走过去，在对面岩石峭壁上题一行字。苏东坡胆战心惊，没有同意。于是，章惇独自从木板上走过，然后把袍襟掖在腰间，抓住一根悬挂的绳索坠到悬崖下面，又爬到对面溪流岸上，用毛笔蘸墨在石壁上题写了"苏轼章惇游此"六个大字。随后，他又顺着绳索攀岩而上，再轻松自如地从窄木板上走回来。看着这位有胆有识的朋友从容地做完这一切，苏东坡还心有余悸，他拍着章惇的肩膀说："终有一天你会杀人的。"章惇问道："为什么？"东坡回答："敢于置自己性命于不顾的人，自然敢取别人的性命。"章惇听完哈哈大笑。

嘉祐八年（1063年），宋仁宗驾崩，苏东坡受命督察自陕西西部山中运输木材供修建陵寝之用的工事。这使他又忙碌了一阵子，忙碌之余他过得很不快乐，十分想家。他通过和诗向苏辙吐露内心对公务繁劳与民夫徭役的直接感想。

嘉祐九年（1064年），苏东坡解除了官职，内兄自四川前来与之同住。次年正月，苏东坡举家迁返京都。根据北宋的任官制，凡地方官任期满三年后，朝廷要考察他的政绩如何，即磨勘。依据考察结果，再经过推荐，另外授予官员新职位。在新的官职任命之前，苏东坡回到京都，弟弟苏辙不久被外放到北方的大名府（治所在今河北大名县）去做官。

治平元年（1064年），新主英宗继位，他早闻苏东坡的名气，很是欣赏，决定破格提拔他，拟任翰林之职，负责为皇帝起草诏书等。但这一决定却遭到宰相韩琦的反对。韩琦认为，应该等苏东坡再历练一番以后加以提拔，不宜突然授予如此高的官职。宋英宗又拟授命苏东坡掌管宫中公务之记载。韩琦仍然表示反对，说这个职位与制诏的性质相近。他推荐苏东坡到史馆去任职，并且要先通过所任职位的正常考核。最终苏东坡通过考核，开始在史馆任职。凡在史馆任职的官员，都要轮流在宫中图书馆工作，这使苏东坡有机会饱读宫藏的珍本书籍、名人手稿、名家绘画，在汲取文化涵养上享有得天独厚的优势。

治平二年（1065年）五月八日，苏东坡的妻子王弗不幸病逝，年仅二十六岁，留下年方六岁的儿子苏迈。

王弗死后不到一年，治平三年（1066年）四月，老父亲苏洵病逝。苏洵逝世前已完成了《太常因革礼》一百卷的编辑工作。按照守孝制度，兄弟二人需回籍丁忧，把父亲苏洵和苏东坡妻子王弗的灵柩运回四川眉州的家族墓地。

运送灵柩，他们必须雇船自安徽走水路，然后再沿长江逆流而上。兄弟俩不惜多费一些时日，以满足沿途共同畅游之心愿，所以直到次年四月才平安抵达家乡。苏东坡天性浪漫，在墓地所在的山上种植了约三千棵松树，寄望这里将来长成一片松树林。苏东坡还效仿父亲，循着父亲为纪念母亲而立两尊佛像的先例，建了一座庙，纪念父亲。为了纪念亡妻，苏东坡作《亡妻王氏墓志铭》。提到王弗，他饱含深情、悲伤地写道："君之未嫁，事父母；

既嫁,事吾先君先夫人,皆以谨肃闻。"在墓志铭中,苏东坡写到王弗尽心侍奉翁姑,不仅在生活上照顾苏东坡的起居,还在读书、交友、处世等方面好言劝诫,是个"敏而静"的贤内助。字里行间,随处可见苏东坡对亡妻的感念和心中的痛苦,这份真挚的情感一直感动着后人。

第五章　守制变法竟圣听
　　　　执拗对决两相误

公元 1069 年，一场以改革为初衷、而后席卷北宋王朝的政治风暴，以燎原之势燃烧起来。这场风暴发生在改革的倡导者、人称"拗相公"的王安石和抵制变法的反对派之间。变法的反对者几乎包括了宋仁宗时代的所有元老重臣。苏东坡本是后起之秀，却被这次改革影响了一生的命运。

倾情一生求变法　　理想未竟暗神伤

治平四年（1067 年），宋神宗赵顼走上历史舞台，成为北宋的第六任皇帝。这时赵顼只有十九岁，却从父亲手中接过一副沉重的治国担子。摆在他面前的是一系列的内忧外患：军费开支庞大，官僚机构臃肿而政费繁多，加上每年供给辽国和西夏的大量岁币，使北宋财政年年亏空。广大农民由于豪强兼并、高利贷盘剥和赋税徭役加重，屡屡暴动反抗。年轻的赵顼不得不重新审视并思考祖辈们定下的治国方略。他深知，长此以往，国将不国。初登大宝的他血气方刚，处处流露着天不怕地不怕的勇气，故他登基后就想大干一场。赵顼深信，只有变法才是解决危机的唯一办法。在他的主导下，另一位著名的历史人物也被推向北宋的最高权力中心。这个人就是名相王安石。

庆历二年（1042年），二十一岁的王安石进士及第。宋神宗即位前，王安石已是北宋官场和文坛的重量级人物。宋神宗上任第二年就将四十七岁的王安石从外省调回京城，任参知政事，次年拜相，主持变法。

熙宁元年（1068年）腊月，苏东坡把照顾父母坟茔等事宜托付给堂兄和邻居。兄弟俩整理行装，携家眷自陆路返回京都。从此，他们再也没能踏上故乡的土地……

熙宁二年（1069年），一场旨在改变北宋建国以来积贫积弱局面的社会改革运动，以汹涌之势展开。其大刀阔斧的改革实验，在中国历史上不是第一次，也不是最后一次，但它引起的冲击和震荡直到宋朝灭亡才停止。

身为改革派代表人物，王安石最钦佩的变法者是商鞅。他曾经写过一首《商鞅》诗，诗曰："自古驱民在信诚，一言为重百金轻。今人未可非商鞅，商鞅能令政必行。"他颂扬了商鞅取信于民和坚决变法的举动，肯定了商鞅的治国方略。

王安石是个思想、禀性都异乎寻常的特立独行者。他平日里衣食朴素，无视他人的评价，即使当了宰相也依然如故。他天生博闻强记，从不死读四书五经，农、林、工、商各类学问均有涉猎。在被宋神宗重用前约二十年时间里，王安石远离京都任职，尽管每任一地都颇有政绩，但他屡次谢绝朝廷的晋升，宁愿在偏远省份当一小吏。此举使其声誉越来越高，以至于后来朝廷官员都想一睹其风采。他在所治属地建堤筑堰、改革学校、创农民贷款法，把他的新社会理想小范围地实施了数项，实施效果很好，他也因此深得百姓爱戴。直到嘉祐五年（1060年），朝廷任命王安石为直集贤院、知制诰，审查京城刑狱案件，他才从地方来到京师。朝中士大夫一时之间引以为京都盛事。

王安石在京任职期间,朝廷规定舍人院不得申请删改诏书文字,王安石认为立法不当,据理力争后得罪了王公大臣。嘉祐八年(1063年),因母亲病逝,王安石辞官回江宁(今江苏南京)守丧。宋英宗在位时,几乎年年以高官厚禄征召王安石赴京任职,可对于如此热情的延揽,王安石每次均以服母丧和身体欠佳为由婉言谢绝,拒绝入朝,宁愿留在家乡。

这一段韬光养晦的历程在常人看来很难理解,但王安石在等待自己的时机,一旦时机成熟,他势必要为国家做大事。京都之外的政治实践,已经为他奠定了政治生涯的基础。朝廷中名臣重儒云集,不同的政治观点引发的从未停息的竞争让他觉得无法应对。学识渊博的文臣,如范仲淹、司马光、欧阳修、曾公亮等人,都是德高望重的朝廷重臣,只要其中一人对他锐意进行的改革投反对票,他的新法就会举步维艰,难以实行。加上他性格执拗,不擅长与人沟通,想改变成规、实践政治理想却不愿作过多的解释,所以他只能等待。

嘉祐五年(1060年),王安石来到京师,时人都视之为奇才。老一辈的名公巨卿如富弼、文彦博都对他颇有好评,欧阳修也对他很有好感。只有极少几个人,如苏洵和张方平等,不喜欢王安石不近人情的性格,并对他不修边幅的生活表示厌恶。

张方平曾与王安石共同监督地方考试,因相处不融洽而拒绝与王安石结交。欧阳修想介绍王安石与苏洵相识,王安石也很愿意结识苏氏父子,但是苏洵与张方平是老友,因而回绝了欧阳修的美意。王安石的母亲去世时,在所有被邀请参加丧礼的人当中,只有苏洵拒绝前往,并且写下著名的《辨奸论》。有学者认为《辨奸论》并非苏洵所作,而是保守派为打击王安石变法传出这篇文章,署名为苏洵。无论文章出自谁手,《辨奸论》的宗旨都是诋毁王安石,竭力反对"新党"变法。

相传苏洵写《辨奸论》时，苏东坡和苏辙都认为父亲对王安石指责太过，但是老友张方平却持完全赞同的意见。

王安石接任三司判官不久，曾就改革一事试探过宋仁宗的心意。他上书论政，长达万言。这份万言书最核心的思想是改革吏治。它既是王安石长期在基层历练和思考的结果，也是对十四年前范仲淹"庆历新政"精神的承袭。然而，宋仁宗看完万言书后便束之高阁，没有作出任何回应。

王安石只得继续等候时机。在随后宋英宗当政的四年中，王安石虽多次蒙恩召，但都辞谢不就。这时，宋英宗的长子赵顼正以皇储之身居于京都，而为太子掌管文书方面工作的是韩维。韩维早年曾与王安石议论不合，但此时却极其佩服王安石。他经常对朝政发表见解，每逢太子赞同时，他就说："这并非臣的意见，而是王安石的高论。"于是，赵顼对王安石的印象越来越深，加上他即位前已经读过王安石写给宋仁宗的万言书并对其中的内容深表赞同，因而很期待有朝一日能借重王安石的政治才能治理国家。

满怀治国抱负的赵顼刚继位，便迫不及待地任命王安石为江宁知府，紧接着又将他擢升为翰林。王安石与韩维保持着密切的联系，他知道施展抱负的机会终于等到了，但是他还是将进京的时间推到了七个月后。

熙宁元年（1068年），王安石奉召入朝为官，并被恩准有越级进言的特权，不受朝廷现有官礼限制。这无异于拿到一柄"尚方宝剑"，他终于可以大刀阔斧地施展理想了。

王安石一到京都便受到宋神宗的召见。召对时，宋神宗询问王安石："依爱卿之见，朝政的当务之急是什么？"王安石回答："微臣看来，当前朝政以决定政策为首要任务。"宋神宗继续问王安石怎么看待唐太宗，实际上是想通过这个问题看看他对自己的为君之道有什么建议。王安石便回答说："陛下应当以尧、舜为榜样，而不仅仅是学习唐太宗。尧舜之道推行起来其实十分容易，后世的士人们并不真正了解先王之道，因而认为尧舜之施政不能再行实施。"

宋神宗对王安石的回答非常满意，等到朝中官员全部退去，宋神宗将王安石独自留下。他敞开心扉，与王安石探讨国家治理与君臣之间的关系等话题。

他年方二十，满怀雄心壮志，心中豪情万丈，十分渴望建立一个国富兵强的帝国。由于性格使然，他的血管里流淌着不安分的血液，在嗣位后一心要励精图治、揽辔澄清、变法图强，而现在他终于找到了一个与自己心意相通的治国良相。他决定不惜一切代价，实行王安石的变法计划，即便牺牲其他大臣也在所不惜——这也就使这位年轻的皇帝每逢有贤德的老臣进谏反对新法时，头脑中便浮现出尧舜时代"四凶"的影子来，以致许多优秀的人才饱受流放之苦。

熙宁二年（1069年），苏氏兄弟回到京师。这时，王安石刚刚被任命为参知政事。王安石就职不久，便大刀阔斧地在朝廷各部门开展变法活动，清除异己分子。随后两年，一些沉稳保守的老臣纷纷离朝，御史台遭到清肃排斥，继任的谏官几乎都是王安石提拔的。抗争之事此起彼伏，整个官场一片喧闹之声。一些深孚众望的朝廷重臣开始公开反对王安石，但年轻的皇帝不明白他们为何要反对。

在宋神宗看来，王安石要求变法既不是为了升官发财，也不是为了揽权，完全是出于一片报国之心。虽然贵为宰相，王安石在生活方面却极为朴素。金钱对他毫无吸引力，权柄亦非他的追求，他这种无私为国的精神感动着宋神宗。在他眼里，王安石不是普通的臣子，而是自己的良师益友。变法前期，宋神宗对王安石言听计从，几乎所有大事都要找王安石商量。新法实行之后,一石激起千层浪,朝中所有的反对声都直指王安石。宋神宗虽然有过迟疑和动摇,但最终还是坚定地站在王安石一边。

对此,反对派认为是王安石使用计谋,让皇帝觉得这场纷争是皇帝和反对派奸邪大臣之间的殊死之战,因而视王安石为奸邪之人。宋神宗很是不解,他询问王安石:"怎么会闹得这么厉害?为什么那么多大臣、御史和满朝的读书人,都群起反对新法呢?"

王安石回奏道:"皇上要师法先王之道,为了事功,不得不清除这些旧臣。旧臣与皇上之间的矛盾,是不可避免的。假如他们获胜,朝廷大权将落入他们之手;若皇上获胜,朝廷大权仍由皇上掌控。那些自私的大臣存心阻挡皇上行先王之道,自然会闹出这一番纷乱景象。"

王安石对自己的财政经济学说坚信不疑,加上一群力图创新的年轻追随者,王安石的激进变法箭在弦上,蓄势待发。

实行新政的动机是富国强兵,这是毋庸置疑的。宋朝承纷争杀戮的五代残唐五十年后,一直未能强盛起来。而西夏、契丹(又称辽)、金却不断侵扰宋朝边境。每与这些周边势力短期交战,宋朝几乎都是订约言和,和约的条款无不是让人忍辱蒙羞的条款。作为被番邦承认的天朝皇帝,理当接受进贡。但现实恰恰相反,宋朝每年须赐予周边番邦巨额的金银绸缎,这自然使得国库财力大量外流。而国内行政又一向松弛散漫,朝廷经费常常呈现捉襟见肘的状态。王安石认为自己是财务奇才,能够凭借纳税征兵的制度设计为国库筹集钱款。而且他在西北地区派驻重兵,用武力来恢复国威,曾发动数次战争,只有一次落败。为继续作战,筹措战争经费,国家财政制度必须做出改变。这也是王安石政策中最能打动君心的要点之一。

新政最重要且最为人所熟知的共有十四项，可概括为三种类型。一类是财经政策，可称为富国之法，包括青苗法、募役法、方田均税法、农田水利法、市易法、均输法等六项；一类是养兵政策，可称为强兵之法，包括保甲法、裁兵法、将兵法、保马法、军器监法等五项；一类是用人政策，可称为取士之法，包括改革科举制度、整顿太学、惟才用人等三项。其中最重要的是财经政策，以今天的眼光来看，王安石的财经综合改革方案几乎是一套现代的集体经济政策，远远地超越了他所处的时代。

彼称此之为流俗　此谓彼之为乱常

从变法开始，北宋官员从上至下逐渐分成两大阵营。这两大阵营都人才济济，哪一派取胜，就将对方全部打倒，并全面推翻对方的各项政策。这样的纷争最终演变为朋党之争，后来两派的裂痕愈来愈深，斗争也越来越激烈，直到北宋灭亡才停止。

在朝廷上，王安石批评反对派，说他们是恶意阻挠新政；反对派则攻击他滥用权力，"视民间清论为流俗，视异己者为腐败"。熙宁二年(1069年)王安石为参知政事，即副宰相，变法提议得到宋神宗支持，他的权力无形中扩大了。次年王安石任同中书门下平章事，即宰相，开始大规模推行新法，引起朝野内外关于变法的激烈争论。争论的主要问题有两个：一个是关于青苗贷款法，一个是关于御史的自由谏言权。

争论的双方，反对方是朝廷的元老重臣、卓有才干之士，且人数众多；坚持变法的一方，则罕有才干卓著的老臣，主力多是热心追随王安石的年轻官员。但是，王安石有神宗的鼎力支持，而且他的那些追随者多是正在成长的年轻人，他们不仅雄心勃勃、精力充沛，还颇有智慧。但在反对方眼里，这些人被视为阴险诡诈的小人。

然而王安石逐渐对所有的"流俗"之辈持轻视态度，在争辩无效后，认为他们不足与谋。他不但疏远了那些年迈忠厚的元老大臣，甚至连自己的莫逆之交，如韩维、吕公著等，也因为意见分歧而与他们断绝了往来。这样一来，他就陷入了孤立无援的被动局面，没有得力的老臣和年轻人才可用，于是他便大范围地从中下层提拔官员。这些被拔升者，有些并没有才能胜任职位；有些对他唯唯诺诺、毕恭毕敬，以利用他牟取私利；有些确实有才能的后起之秀在不自觉间陷入党争风波，被人利用。

最终，王安石变法主要依靠两个人：一个是曾布，一个是吕惠卿。两个人都十分活跃、富有才干、能说会道，反对派认为他们是阴险狡诈却有权谋、极具说服能力的人，尤以吕惠卿为甚。

反对派的领袖人物是为世所景仰的司马光。作为宋朝宰相，他与范仲淹齐名。他和王安石在治国理政的政策上水火不相容，在其他方面却彼此欣赏。两人都坦率真诚、忠于自己的信念且洁身自好，无论是对待金钱物质的态度还是个人私德方面，他们从未受人指责，堪称世之楷模。

然而，历史就是这么令人遗憾，两个有诸多相同点的文学家却成了政治上的死敌。因为他们两人的政治斗争，且双方坚持各自的信念，致使宋朝朝廷沦为党争的战场。司马光作为一个政治家，因为反对变法，被认为是保守思想的典型代表。尽管他曾表态"王安石等所立新法，果能胜于旧者存之"，但实际上，后来重回权力中心的他却因不满王安石变法而不择优劣地尽罢新法，又将宋神宗时期用军兵生命夺取的土地无偿送还西夏以求和平，致使日后的新旧党争沦为意气及权位之争，双方官员不再集中关注国政运转。事实上，变法多年后，朝中很多大臣看到了变法带来的好处，不赞成全盘废除新法，包括初期反对激进变法的苏东坡也认为应该将新法中有益民生的部分保留，但持这一观点的官员又一概被司马光等手握重权的人残酷打击。

置身于变法派与反对派之间的宋神宗无法掌握局势的变化。早年，当朝气蓬勃的宋神宗初登皇位时，他寄厚望于司马光，希望他能和王安石一道辅佐自己早日挽救危局，实现国家的振兴。

在思想上，王安石主张开源，司马光则主张节流。因政见不同，司马光和王安石在一些问题上常发生激烈争辩，有时两人在皇帝主持的议政会议上也毫不相让，争得面红耳赤。尤其青苗法颁布后，司马光认为县官靠权柄放钱收息要比平民放贷收息危害更大，故而表现出强烈的不满。

曾与范仲淹共同防御西夏、为人爽直的名将韩琦，在大名府目睹了青苗法贷款发放的情形后，也上疏反对青苗法，认为青苗法根本不能"抑兼并，济困乏"。韩琦的奏折呈送到宋神宗手中。宋神宗和王安石讨论了奏折的内容。宋神宗就韩琦提出的问题向王安石发问，王安石认为这些问题都不成立。事后，他将韩琦的奏疏拿到变法的领导机构制置三司条例司，作逐条批驳，并公布于天下。后来韩琦又上疏，申辩愈加急切，他还对免役法、市易法等也提出了反对意见。

如此一来，王安石的地位受到挑战，宋神宗开始流露出中止青苗法的意向。他左右为难，一边是刚直不阿的老臣，一边是锐意革新的宰相，到底应该怎么办？为了获得更确切的信息以便决策，宋神宗派出专员到外地视察。派出的专员也深知利害关系，回报时说青苗法很得民心，并没有强迫贷款这样的事情。宋神宗于是决心贯彻新政。

此番波折过后，王安石的地位又得以巩固，司马光被降为制诰。

不久，韩琦也辞去河北安抚使一职，只留任大名府知府职位。

面对上述情况，官卑位低的苏东坡愤怒不已。这时他只有三十二岁，任职史馆，且仅限于执笔为文，与政治决策毫无关系，但是他天性坦白直率，加上正是意气风发的年纪，难以抑制的满腔激愤促使他洋洋洒洒地给宋神宗上了两次奏折，一次是在熙宁二年（1069年）十二月，一次是在次年三月。

苏东坡的两份奏折措辞尖锐，锋芒毕露，立即引起了朝廷的关注。在第一份奏折里，他直指王安石创设的制置三司条例司使民心不悦，这个新部门"造端宏大，民实惊疑，创法新奇，吏皆惶惑"。他劝谏宋神宗"欲去积弊而立法，必使宰相熟议而后行"，随后又从多个角度分析变法的利弊得失，希望宋神宗能明察秋毫，以天下黎民百姓为根本。这篇奏折近万言，言辞恳切、谦恭，从中可见苏东坡对国事的关注和爱护黎民的赤子之心。苏东坡这两篇不平而鸣的长篇大论上呈后如石沉大海，没有收到任何反馈。

而此时王安石对御史台的清除正在进行中。起初，王安石只是警告朝廷百官不要对新政妄加批判，他与对经济政策持不同意见者进行激烈的争辩。后来，对于批评指责他的御史，他不再解释，尤其是受到御史中丞吕诲的弹劾后，他干脆将他们一律予以撤职。

一天，吕诲和司马光给皇帝讲解经典后出宫殿，向司马光透露将要弹劾王安石，并且从袖子里取出弹劾奏章给司马光过目。司马光看到他的奏章言辞激烈，说道："他现在深得人望。我们这些人哪有能力动得了他？"吕诲听罢，大惊失色："连你也这么说！"尽管如此，吕诲还是坚持弹劾王安石。他在弹劾奏章里措辞尖锐地说王安石"执邪见，不通物情。置之宰辅，天下必受其祸"。其弹劾结果就是，他被革职处理，并由此拉开了王安石排除异己的序幕。

此后，官员们批评朝政的权力受到限制，官府组织机构的功能遭到重创，从而引起了官场震动。御史台官员群情激愤，他们现在面临的问题是，保住固有的监察权还是等候被人清除？为了争夺权力，几位御史决定殊死一搏，他们联名上书弹劾王安石，请求皇上免去其相位。王安石得知后非常生气，试图将他们全部投进监狱。司马光和范纯仁则认为如此对待御史非常不妥。经过双方的辩论和商讨，六名御史遭到贬谪，被下派至边远外县。

面对这一情形，范纯仁决定挺身而出。范纯仁是范仲淹的儿子，在范仲淹去世后才出来做官。他在政见上与司马光同属保守派。他上奏弹劾王安石，认为王安石改变祖宗法度，搜刮钱财，使民心不得安宁，而招致那些看不见的怨恨。宋神宗不解其意，连问"看不见的怨恨"所指为何。范纯仁借杜牧所说的"天下之人，不敢言而敢怒"来作答。宋神宗赞许他的表态，采纳了他的意见。于是，范纯仁写了一部《尚书解》献给宋神宗。

为了维护御史的权力，他请求朝廷撤回贬谪御史的公文，结果因此遭受流放。后来，司马光复相，坚持要废除青苗法时，范纯仁又认为不需要废除，因为此时青苗法已收到良好的实践效果。他希望司马光虚心"以延众论"，不必因人废言，应尽量采纳有可取之处的主张。可惜司马光并不这么认为，为此，苏东坡、范纯仁等人惆怅地叹息道："奈何又一位拗相公。"

随着旧官员的被贬或请辞，朝廷上的局势迅速发生了变化。朝中众臣对当权者的看法，由期待变成怀疑，由怀疑而心生迷惑，由迷惑而感觉愤怒直至恐惧。

熙宁三年（1070年）三四月间，御史台遭到大规模整肃，大量后起之秀占据相应职位。王安石仅用短短一个月时间，便雷厉风行地完成了在御史台清除异己的工作，可见他意志之坚定以及改革派办事效率之高。司马光极力向宋神宗痛陈利害关系，但收效甚微。

朝廷内外，人人自危，就连王安石的老师欧阳修也选择退出仕途。

熙宁三年（1070年）六月，欧阳修以太子少师的身份辞去一切职务，归隐林泉。欧阳修其实并不反对变法，不过他更倾向于科举改革。他大力倡导诗文革新运动，改革了唐末到宋初的形式主义文风和诗风，并取得了显著成绩。他在政治上的地位及散文创作上的巨大成就，使他在宋代的地位相当于唐代的韩愈。他荐拔和指导了王安石、曾巩、苏洵、苏轼、苏辙等散文家，对他们的散文创作产生了很大影响。

至此，王安石的改革派气势达到顶点，对朝堂的掌控达到最严，而反对派的声音也并未消失，他们依旧向宋神宗痛陈激进改革的弊病，希望说服皇帝罢黜王安石一派，停止变法。

上书万言谏人君　激恼权臣遭贬逐

在反对王安石变法的风波中，苏东坡的老友范镇也不可避免地被卷了进去。范镇比苏东坡的父亲大两岁，比苏东坡大三十岁，在仁宗朝中状元，为翰林学士。他很欣赏苏东坡兄弟的才华，对他们很照顾。后来苏东坡和弟弟苏辙每次进京述职，都借住在范镇家。范镇去世后，苏东坡在挽词中写道："高斋留寓宿，旅食正萧然。"通过范镇去世前后自己的境况对比来感谢范镇留宿的情谊。

范镇曾在仁宗、英宗朝任职于中书省。他个性之强，不让钢铁。宋仁宗在位时，多年无嗣，嘉祐二年（1057年）突然发病，引起群臣惊虑，惶惶不可终日。朝臣希望皇上尽早选定储君，以安人心，但宋仁宗总想由亲生儿子接管河山，故不愿过继太子。拥立之事牵涉政治集团的宗派斗争，一旦失败，便有可能身败名裂，故群臣都

"莫敢先言"。唯有范镇下定决心，纵然掉脑袋也决计要"死于职"，不愿在未来争夺皇位的乱军中沦为"炮灰"。他三次面见仁宗陈述见解，十九次上奏本章，力述立嗣之理，即使须发变白，他仍不放弃。朝廷无计可施，只得将范镇的知谏院职改为集贤院修撰。即使如此，他还累申前议。最终在韩琦等人的共同努力下，仁宗才确立赵曙为继嗣。

现在遇到王安石变法，他不同意改革，又给年轻气盛的宋神宗上表章，连上五章后，王安石亲自作文予以驳斥。范镇自觉辩论不过王安石，势力也不比王安石，决定辞职。辞职前他又上一疏，并在辞呈上直言不讳："陛下有纳谏之资，大臣进拒谏之计；陛下有爱民之性，大臣用残民之术。"宋神宗将此奏疏交给王安石看，王安石脸色骤变，拿奏折的手不由自主地发抖。但迫于"不杀大臣"的祖宗家法，宋神宗没有杀范镇，只是罢免了他的官职。

从这些事情既可以看出范镇作为保守派的坚定，也可以看出他的刚正与耿直。对于范镇的人品，苏东坡十分仰慕。范镇被罢官当天，苏东坡去他家里祝贺："您的官位虽然丢了，您在群臣后学中的名声却更加响亮。"

范、苏两家始终保持着情谊，最后从同乡变成了亲家。苏东坡有三子：长子苏迈、次子苏迨、三子苏过。其中，苏迈的女儿嫁给了范镇的一个远房侄孙，范镇的孙女又嫁给了苏过。苏辙生有四子：长子苏迟、次子苏适、三子苏逊、幼子苏远。其中，苏远续娶了范镇之子范百揆的女儿。

对于亲戚兼晚辈的苏东坡，范镇一直关怀备至。苏东坡刚做官没多久，父亲苏洵在开封去世，他须将父亲的灵柩运回四川老家安葬。当时交通不便，从开封到眉山要走整整一年，东坡兄弟途中路费短缺，范镇知情后慷慨解囊，提供帮助。

范镇被罢官，好友司马光愤愤不平，也心生去意。起初，司马光被派往陕西做外任官，但他留恋京都不想离开。他和王安石诚恳、严肃地讨论了新法，书信来往约有三次，最终没有谈妥，二人完全决裂。宋神宗原本希望司马光继续在朝为官，并再三授予他官职，但司马光都婉言谢绝，他决定辞去一切官职退隐。此后十六年间，司马光闭门不出，倾力编撰鸿篇巨著《资治通鉴》。

范镇和司马光的辞任，使年轻气盛的苏东坡不再保持缄默，开始给宋神宗写万言书。

熙宁二年（1069年）五月，苏东坡蒙皇帝召见，首上《议学校贡举状》，主要谈论教育文化，获得皇帝的称赞，并命他"尽陈得失，无有所隐"。苏东坡马上认真遵办。同年十二月，作为殿中丞直史馆判官告院①、权开封府推官②的苏东坡，又向宋神宗上书，议论的内容仍然是文化，落脚点在"结人心、厚风俗、存纪纲"。这是苏东坡在不到一个月时间里的第三次上书。第一次议学校贡举，第二次谏买浙灯，特别是第二次对皇帝的劝谏，宋神宗从善如流，放弃了买浙灯的打算。这让苏东坡感动不已。这次上书他依旧尽其所能地恳求皇帝改变主意，但现实形势对他十分不利。

他开门见山地说出自己上奏的目的，并向宋神宗提出了三个愿望，即"愿陛下结人心，厚风俗，存纪纲而已"。围绕这三点，我们看到了一个公忠体国、直言敢谏的苏东坡，他引经据典、深入浅出

---

① 殿中丞直史馆判官告院：殿中丞延袭唐制，唐代时改殿内省为殿中省，殿中丞为其属官。殿中丞二人，从五品上。官告院掌管官员的任命、王公命妇的司封等。判官告院一职位居提举官之下。

② 权开封府推官：推官为唐朝始置，节度使、观察使、团练使、防御使、采访处置使下皆设一员，位次于判官、掌书记，掌推勾狱讼之事。五代沿袭唐制。宋朝时三司下每部设一员，主管各案公事；开封府所属设左、右厅，每厅推官各一员，分日轮流审判案件。权开封府推官类似今日的挂职。

地引用若干历史故事,来阐明个人的观点。

《书》曰:"予临兆民,凛乎若朽索之驭六马。"言天下莫危于人主也。聚则为君民,散则为仇雠。聚散之间,不容毫厘。故天下归往谓之王,人各有心谓之独夫。由此观之,人主之所恃者,人心而已。人心之于人主也,如木之有根,如灯之有膏,如鱼之有水,如农夫之有田,如商贾之有财。木无根则槁,灯无膏则灭,鱼无水则死,农夫无田则饥,商贾无财则贫,人主失人心则亡。此必然之理,不可逭之灾也。其为可畏,从古以然。苟非乐祸好亡,狂易丧志,则孰敢肆其胸臆,轻犯人心?昔子产焚《载书》以弭众言,赂伯石以安巨室,以为众怒难犯,专欲难成。而子夏亦曰:"信,而后劳其民;未信,则以为厉己也。"惟商鞅变法,不顾人言,虽能骤致富强,亦以召怨天下,使其民知利而不知义,见刑而不见德,虽得天下,旋踵而失也。至于其身,亦卒不免。负罪出走,而诸侯不纳;车裂以徇,而秦人莫哀。君臣之间,岂愿如此?宋襄公虽行仁义,失众而亡。田常虽不义,得众而强。是以君子未论行事之是非,先观众心之向背。谢安之用诸桓未必是,而众之所乐,则国以义安。庾亮之召苏峻未必非,而势有不可,则反为危辱。自古及今,未有和易同众而不安,刚果自用而不危者也。

透过文字,可见真诚无畏的苏东坡先讲道理,指出"人主之所恃者,人心而已",突出"结人心"的重要性。他用比喻和若干历史人物的事例说明取信于民的重要性。通过正反对比,他义正词严地指出了结人心和背人心的不同结果,矛头直指王安石变法的推动机构——制置三司条例司。

在他看来,这个新设的机构给当时的政治、经济、社会等多方面造成了严重的后果：贤者忧，小人谤，商贾不行，物价腾踊……这些状况确实让人担忧。此外，不仅设制置三司条例司背弃人心，新法中有关农田水利、差役、青苗放钱等政策也是如此，因而，他都予以批驳。

同时，他劝宋神宗"厚风俗"，并说理道："夫国家之所以存亡者，在道德之浅深，不在乎强与弱；历数之所以长短者，在风俗之厚薄，不在乎富与贫。道德诚深，风俗诚厚，虽贫且弱，不害于长而存；道德诚浅，风俗诚薄，虽强且富，不救于短而亡。人主知此，则知所轻重矣。"一番话可谓至情至理。随后，他摆出了一连串令人无可辩驳的历史事实，规劝宋神宗"崇道德而厚风俗"，不要"急于有功而贪富强"。

随后，苏东坡再以人的身体作喻："夫国之长短，如人之寿夭。人之寿夭在元气，国之长短在风俗。"元气如何养？慢慢养。

> 是以善养生者，慎起居，节饮食，导引关节，吐故纳新。不得已而用药，则择其品之上、性之良、可以久服而无害者，则五脏和平而寿命长。不善养生者，薄节慎之功，迟吐纳之效，厌上药而用下品，伐真气而助强阳，根本已空，僵仆无日。天下之势，与此无殊。故臣愿陛下爱惜风俗，如护元气。

为此，他又举出若干古代圣贤的事迹与历史典故，但似乎言犹未尽，又列举了神宗的祖父仁宗的例子。

> 仁祖之驭天下也，持法至宽，用人有叙。专务掩覆过失，未尝轻改旧章。然考其成功，则曰未至。以言乎用兵，则十出而九败；以言乎府库，则仅足而无余。徒以德泽在人，风俗知义，是以升遐

之日，天下如丧考妣，社稷长远，终必赖之。

好的风俗是立朝之本。类似论据还有诸葛亮用黄忠、汉文帝不用贾谊、景帝用晁错等，有了这些论据，苏东坡的结论就顺理成章得不由人不信服了。

关于朝廷如何"存纪纲"，苏东坡从国家权力的平衡说起。除了平衡之外，他还提出了一个更好的办法，即保护言论自由，尤其是台谏的言论自由。

历观秦汉以及五代，谏诤而死，盖数百人。而自建隆以来，未尝罪一言者，纵有薄责，旋即超升。许以风闻，而无官长；风采所系，不问尊卑。言及乘舆，则天子改容；事关廊庙，则宰相待罪。

台谏未必个个都是贤人，所言亦未必全部正确，那么它存在的意义是什么呢？苏东坡给出了他的答案"将以折奸臣之萌，而救内重之弊也"。台谏有了言论自由，才能监督王朝纲纪。

苏东坡相信皇帝能够从良臣能吏之挂冠去职、舆论之向背中看清楚国内的不和与纷争。在数度对新政进行指责之后，他力言因推行新政，皇帝已失去民心，皇帝本人和当权者已不为清议所容。他在奏章的最后说，他并非诋毁新法，只是想谈谈不同的看法，"以蝼蚁之命，试雷霆之威，积其狂愚，岂可数赦？"他说自己深知皇帝圣明，定能察知为臣者的一片忠心。

然而，苏东坡的这份奏疏上呈之后，又石沉大海。次年三月，他又一次上书。宋神宗已临时下诏，严禁强行推广青苗贷款法，但是他并不打算废止全部措施。苏东坡引用孟子的话说，此举正如一个偷鸡贼想改过向善，决定每月只偷一只鸡。这让宋神宗和王安石都很不高兴，但他们也没有打算处罚苏东坡。致使情况恶化的是苏东坡在任殿中丞直史馆判官告院时，出了一道乡试考题"论独断"，全题是："晋武平吴，以独断而克；苻坚伐晋，以独断而亡；齐小白专任管仲而霸；燕哙专任子之而败。事同而功异，何也？"这一举动彻底激怒了王安石，也让宋神宗对苏东坡的印象发生改变。

司马光离开京都回洛阳之前，辞拜皇上。宋神宗对司马光提到苏东坡的人品似乎欠佳，他认为司马光对苏东坡的评价过高。可见苏东坡攻击王安石变法的过激言辞与举动，让宋神宗对苏东坡产生了不好的印象。

王安石的亲戚兼随员谢景温举报苏东坡，说苏氏兄弟运送亡父灵柩乘船回四川老家途中，曾滥用官家的兵卒，购买家具瓷器，并可能偷运私盐从中牟利。朝廷于是派人到苏氏兄弟运灵柩所经各省路途收集证据。但最终官差回报称无所获。

依照当时苏东坡的政绩，宋神宗有意让他官居知州职位，但王安石与谢景温却强烈反对，使之任附近一县的通判；而后宋神宗予以改动，任命苏东坡为杭州通判。苏东坡对御史的弹劾未予理睬，他任凭官府调查，自己则准备携带家眷前往杭州赴任。

兄弟共度话别离　诗书易成意难平

熙宁四年（1071年）七月，苏东坡携家眷离开京都开封，前往杭州上任。从此，江南一带成为苏东坡的诗情喷涌之地。他先后任职于杭州、密州、徐州等地，除了为人称道的政绩，更留下了一篇篇流传千年的佳作。他以天真欢快的心情与近乎赤子般的狂放不羁，将所闻所见、所思所感尽情地歌唱出来，写就了一批或感伤凄凉，或诙谐幽默，或忧虑愤怒的诗词歌赋。

苏辙此时正在陈州（今河南周口）担任教授，自甘淡泊。陈州恰在苏东坡治下的视察行程之中。如此一来，苏东坡便有机会时常去弟弟家里小住了。

苏辙曾在守丧期满后返回京师，在制置三司条例司做检校文字的工作，因与王安石议事时多有不和而被外放。苏辙此时正在而立之年，本应驰骋抱负，有所作为，却不想遭到贬谪，心中难免落寞难过。苏辙家里贫穷，住宅逼仄且低矮，与他高大的身材形成反差。苏东坡为此写诗《戏子由》：

宛丘先生长如丘，宛丘学舍小如舟。
常时低头诵经史，忽然欠伸屋打头。
斜风吹帷雨注面，先生不愧旁人羞。
任从饱死笑方朔，肯为雨立求秦优。
眼前勃蹊何足道，处置六凿须天游。
读书万卷不读律，致君尧舜知无术。
劝农冠盖闹如云，送老齑盐甘似蜜。
门前万事不挂眼，头虽长低气不屈。
余杭别驾无功劳，画堂五丈容旂旄。
重楼跨空雨声远，屋多人少风骚骚。
平生所惭今不耻，坐对疲氓更鞭棰。
道逢阳虎呼与言，心知其非口诺唯。
居高志下真何益，气节消缩今无几。
文章小技安足程，先生别驾旧齐名。
如今衰老俱无用，付与时人分重轻。

诗作的题目虽是"戏"，实是安慰、称赞苏辙。后半部分是苏东坡的自嘲，不如意的心境跃然纸上。

　　他们的老朋友张方平也退隐在城里居住，他们时常以酒饭相约欢聚。亲人朋友相聚，日子悠闲平静，虽然清贫，但其乐无穷。他们谈论国事、家事和个人的前途及如何保持健康长寿的秘诀。他们还相互指出对方的性格缺点并给出中肯的建议，苏辙劝诫苏东坡说话要有所保留，不要总向别人坦露自己的心思，写文章也不要直抒见解，要注意收敛。

　　兄弟二人虽然有相似的政治立场，却因截然不同的个性特征及处世方式而呈现不同的风格。哥哥轻快、天真、好辩、开阔、百无禁忌，弟弟内敛、务实、拘谨、寡言、平静沉稳。这种差别也体现在他们的文学作品中。在苏东坡的文学天地里，不限题材，不限内容，什么都可以入诗成文。他的作品承载了丰富的生活内容，既有对内在的探求，也有对外界的开拓，还有对人生的思考。他的作品充满了鲜活、生动的形象或意象特征，既风趣幽默又饱含哲理，散发出人性的光辉。苏辙的才气不如苏东坡，但是他的文章内容充实，淳朴厚重，深沉而有韵味。

　　赴任途中，苏东坡在弟弟家里逗留了两个多月。临别时，兄弟二人难舍难分，苏辙一直将兄长送至颍州（今安徽阜阳）。到达颍州后，他们又拜访了欧阳修，并停留了一些时日。

　　千里相送，终有一别。出发前夜，他们在颍河的船上吟诗论政，彻夜无眠。他们讨论孟子所言"责难于君谓之恭，陈善闭邪谓之敬，吾君不能谓之贼"中饱含的深义，探讨"为高必因丘陵，为下必因川泽""仁者，宜在高位；不仁而在高位，是播其恶于众""上无礼，下无学，贼民兴，丧无日矣"等为官治国之道。

　　是夜，苏东坡写了两首诗《颍州初别子由二首》，表达自己的心境。

其一

征帆挂西风,别泪滴清颍。留连知无益,惜此须臾景。
我生三度别,此别尤酸冷。念子似先君,木讷刚且静。
寡辞真吉人,介石乃机警。至今天下士,去莫如子猛。
嗟我久病狂,意行无坎井。有如醉且坠,幸未伤辄醒。
从今得闲暇,默坐消日永。作诗解子忧,持用日三省。

其二

近别不改容,远别涕沾胸。咫尺不相见,实与千里同。
人生无离别,谁知恩爱重。始我来宛丘,牵衣舞儿童。
便知有此恨,留我过秋风。秋风亦已过,别恨终无穷。
问我何年归,我言岁在东。离合既循环,忧喜迭相攻。
悟此长太息,我生如飞蓬。多忧发早白,不见六一翁。

"六一翁"是六一居士欧阳修。诗中的"飞蓬"一词可以说是预言了苏东坡自此开始的命运……

清晨的阳光洒满湖面,苏东坡与弟弟挥手告别离去。抵达杭州后,苏东坡把兄弟舟船夜谈论政的结论与体会写成诗稿《初到杭州寄子由二绝》,并寄给苏辙。

其一

眼看时事力难任,贪恋君恩退未能。
迟钝终须投劾去,使君何日换聋丞。

其二

圣明宽大许全身,衰病摧颓自畏人。

莫上冈头苦相望，吾方祭灶请比邻。

此后，兄弟二人便如扁舟般在宦海中浮沉起落，个中滋味被他们记诸笔端，再通过相互唱和给予对方温存的慰藉与扶持。两兄弟这种亲密无间的深情厚谊借由他们的诗歌作品被历代文人称颂，成就了一段佳话。

第六章　杭州密州又徐州
一波三折登轼忙

由于政治纷争，苏东坡被迫离京任职。在杭州、密州、徐州，他革新除弊、因法便民，颇有政绩，证明了他作为行政官员亦有杰出的政治才能。江南地区的美景也滋润了他的诗心诗情，给予他许多灵感，从而留下为数可观的千古佳作。

诗友僧朋西湖游　酒酣景美心无忧

俗语有云："上有天堂，下有苏杭。"从古至今，杭州都是一座美丽的城市，而西湖则是杭州的一张名片。

熙宁四年（1071年）十一月二十八日，苏东坡携妻儿抵达杭州。他的官宅位于凤凰山顶，向南可以望见出海的大船停泊于钱塘江江面；向北望去，只见西湖四周环山，山峰隐没于白云之中，庙宇与官宦人家的府邸隐现于山坡上；向东望去是钱塘江湾，但见惊涛拍岸，浪花奔涌。凤凰山下，杭州城自北向南处在西湖与钱塘江湾中间，城外高墙环绕，城内河道贯通，河道上一座座石拱小桥连接两岸。

初到杭州，苏东坡即被杭州的湖光山色所吸引。这里的山林湖泊是如此清幽美丽，街道是那么宽阔平坦，庙宇是那么宏伟壮观，更有悠闲自在的居民过着随性的生活。所有的一切映入苏东坡一家眼中,无不给他们留下轻松欢快、赏心悦目之感。

杭州的魅力浸润着苏东坡的心神,杭州的美丽赋予苏东坡灵感。熙宁五年(1072年)六月二十七日,苏东坡和朋友们一起游览西湖。在游船上,他为奇妙的湖光山色倾倒。众人在望湖楼上饮酒迷醉之际,他乘兴而歌,写下五首七言绝句,是为《六月二十七日望湖楼醉书五绝(首)》,其中以第一首最著名。

其一
黑云翻墨未遮山,白雨跳珠乱入船。
卷地风来忽吹散,望湖楼下水如天。

其二
放生鱼鳖逐人来,无主荷花到处开。
水枕能令山俯仰,风船解与月徘徊。

其三
乌菱白芡不论钱,乱系青菰裹绿盘。
忽忆尝新会灵观,滞留江海得加餐。

其四
献花游女木兰桡,细雨斜风湿翠翘。
无限芳洲生杜若,吴儿不识楚辞招。

其五
未成小隐聊中隐,可得长闲胜暂闲。

我本无家更安往，故乡无此好湖山。

第一首描写了风雨的声与色，并突出天气变化之快。黑云像打翻了的墨汁，还没来得及把山遮住，白亮亮的雨点就落在湖面上，溅起的无数水珠乱纷纷地跳进船舱。猛然间，狂风席卷而来，湖面上霎时雨点消散、乌云消失。不久雨过天晴，风平浪静，诗人舍船登楼，凭栏而望，只见湖面上水天相映，水色和天光是一样的明净、一色的蔚蓝。狂风和乌云统统不知哪儿去了，方才的一切好像不曾发生过似的。

最末一首中"我本无家更安往，故乡无此好湖山"两句，似乎是苏东坡将杭州当作自己第二故乡的心迹表露。事实上，在以后的岁月中，杭州也确实成为苏东坡的第二故乡。

任职杭州通判，苏东坡并没有实际权力为杭州多做建设，但是他身为诗人的贡献已经让杭州人深感满足。他的日常公务除了审问案件，并无其他重要事务。被捕者所犯的法令是他反对的，尽管他同情那些触犯新法的小民，可那是法律，他无权更改。除夕将近，有个因贩卖私盐而被捕的犯人需要审问，即使刑罚很重，杭州湾附近产盐区的盐贩仍不肯放弃他们的生意。贩卖私盐是当地部分人赖以生存的渠道，已形成了相对完善的供需链。但新的《榷盐法》规定食盐必须由朝廷垄断经营，导致盐价暴涨十几倍，很多老百姓吃不起盐。苏东坡认为《榷盐法》是与民争利，写下了"岂是闻韶解忘味，迩来三月食无盐"的诗句予以讽刺。而现在，他却要审问与他同样反对变法的普通平民，其内心纠结不已，于是作《除夜直都厅囚系皆满日暮不得返舍，因题一诗于壁》诗一首，以表达矛盾纠结的心情。

> 除日当早归，官事乃见留。
> 执笔对之泣，哀此系中囚。
> 小人营糇粮，堕网不知羞。
> 我之恋薄禄，因循失归休。
> 不须论贤愚，均是为食谋。
> 谁能暂纵遣，闵默愧前修。

熙宁五年（1072年）十二月，苏东坡又因有感于农民的生活惨状，写了一首七言古诗《吴中田妇叹》：

> 今年粳稻熟苦迟，庶见霜风来几时。
> 霜风来时雨如泻，把头出菌镰生衣。
> 眼枯泪尽雨不尽，忍见黄穗卧青泥。
> 茅苫一月陇上宿，天晴获稻随车归。
> 汗流肩赪载入市，价贱乞与如糠粞。
> 卖牛纳税拆屋炊，虑浅不及明年饥。
> 官今要钱不要米，西北万里招羌儿。
> 龚黄满朝人更苦，不如却作河伯妇。

在这首诗里，苏东坡详细记述了农民生活的情景。今年稻谷熟得很晚，很快凛冽的秋风就要刮来了。但是霜风到来之前又是大雨倾盆，锄把不仅发霉了还长了锈。这妇人哭啊哭，眼泪都快流干了，可是大雨还是没有停止的迹象。看着金黄的稻穗软塌塌地横在泥土里，农妇心中如刀绞般悲痛。好不容易将收割的粮食拿到集市上去，价钱却低得如同糟糠。农民只得卖牛纳税，拆下屋子的木料烧饭，而顾不得明年是否要遭遇饥荒了。官府如今只要银子不要米，他们要用钱来招抚西北的羌族部落。纵有清官满朝,百姓的生活却更苦了,吴中田妇长叹:还不如投水嫁给河神的好。诗句很巧妙地将青苗法之害与朝廷的外交之弱结合起来,表达苏东坡内心对新政的不满和对民间疾苦的深切同情。

尽管内心对朝政有诸多看法,但身为典型乐观主义者的苏东坡依然能自得其乐。他奔向大自然,到大自然中去寻找乐趣。他饱览杭州及附近的风光,不管是杭州城内的建筑、风俗还是西湖山色,及至杭州城周边地区,都深深地吸引着他。当然,最受他青睐的还是西湖。

当时,杭州城和城郊共有三百六十余座寺院,大都建于山顶,登临寺庙便可与山僧闲话,消磨时光。若去游览这些寺院,往往需要一整天时间,待返抵家中已是暮色昏黄、万家灯火了。苏东坡常常穿过灯火通明、人群拥挤的夜市,于半醉半醒间返家,那些在头脑里跳跃着的诗句总是在他进门不久后便落于笔端。比如《湖上夜归》一诗就专门描述了这样的游历:

> 我饮不尽器,半酣味尤长。
> 篮舆湖上归,春风洒面凉。
> 行到孤山西,夜色已苍苍。
> 清吟杂梦寐,得句旋已忘。
> 尚记梨花村,依依闻暗香。
> 入城定何时,宾客半在亡。
> 睡眼忽惊矍,繁灯闹河塘。
> 市人拍手笑,状如失林獐。
> 始悟山野姿,异趣难自强。
> 人生安为乐,吾策殊未良。

西湖的诗情画意,赋予苏东坡极其精妙的诗思;而苏东坡的诗才,在游览西湖时被自然触发,得到尽情展露。苏东坡潇洒风流的性情和狂放纯真的特质,与西湖的美景渐渐融为一体。

熙宁六年(1073年)的一天,苏东坡陪朋友终日在西湖游宴。早晨分明是阳光明媚,后来却阴云密布,入暮后又下起雨来。苏东坡将所见之西湖美景挥洒而成七言绝句《饮湖上初晴后雨二首》,对西湖美景作了全面描写和概括品评,被历代诗家认为是点评西湖的绝佳之作。

其一
朝曦迎客艳重冈,晚雨留人入醉乡。
此意自佳君不会,一杯当属水仙王。

其二
水光潋滟晴方好,山色空濛雨亦奇。
欲把西湖比西子,淡妆浓抹总相宜。

在第二首诗中,苏东坡以妙手偶得的传神之喻和诗思,将心与景会,情与色融,用一个既空灵又贴切的比拟传达出湖山的神韵,显示出西湖别样的美丽。他说西湖的美景恰似古代美人西施的倩影,使历代文人对西湖的神韵心驰神往。在苏东坡看来,无论是水是山,或晴或雨,西湖都是无比奇妙、美好的。在风神韵味上,它与想象中的西施之美有可意会而不可言传的相似之处。而正因西湖与西子都是美在神韵,所以对西湖来说,"淡妆浓抹总相宜",无论怎样,都无改其美,只会增添其韵味。苏东坡以深情润饰了湖景,再以至高的艺术手法略予点染,使之虽浓妆却不失自然。

苏东坡积极融入并充分享受着西湖生活，日子过得爽心、充实且快乐。有时，他也带着妻子儿女一起游湖；有时，他邀约喜好喝酒的同僚共游。他多才多艺，兴趣广泛。他运笔自如、妙笔生花，所写诗句无不精妙华美，给人一种飘逸自然之态，让人一见难忘，一读入心。杭州地方的文人对他敬佩万分，尊敬有加。

每当他们出游时，只要一到湖畔，船夫们便将他们围住，争相招揽生意。游船的周围是碧蓝的湖水，柔波荡漾至远方，抬眼望去，远处的白云飘过山巅，山峦若隐若现，随着白云的变幻，山容光影随之改变。有时天阴欲雪，阴霾低垂，丘峰隐而难见。阴霾之后，楼塔闪动，东鳞西爪，远山轮廓依稀在望。

在无须应酬的日子里，苏东坡常常独自一人于山中漫游，安享其乐。沿着湖泊登岸后，走向山的深处，在幽静的树林里听此起彼落的鸟鸣声；或登临高山之顶，在人迹罕至的岩石上信笔题写诗句。因为对佛老之学有所研究，他还常去游访寺庙，与庙中的僧人建立起深厚的交情。相传，有个老和尚在苏东坡去世后对人说，他年轻时在寿星院经常看见苏东坡在夏天时一个人赤足走上山。有一天，他看到苏东坡从寺内借来一把竹躺椅，搬到附近竹林下放好，然后脱下袍子和小褂，赤着臂膀在躺椅上睡觉，一睡就是一下午。他一点当官的架子都没有，但小和尚不敢走近他，只能从远处偷看这位当世大儒。

在我国古代，寺庙僧侣与国家政治治理和民间文化有相当紧密的联系，文人学士与这些世外之人多有交集。他们或谈论治国理政之道，或交流超然俗世之理，或切磋诗文字画之技。除了这些情趣，苏东坡也曾流连于歌苑艺伎之中。在苏东坡看来，感官的享受与精神的追求是可以合二为一的。他不能忘情于诗歌、酒肉和女色，犹如他不能抛却对青山绿水的热衷，这些偏爱相互融合，但因他慧根深厚,所以没有染上肤浅轻薄的习气。

苏东坡轻松地游走于世外与红尘之间,如鱼得水。在诸多流传下来的逸事中,苏东坡和僧人佛印间的趣味故事尤为丰富。

佛印出身于富有之家,原本不打算剃度为僧。有一次,为表示对佛教人士的好感,皇帝赐见佛教徒,苏东坡便推荐了佛印。佛印在皇帝驾前侃侃而谈,并力陈自己对佛教的虔诚信仰。皇帝见佛印英俊挺拔,面容脱俗,说他若肯出家为僧,将赐予他一个度牒。佛印进退两难,只好答应出家。在黄州修行时,佛印乘骡出游,总有一队仆从跟随侍奉,与其他出家苦修的僧人截然不同。

佛印机智聪慧、才思敏捷,在与苏东坡的斗智戏谑中常常处于上风。相传有一天,他们同游一座寺院,进入前殿后,只见两个面貌狰狞的巨大金刚像立于两侧。一般认为,金刚像放在寺院门口是用来把守大门、降妖除魔的。苏东坡问佛印,两尊金刚使者哪一个重要?佛印答,自然是拳头大的那个重要。进入内殿,他们又看见一尊手持念珠的观音像。苏东坡又问,观音尊者已得佛法,手里那串念珠有何用呢?佛印又答,观音也像普通人一样祷告求佛。苏东坡再问,观音向谁祷告呢?佛印再答,向她自己祷告。苏东坡进一步追问:"这是何故?她是观音菩萨,专注于普度众生,为什么向自己祷告?"佛印回答:"求人难,求己易,故求人不如求己嘛!"

苏东坡与佛印机敏的言语争锋大多使用双关语,有只可意会难以言传之精妙。这些妙趣横生的对话使汉语文字中的意蕴得到充分发挥,成为后世文人和民间野史代代相传的美谈。

有一次,苏东坡想开佛印的玩笑,就对佛印说:"古代诗人常将'僧'与'鸟'在诗中相对。如'时闻啄木鸟,疑是叩门僧',还有'鸟宿池边树,僧敲月下门',我不禁佩服古人以'僧'对'鸟'的聪明。"佛印不假思索地应答:"这就是我为何以僧的身份与汝相对而坐的道理。"佛印用一句妙语破解了苏东坡要戏弄自己的企图。

北宋时期,官场生活的一部分便是酒筵公务,与同侪友人们相往迎送。歌伎在酒席间招待,为客人们斟酒,为官宦和文人雅士歌舞助兴。苏轼天性旷达,对女色持有十分开明的看法。在其一生中,但凡遇歌伎酒筵之邀,绝不回避,必定欣然前往、热情参与。当歌伎求诗时,他往往大方应承,提笔即写,或写于她们的丝绸披肩上,或写于她们的团纨小扇上。比如《采桑子·润州多景楼与孙巨源相遇》:

多情多感仍多病,多景楼中,樽酒相逢,乐事回头一笑空。
停杯且听琵琶语,细撚轻拢,醉脸春融,斜照江天一抹红。

这首即兴之作是熙宁七年(1074年)仲冬苏东坡调任密州知州,途经润州(今江苏镇江市)时与孙巨源、王正仲在甘露寺多景楼集会所写。词句虽不尽完美,却显示了他的文学素养与才华。席间有色艺俱佳的官伎胡琴相伴,周围是晚霞夕照中愈显奇丽的美景。孙巨源请苏东坡临景填词,苏东坡便写下这首《采桑子》。

北宋的歌伎文化使诗的新形式——词快速成为流行风尚。苏东坡开创性地把以前专供谈情说爱的词曲赋以丰富深广的社会内容,使之作为表达胸怀感想的一种形式,达到文学的高度。早于苏东坡三百多年的李白和杜甫使绝句和律诗成为诗体之正宗,令多少杰出诗人竞相模仿却再难超越。因为格律诗的表达已经变得老套,诗人们都希望有所创新、有所建树,却难以再有大唐盛世时期那般雄奇伟壮的气势与强烈丰盈的情感,而且无论是诗歌素材还是用韵辞藻,都只能借用前人的范示,而难有突破。苏东坡在一首咏雪诗的小序里说,他决不用"盐"字来形容雪,因为"雪"字本来就胜过

"盐"。

为了解决这一难题,以苏东坡为代表的词人将其创新的诗体通过歌伎的吟唱进行普及,把诗歌从旧体诗衰微沉滞的桎梏中彻底解放出来。宋词的文字清新活泼,比唐诗更近于口语。宋词不像唐代绝句、律诗那样每行固定字数,行的长短有了变化,完全是为了配合歌曲吟唱的需求而作。

苏东坡、秦观、黄庭坚、晏几道、周邦彦等词人的创作,使词体发展成为宋代文坛的正宗并盛极一时。但是,词原本只是抒情诗的一种,内容以描写"香汗""罗幕""凝脂""乱发""春夜""暖玉""削肩""柳腰""纤指"等香艳的闺阁内容为主。而苏东坡则摒弃以上风格和内容,脱离柔靡伤感的氛围,使词在风格上变得豪放,在表现内容上变得广阔,为时人激赏并宗法效仿。

出本无心归亦好　白云还似望云人

天堂般的杭州于有钱有势的人来说,是歌舞升平的美好天堂,触目所及都是风姿荷花、扶风杨柳及笙歌燕舞,但对于无力还债、因贩卖私盐正待审判的囚徒来说,无异于人间地狱。而身为通判,苏东坡当时还有蝗灾等着灭除,尚有盐渠亟待疏浚,更有饥馑急需调查。这段时间他写了大量讽刺诗、山水诗、爱情诗。有的诗轻松欢快,让人开怀大笑;有的诗辛酸凄苦,令人伤感落泪。在他的系列诗文里,掩藏在嬉笑欢乐表面之下的,是对于朝政时局的失望、不安、忧伤和恐惧。

远离京都的苏东坡,内心的创伤并没有愈合。对于政局演变方向的判断,让他深感不安。在写给杭州太守陈襄的《杭州牡丹开时,仆犹在常、润。周令作诗见寄,次其韵,复次一首送赴阙·其二》

中，苏东坡写道：

> 莫负黄花九日期，人生穷达可无时。
> 十年且就三都赋，万户终轻千首诗。
> 天静伤鸿犹戢翼，月明惊鹊未安枝。
> 君看六月河无水，万斛龙骧到自迟。

其中，"天静伤鸿犹戢翼，月明惊鹊未安枝"两句表达了苏东坡内心深深的不安和隐忧：尽管天空是静谧祥和的，但受了伤的大雁还是收拢着翅膀不肯高飞；虽然明月高悬，被惊起的喜鹊依然无法安心在枝头上歇息。在这里，苏东坡拿自己和大雁、喜鹊相比，如那伤鸿、惊鹊，即使暂时有了安稳的小巢，仍时时惊恐地四下扫视，处处露出不安的一面。

作为千古奇才，苏东坡是不可预测的。他每每在诗的开端表现得轻松自然，随之用一两个历史典故信马由缰地写下去，表面看去，似乎并不连贯，细细读来却构成惊人的奇妙文章。他的诗风自由流淌、自然生发而不能自已。其挥洒自如到无形的风格，让他在处于朝廷清议的风口浪尖时，成为别有用心者大做文章的口实。

离开京城后，他凭着自己的感性，一边写令人心旷神怡的田园诗，一边写乡村民间的疾苦和自己的忧虑，反映社会现实。他十分清楚自己的诗作很快就会传到京城，但他并不在乎。比如苏东坡在熙宁五年（1072年）所作的《汤村开运盐河雨中督役》一诗中，这样写道：

> 居官不任事，萧散羡长卿。
> 胡不归去来，滞留愧渊明。

> 盐事星火急，谁能恤农耕？
> 藨藨晓鼓动，万指罗沟坑。
> 天雨助官政，泫然淋衣缨。
> 人如鸭与猪，投泥相溅惊。
> 下马荒堤上，四顾但湖泓。
> 线路不容足，又与牛羊争。
> 归田虽贱辱，岂识泥中行。
> 寄语故山友，慎毋厌藜羹。

苏东坡以浅显的文字写被征调的民众挖通运河以通盐船。他以官员的身份监督工人，当亲眼看见黎明时分服徭役的壮丁们聚集开工的情景时，他用寥寥数语勾画出"人如鸭与猪，投泥相溅惊"的场面。当然，所见所闻都让他心生触动，他将人与鸭、猪相提并论，也可见在通运河现场，所有人的狼狈和百姓的疲顿。

在熙宁六年（1073年）作的《新城道中二首》中，他对秀丽明媚的春光、繁忙的春耕景象进行描绘，第一首曰：

> 东风知我欲山行，吹断檐间积雨声。
> 岭上晴云披絮帽，树头初日挂铜钲。
> 野桃含笑竹篱短，溪柳自摇沙水清。
> 西崦人家应最乐，煮芹烧笋饷春耕。

通篇充满了欢乐和生机。野桃会"含笑"点头，溪柳会摇摆起舞，而诗人想象中的"西崦人家"更是其乐无穷：日出而作，日落而息；田间小憩，妇童饷耕；春种秋收，自食其力，可谓桃源佳境。第二首则不然，主要写山行时的感慨：

身世悠悠我此行，溪边委辔听溪声。
散材畏见搜林斧，疲马思闻卷旆钲。
细雨足时茶户喜，乱山深处长官清。
人间歧路知多少，试向桑田问耦耕。

行进在崎岖的山路上，苏东坡联想到人生的旅途同样是这样的：有山重水复，也有柳暗花明；有阴风惨雨，也有雨过天晴。进得山中便与时世相隔，凝神静气地走着，不知不觉中，他放松了缰绳，任马儿沿着山溪缓缓前行。即便如自己这般不材之木也害怕搜林之斧，疲惫的战马也希望听到收兵的号令。充沛的绵绵细雨带给茶农喜悦，在这乱山深处还有我的清官好友。人间的歧路太多，要想求得正道，不妨问问山野里耕作的农人。

苏东坡在写美好景色时，很自然地联想到当时的朝政，他无法隐忍不发，只好用隐喻手法表明内心的想法。在《山村五绝》诗里，他在歌咏"春入山村处处花"时，也写农民的生存问题。七十岁的老翁和他说到山笋味甜，起初他不解其意，了解后才知，因盐法施行得过急，"迩来三月食无盐"。那时贩私盐被判处重刑，官盐又价贵，僻远山村的农人无钱买盐，经常数月不吃盐。

苏东坡离京之前，京中发生了一次暴乱。保甲制于熙宁三年（1070年）冬天开始实行，新兵在乡村受军事训练。新兵误以为自己将被调离家乡，前往北方和外族打仗，于是京都附近的村民发生了示威抗议。由于这次暴乱，王安石失去了他最后一个朋友韩维。当时韩维正是该县太守，他奏明暴乱经过，呈请暂将军训延缓，至深冬农忙过后，农民空闲时再进行。现在看来，这个要求颇合情理，但于军训来说又太过随意。军国大事，岂能朝令夕改？王安石变法的重要目的就是要一改北宋重文轻武的传统，让国家的兵力变得强盛起来。因此，韩维遭到罢黜。

熙宁六年（1073年），西岳华山发生山崩。宋神宗闻讯分外慌乱，赶忙迁居另一宫殿，以示敬仰神祇，并下令以粗粝食物作为一日三餐。又恰逢当年夏季到次年春季一直干旱不雨，宋神宗万分忧愁，不知如何是好。他询问王安石解决办法，王安石回答说，旱涝乃是天灾，在尧汤之世也曾发生过，朝廷所能做的只是力行善政而已。宋神宗表示他担心的是朝廷所行的不是善政。他把听到的关于商税法的怨言以及宫廷里的传言和皇后、太后的忧虑也告知王安石。参知政事冯京正好也在场，他附和宋神宗的担忧，遭到王安石的激烈反驳。

熙宁七年（1074年）四月，受王安石提拔，却对变法持不同意见的官员郑侠将《流民图》呈献给宋神宗。这幅画绘制了流民卖儿卖女、典妻当子、拆毁房屋、砍伐桑柘等情况，还附了一篇短文：

去年大蝗，秋冬亢旱，麦苗焦枯，五种不入，群情惧死。方春斩伐，竭泽而渔，草木鱼鳖，亦莫生遂。灾患之来，莫之或御。愿陛下开仓廪，赈贫乏，取有司掊克不道之政，一切罢去，冀下召和气，上应天心，延万姓垂死之命。今台谏充位，左右辅弼，又皆贪猥近利，使夫抱道怀识之士，皆不欲与之言。陛下以爵禄名器驾驭天下忠贤，而使人如此，甚非宗庙社稷之福也。窃闻南征北伐者，皆以其胜捷之势、山川之形，为图来献。料无一人以天下之民质妻鬻子、斩桑坏舍、流离逃散、皇皇不给之状，图以上闻者。臣谨按安上门逐日所见，绘成一图，百不及一，但经圣览，亦可流涕。况于千万里之外，有甚于此者哉！陛下观臣之图，行臣之言，十日不雨,即乞斩臣宣德门外,以正欺君之罪。

宋神宗看后夜不能寐,叹息再三。这件事使王安石陷入十分被动的局面。其后,郑侠又上书说,天旱不雨完全是由王安石一意孤行要变法引起的,只要罢黜王安石,上天必定下雨。

第二天,深受触动的宋神宗下令中止推行青苗法、免役法、方田法、保甲法、土地登记制度等十八条法令。老百姓看到朝廷公告,交相庆贺。凑巧的是,这天果然下雨了。朴实的百姓理所当然地认为这是朝廷的仁政义举让上天显示出好生之德。

其间,宋神宗把画卷带到后宫,给皇室成员观阅。太皇太后,即宋仁宗的皇后曹氏首先表达看法,她认为百姓已因为免役法和青苗贷款法苦不堪言,朝廷不应擅改祖制。宋神宗辩驳说朝廷推行新法是为天下百姓谋福祉,并无害民之意。太皇太后则表示:王安石确有经世大才,但是现在已经树敌甚众,为了保全他,应暂时收回相位,外派他到外地任职,远离京都为宜。宋神宗不舍,坚定地表示,在满朝文武大臣中,只有王安石愿意身当大任,为朝廷分忧。宋神宗的弟弟岐王赵颢则支持太皇太后的说法,建议皇兄慎重采纳祖母的意见。宋神宗听罢大发脾气,质问道:"你是认为我不会治理国家,败坏了江山社稷吗?那就我退位,你来治理吧!"岐王听罢,吓得慌张跪倒痛哭,解释道:"臣弟不是这个意思,皇兄何至于此呢?"

皇室讨论就此陷入僵局,静默许久后,太皇太后也哭起来,她认为这些乱子都是王安石惹出来的,反问宋神宗打算怎么办。看到年迈的祖母流泪,宋神宗心下忐忑,第一次对变法生出怀疑。

废止新法的第二天,宋神宗乘着群臣觐见向他们展示了郑侠的《流民图》,并要追究有关官员的责任。变法派恍然大悟,又不禁心生恼恨，急欲把郑侠治罪贬黜。其代表人物吕惠卿等人声泪俱下地劝宋神宗：多年废寝忘食得来的"美政"刚刚惠及百姓，千万不能采用"狂夫之言"，以致将新政"罢废殆尽"。宋神宗摇摆不定间，又同意了恢复新法，只是暂时罢废了方田法。

宋神宗虽然因郑侠的画宣布停止新法，但并没有罢免王安石的相位。反对变法派抓住时机，继续加大反击力度，转而大肆抨击王安石本人。在巨大的压力下，王安石向宋神宗提出辞官请求。宋神宗最初多次挽留，但在王安石的坚持下，他终于同意让王安石推荐官员代替其职务。王安石推荐吕惠卿任参知政事，又要求召韩绛代替自己主持朝廷事务。熙宁七年（1074年）四月，王安石第一次罢相，出任江宁知府。

这一年九月，苏东坡在杭州任期届满。此时苏辙正在山东济州任职，苏东坡呈请调去山东。他的呈请获准，他被升任为密州太守。辞别杭州相熟的僧人和友人至交等，苏东坡携妻儿起程北上。

密州即现在的山东诸城，当时是一个很贫困的地方。维系当地人生存的农作物主要有麻、枣和桑树，这里的生活与杭州有着天壤之别。苏东坡在《后杞菊赋》序言中写道：

……余仕宦十有九年，家日益贫，衣食之奉，殆不如昔者。及移守胶西，意且一饱，而斋厨索然，不堪其忧。日与通守刘君廷式循古城废圃，求杞菊食之，扪腹而笑……

这篇赋的创作背景是把持朝政的吕惠卿创行新的所得税法。免役税的分派对于密州这样的贫困县来说，民众根本负担不起。在这个时期，苏东坡诗中经常可见绕城而走、孩童死于道边、葬埋尸体、泪水盈眶等情景、意象。

这是苏东坡最难过、最沮丧的一段时光，能给予他些许慰藉的只有诗文，因而他在难挨的艰苦日子里写出了极好的诗歌。此时，愤怒与尖刻的书生意气逐渐转变为安详平和、顺其自然的心境。他对于自然美的留恋与生活中乐事的享受，也淡化了许多，比之先前更洒脱而不执迷。他越发钟情于陶渊明的诗文，他写的《西斋》几乎可以称作陶诗。在这首诗里，他与大自然浑然一体。诗曰：

> 西斋深且明，中有六尺床。病夫朝睡足，危坐觉日长。
> 昏昏既非醉，踽踽亦非狂。褰衣竹风下，穆然中微凉。
> 起行西园中，草木含幽香。榴花开一枝，桑枣沃以光。
> 鸣鸠得美荫，因立忘飞翔。黄鸟亦自喜，新音变圆吭。
> 杖藜观物化，亦以观我生。万物各得时，我生日皇皇。

他把一切归于自然本源，让自己无限地接近、融入……苏东坡由杭州至密州途中，十分思念弟弟苏辙，于是写下《沁园春》词表达心绪：

> 孤馆灯青，野店鸡号，旅枕梦残。渐月华收练，晨霜耿耿，云山摛锦，朝露漙漙。世路无穷，劳生有限，似此区区长鲜欢。微吟罢，凭征鞍无语，往事千端。
> 当时共客长安，似二陆初来俱少年。有笔头千字，胸中万卷。致君尧舜，此事何难。用舍由时，行藏在我，袖手何妨闲处看。身长健，但优游卒岁，且斗尊前。

苏东坡怀着矛盾复杂的心情前往密州。因为与变法派的矛盾，他在朝中难以立足。从杭州到密州途中，他触景伤情，将自己人生遭遇的不幸和壮志难酬的苦闷直接抒发出来。由早行途中凄冷的景象转入追忆往事，作了一番用舍行藏的议论后再回到现实，希望自己的内心能获得安慰与平静。整体而言，这首词作体现了苏东坡内心的惆怅。

熙宁九年（1076年），苏东坡已任职密州。中秋之夜，因想念不能见面的弟弟，他又写出了至今广为流传的词作《水调歌头》：

明月几时有？把酒问青天。不知天上宫阙，今夕是何年。我欲乘风归去，又恐琼楼玉宇，高处不胜寒。起舞弄清影，何似在人间。

转朱阁，低绮户，照无眠。不应有恨，何事长向别时圆。人有悲欢离合，月有阴晴圆缺，此事古难全。但愿人长久，千里共婵娟。

众所周知，苏东坡与苏辙兄弟情深，然情深若此，实属罕见。这些深情的诗词，无不成为苏东坡佳作中的精华，流传千年而不衰……

徐州治水出奇招　文冠天下孚众望

熙宁八年（1075年）正月，郑侠又将两轴题为"正人君子邪曲小人事业图迹"的画呈献给宋神宗。图上所绘乃唐代贤臣魏徵、姚崇、宋璟与奸佞李林甫、卢杞的图像，虽未指明是讽喻宋代当政权要，但前代奸佞之辈的所作所为却与当代奸人有相似之处，一看便知其影射的是谁。与画册同时进献的还有一份奏章，推荐冯京出任宰相。很显然，这是反对派精心策划的连环反攻计。王安石因之迎来了人生至暗时刻。王安石失势后，先前变法派内部一派和睦的团结情形开始逆转。对此现象，苏东坡有段名言："处贫贱易，处富贵难。安劳苦易，安闲散难。忍痛易，忍痒难。人能安闲散，耐富贵，忍痒，真有道之士也。"

接任王安石的吕惠卿是个很有政治野心的人物。王安石离开后，他提拔亲族，扶植自己的势力；同时打击变法派其他成员，妄图取代王安石的地位。与此同时，吕惠卿还打着变法的旗号肆意妄为。他利用审查郑侠案件的机会罢黜了王安石的弟弟王安国，并设法倾覆王安石的势力。韩绛觉察到吕惠卿的用意后，想通过让王安石官复原职来抑制吕惠卿。他除了请皇帝罢黜吕惠卿、重用王安石外，又派人送给王安石一封密函告知详情。王安石获悉后立马意识到风险，在七日之内火速进京。

宋神宗也认为只有王安石才能扭转局面，而且他也识破了吕惠卿的意图。熙宁八年（1075年）二月，宋神宗召王安石回京复职。王安石虽然回京，但对吕惠卿并未起到足够的震慑作用。他再也不是当年那个积极帮助王安石变法的得力助手，反而处处阻碍变法，公然挑拨宋神宗与王安石的关系。后来，王安石的儿子王雱与其他官员联名上书控告吕惠卿勒索华亭商人五百万缗钱财。朝廷将吕惠卿降职，贬为太守，后又重新审问定罪，吕惠卿被羁押在京城的御史台监狱中。

吕惠卿在御史台监狱中等待审判之时，向王安石发出了最后一击。他别有用心地从多年保存的与王安石的私人信件中找出可以利用的词句，供敲诈之用。现在他把这些信件呈交给皇上，控告王安石在皇帝背后图谋不轨，搞暗箱操作。这件事让宋神宗对王安石第一次发了脾气。当然，宋神宗也发觉这是吕惠卿的阴谋，将他贬出京城，但变法派的阵营已经分裂。这时的宋神宗已近而立之年，近十年的历练使这位曾经的少年天子日趋成熟，对于变法有了更深的理解和自己的主张，不再需要事事依靠王安石。君臣之间的分歧越来越大，互相的信任也受到严峻的考验。这对变法派而言，无疑是不祥的预兆。

事后，王安石很生气地痛骂自己的儿子，批评他不该擅自攻击吕惠卿。王雱显然不知道吕惠卿手中藏有可以要挟父亲的信件，深悔自己行动鲁莽。受到父亲斥责后，他心中郁闷，很快病倒，不久后背上生出恶疮。王安石一向信佛，他请和尚诵经，请医生开药，但仍无法救回儿子一命。熙宁九年（1076年）六月，王雱病逝，这对王安石是一个沉重的打击。此后，他对政治权力与人生的变幻大彻大悟，坚决请辞归隐。同年十月，宋神宗允许王安石辞去职务，但仍让他保有若干高位，所以王安石并非遭受罢黜。带着壮志未酬的遗憾和满腹的伤悲，王安石离开京城，结束了自己的政治生涯，退居金陵，潜心学问，不再过问世事。

自变法终止后，反对变法派把王安石的诸项新法斥为"聚敛之术""聚敛害民"，把王安石的理财思想视作"兴利之道""剥民兴利"。自南宋至晚清，这一观点始终占据主流位置。但对王安石的部分新法措施也有不同程度的肯定看法。在诸多新法措施中，科举改革、免役法、保甲法、保马法得到较多肯定。

即将步入不惑之年，苏东坡还没有得到一展才华的机遇。熙宁九年（1076年）年底，苏东坡被调离密州，改派至地处山西西南端的河中府任职。次年正月，他途经山东济南入京都。苏辙一家当时正在济南，但苏辙这时并不在家。因为政局的变化，王安石复相后又再度辞相，无人预知政局下一步会怎么发展。这一状况也影响了兄弟两人的为仕举动。

苏东坡过去不断上书论税政，论征兵法，请皇帝废止所得税，现在反而不常对政事发表意见。苏辙为人沉静果断，过去一直保持沉默，现在则认为时机已到，可以放手一搏，以求改变根本国策。

王安石离任后，他等不及兄长前来，便带着政治改革的重要奏章先行入京，他的妻儿仍住在济南。苏东坡到达时，三个侄子立在大雪覆盖的城外迎接。当晚，久别重聚的两家人欢笑一堂，共话往事。

苏东坡在济南停留了大约一个月，然后携两家人前往京城。熙宁十年（1077年）二月十日，他们到达离开封不远的黄河岸边，苏辙出城到离北岸三十里处相迎，并告知兄长他调到河中府的任命已经取消，改任徐州知州。兄弟二人亲密相聚，一同前往京都。但他们到达陈桥门时，门吏拦住苏东坡，不让他进城。兄弟二人只好折回，寄住在外城的好友范镇家。

此时，苏东坡的长子苏迈已到了成家的年龄。根据苏东坡在通信时屡次称范家为姻亲推断，苏迈在居留范镇家期间娶了范镇的一个孙女。随后两年，苏东坡还帮苏辙的女儿物色了两个佳婿：苏辙的两个女儿一个嫁给了王适，另一个嫁给了画竹名家文与可的儿子。

苏迈成婚后，苏东坡携家眷东行，前往徐州上任。苏辙也携家眷前往商丘任通判。苏辙先把家眷安顿在张方平家，然后与兄长东赴徐州，在徐州和苏东坡同住了三个月，再返回张方平家与家眷会合。

在古代，徐州亦称彭城、涿鹿，是两汉文化的发源地，有"彭祖故国、刘邦故里、项羽故都"之称，有"九朝帝王徐州籍"之说，被后世称作"东方雅典"。徐州地控鲁南，一向为军事要冲。当地人自古崇文尚武，因此徐州也以产刀剑著称。苏东坡喜爱徐州的自然风光、人文历史和种类繁多的鱼类虾蟹，称其为"小住胜地"。

苏东坡担任徐州知州三个月后，自徐州以北约五十里处黄河向东方决口，洪水向徐州奔涌而来。王安石在变法时曾想方设法疏浚黄河水道，但花光了工程款后，工程归于失败，负责工程的官员畏罪自杀。现在黄河决堤，水势漫延，已淹没数百公里的良田、民房。八月二十一日，洪水到了徐州城边，被城南的高山所阻，水位继续高涨，到九月，水位高达二十余米，一度超过了徐州城内的街道。苏东坡奋不顾身，组织各方力量紧急抢救城池。他几十天坚守在抗洪一线，住在城墙上搭建的棚子里，现场监督民夫们加高外圈的城墙。许多城内的富有之家原计划弃城出逃，为了不引起恐慌，苏东坡站在城门口拦住他们并好言劝阻。他说："富户们若出城，就会动摇民心，那本官还和谁来守城呢？只要本官在，水就绝不会淹了城。"多次劝阻后，他将准备逃跑的富户赶回城中。

眼看洪水盘旋翻滚着将要越过东南外城墙，苏东坡忙于指挥加固城基和增加城高。他穿着粗布鞋、拄着木棍、蹚着泥水前往武卫营去见驻地指挥官，因为禁卫军必须由皇帝下令才可以调动，但水患不等人。苏东坡恳求他们协助筑堤，他对将官说："河水将要冲进城里，事情很紧迫，恳请禁军一起尽力庇护黎民。"指挥官欣然应允："您尚且不避洪水，亲自上阵，我们自然听从您的安排。"将官拿着棒梃，率领众人身穿短衣、打着赤脚、拿着畚箕铁锹出城，在东南方向筑起长堤。同时在徐州北方，苏东坡正准备引洪水入黄河旧水道。长堤建成，水涨到了长堤下。

然而雨还在日夜不停地下，水势更大了，再有两三米，大水就要漫过城墙冲到城里来了。苏东坡住在城墙上，不分昼夜地指挥抗洪，他让官吏们分别守在各个紧要的地方。到十月初五，黄河水重新回到旧水道，往东在靠近海州处入海，洪水开始撤退。威胁徐州城一个半月的洪水终于退去，城里没有受灾，民心总算安定下来。

百姓们欢天喜地，但是苏东坡对临建堤防并不满意。他拟了一份奏章，附以详细数字说明，修表呈奏朝廷，请求拨款重建石头城墙，以防患于未然。不久后，他又修改原计划，建议改用坚固的木材加强堤防，不再用石头，又请求增调夫役，在老城增建木岸，以防洪水再来。朝廷采纳了他的建议，并对他的政绩特颁圣旨嘉奖。

次年二月，朝廷拨予苏东坡两三万贯白银，米粮一千八百石，夫役七千二百人，在城东南建筑了一条木坝。

为了纪念官民共同抗洪，苏东坡命人在外围城墙上兴建了一座楼，高三十三余米，名为黄楼。之所以如此命名，源于中国古老朴素的五行理论。在古人看来，黄代表土，黑代表水，黄土因可以吸水，所以可以克水。"黄楼"这个名字含有防水之意。后来"黄楼"一词成为苏东坡在徐州所作诗歌总集的名称，正如他在密州建筑的超然台成了他在密州所写诗集的名称。

元丰元年（1078年）九月初九，历时半年的建堤建楼工程终于结束，徐州城内举行了盛大的落成典礼。这次能免于水灾，百姓欣喜万分。城内万人空巷，人们都来参加落成仪式。黄楼耸立于东门之上，形状犹如一座宽广的佛塔。众人一起登楼，饱览四周景色。当天早晨，浓雾笼罩，往外瞭望，一片迷蒙。听着楼下过往船只桨橹摇动的声音，众人犹如置身于海船之上。不久，浓雾消散，阳光普照大地，只见远处的渔村错落有致，嵯峨的山峰之下，六七座庙宇分布其间。年老者觉得寒冷，苏东坡请他们先喝几杯热酒暖身。往近处看，南边是一个高台，原为赛马之地，现已改建成一座寺院。自这座庙起，是一道延绵一里长的新堤防，沿着东城墙向北伸展。筵席已经摆好，声势浩大的乐队奏响乐器，各方宾客纷纷入席。

因为治水成功，也因为十分关心灾民的温饱和囚犯的狱中生活，苏东坡被人广为传颂。在封建时代，知州亲自视察监狱，并指定大夫为囚犯治病这样的事情是极其罕见的。当时有一条法律，若知州鞭打犯人致死，仅需受罚；犯人因病而死或因照顾不善而死，则无人过问。苏东坡认为这样对犯人很不公道，因为犯人也是一般的老百姓，所以他对犯人常怀大爱之心。犯人的家属因此格外感激他。

随着名气日大，苏东坡以中土鸿儒之冠为读书人景仰。自欧阳修去世后,"文坛盟主"的桂冠便落到苏东坡头上,文人儒生们尊称他为"夫子"。他在淮扬已认识"苏门四学士"中的张耒①,在杭州附近又结识了晁补之。曾有人向苏东坡推荐秦观,并拿秦观的词给苏东坡看。而秦观当年夏天也去拜谒了苏东坡。当时的秦观尚未参加科举考试,还没有功名,但正青春年少,文采风流。他的词清新柔媚,如春日的和风暖阳。秦观拜见苏东坡时说:"生不愿封万户侯,但愿一识苏徐州。"他把苏东坡比作"天上麒麟",并称赞道:"不将俗物碍天真,北斗以南能几人?"可见苏东坡在他心中地位之高。

黄庭坚与秦观不同,他沉默寡言,有学者风范。他没有拜访苏东坡,只是写了两首诗,以万分谦逊的语气毛遂自荐,将苏东坡比作高崖上的青松,自己则为深谷里的小草,希望将来能与青松比高。苏东坡看过黄庭坚的诗,认为其诗内容充实深厚,诗思高旷,为"数百年来未之见也"。在"苏门四学士"中,黄庭坚年纪最大,时人常以"苏黄"并称两人。后来黄庭坚成了"江西诗派"的鼻祖。苏东坡去世后,黄庭坚成为当时最受推崇的诗人,尽管人们常把他和苏东坡相提并论,但是他终生都以"苏门弟子"自居。

诗僧道潜(字参寥)这时也特地从杭州来彭城探望苏东坡。道潜自幼出家,初与秦观友好,苏东坡为杭州通判时,道潜居住在智果精舍。遇到苏东坡,在座赋诗,挥笔而就。苏东坡甚爱之,认为他的诗句清绝,与林逋不相上下。此后二人交往甚笃,唱和往还,结为知己。

这年中秋前的八月十二日,苏东坡喜添一孙。中秋之夜,他感

---

① 张耒(1054—1114年),字文潜,号柯山,人称宛丘先生、张右史。"苏门四学士"中辞世最晚而受唐音影响最深的文学家。诗学白居易、张籍,平易舒坦,不尚雕琢,但常失之粗疏草率;其词流传很少,语言香浓婉约,风格与柳永、秦观相近。代表作有《少年游》《风流子》等。

到些微不适，有几分寂寞。过了六天，接到弟弟苏辙寄来的中秋诗，他便和诗《中秋见月和子由》回信，叙述自己如何度过中秋节：

明月未出群山高，瑞光万丈生白毫。一杯未尽银阙涌，乱云脱坏如崩涛。

谁为天公洗眸子，应费明河千斛水。遂令冷看世间人，照我湛然心不起。

西南火星如弹丸，角尾奕奕苍龙蟠。今宵注眼看不见，更许萤火争清寒。

何人艤舟临古汴，千灯夜作鱼龙变。曲折无心逐浪花，低昂赴节随歌板。

青荧灭没转山前，浪飑风回岂复坚。明月易低人易散，归来呼酒更重看。

堂前月色愈清好，咽咽寒螀鸣露草。卷帘推户寂无人，窗下咿哑惟楚老。

南都从事莫羞贫，对月题诗有几人？明朝人事随日出，恍然一梦瑶台客。

以黄楼的盛大庆典为一个节点，苏东坡既赢得了徐州百姓的爱戴，也受到整个文学界的尊崇和景仰。徐州时期，就是他的"黄楼"时期。他人生中首次以其行动力为人所知，他所做的事情、兴建的水利工程以及各种公众活动，都颇具个人特色。杭州通判任上，苏东坡始终充任辅佐官员，不能主导具有建设性的重要工作。后来虽然身为密州知州，但是因地方贫穷且偏远，无财力支持，也无法一展其行政才能。只等身居徐州知州任上，他治水所创造的政绩才让其理政能力充分且直观地显现出来，为人所知！

第七章　乌台诗案惊鬼魂
　　　　神宗惜才谪黄州

苏东坡的生活态度，用他自己的话说，一向是疾恶如仇，遇有邪恶，则"如蝇在食，吐之乃已"。他一直率性而为，并且大多数情况下处于安然无事的状态。可是当他完全无所顾忌以致忘形时，终被人抓到了把柄而引祸上身……

上表谢恩埋祸根　谤讪朝政起风波

元丰二年（1079年）三月，苏东坡被调往江苏太湖之滨的湖州。到任后，他给宋神宗呈上《湖州谢上表》：

臣轼言：蒙恩就移前件差遣，已于今月二十日到任上讫者。风俗阜安，在东南号为无事；山水清远，本朝廷所以优贤。顾惟何人，亦与兹选。臣轼中谢。

伏念臣性资顽鄙，名迹埋微；议论阔疏，文学浅陋。凡人必有一得，而臣独无寸长。荷先帝之误恩，擢置三馆；蒙陛下之过听，付以两州。非不欲痛自激昂，少酬恩造。而才分所局，有过无功；法令具存，虽勤何补？罪固多矣，臣犹知之。夫何越次之名邦，更许借资而显受。顾惟无状，岂不知恩？此盖伏遇皇帝陛下，天覆群生，海涵万族。用人不求其备，嘉善而矜不能。知其愚不适时，难以追陪新进；察其老不生事，或能牧养小民。而臣顷在钱塘，乐其风土。鱼鸟之性，既自得于江湖；吴越之人，亦安臣之教令。敢不奉法勤职，息讼平刑。上以广朝廷之仁，下以慰父老之望。臣无任。

苏东坡呈上这份谢恩表原本只是例行公事，但是他在自谦与感恩之时，也历述自己的坎坷遭遇，把平时心中的愤懑见诸文字，以示对时政不满，同时他还触及最犯忌讳的敏感词。"新进"一词在王安石口中是指突然升迁的无能后辈。在变法派与反对变法派的争斗中，这一名词代表了固定的含义。

如果苏东坡只是单纯地表述民间疾苦、贫穷、捐税、征兵等，抨击新法的不合理之处，那么这份表章只是众多反对变法的表章中的一份，当权派还能置之不理。但现在他直言不讳地批评当权派，直接指明了特定对象，即在王安石变法势力下升任的御史中丞李定、舒亶和何正臣等。苏东坡认为他们是一群唯利是图的小人，认为他们善于随风转舵，对于朝政无谓东西、没有原则。

元丰二年（1079年）六月，监察御史里行何正臣首先摘引"新进""生事"等语上奏，给苏东坡扣上"愚弄朝廷，妄自尊大"的帽子。苏东坡明明是在讽刺他们，却被他们偷换对象，反说苏东坡愚弄朝廷。但仅凭《湖州谢上表》里的一两句话给苏东坡定罪是不够的。凑巧的是，当时新刊印的《元丰续添苏子瞻学士钱塘集》给御史台的别有用心之人提供了收集材料的机会。舒亶经过四个月"潜心钻研"，终于找到几首诗"作证"，上奏弹劾说："至于包藏祸心，怨望其上，讪渎漫骂，而无复人臣之节者，未有如轼也。盖陛下发钱以本业贫民，则曰'赢得儿童语音好，一年强半在城中'；陛下明法以课试群吏，则曰'读书万卷不读律，致君尧舜知无术'；陛下兴水利，则曰'东海若知明主意，应教斥卤变桑田'；陛下谨盐禁，则曰'岂是闻韶解忘味，迩来三月食无盐'；其他触物即事，应口所言，无一不以诋谤为主。"舒亶所举的例句经他一番断章取义的歪解后，句句上纲上线。加上古人文意隐晦的表现手法，正解与曲解完全取决于个人所站的角度。

随之，国子博士李宜之、御史中丞李定积极响应，历数苏东坡的罪行，声称必须因他无礼于朝廷而将其斩首。李定列出四个理由说明为什么应当处苏东坡极刑，他说："苏轼初无学术，滥得时名，偶中异科，遂叨儒馆。"接着说苏东坡急于获得高位，心中不满，乃讥讪权要。皇帝对他宽容已久，希望他改过自新，但是他拒不从命。最后他强调，虽然苏东坡所写之诗荒谬浅薄，但在全国士子群体中影响甚大，"臣叨预执法，职在纠奸，罪有不容，岂敢苟止？伏望陛下断自天衷，特行典宪，非特沮乖慝之气，抑亦奋忠良之心，好恶既明，风俗自革"。

这些弹劾显然都想置苏东坡于死地，但宋神宗并不想杀他。为了彻底调查这个案子，他将案子交给御史台审理。后人将这桩案件的告诉状和供述书编纂为一部《乌台诗案》。"乌台"即御史台，又因为此案的发起者都是御史台的言官，包括御史中丞李定，监察御史里行舒亶、何正臣等，因此这个案子被称为"乌台诗案"。

朝廷选派太常博士皇甫遵到湖州抓捕苏东坡。皇甫遵是个极其能干、铁面无私之人，他谨遵法令，接到任务后立即带着自己的儿子和两个精明的属下，日夜兼程赶赴湖州。按照朝廷的旨意，皇甫遵需免去苏东坡的官职，再押解苏东坡入京受审。有御史申请沿途将苏东坡收监过夜，但宋神宗没有同意。

驸马都尉王诜和苏辙素来交好，也正是他刊印了苏东坡的诗集。他获知苏东坡将被逮捕的消息后，赶紧秘密派人给苏辙送信。当时苏辙在南京做幕僚，急忙差人前往湖州给苏东坡报信。皇甫遵几人疾马如飞，派去送信的人根本赶不上他。可以说，这是两方使者的一场无声的竞赛。不料，到了靖江，皇甫遵的儿子忽然生病，皇甫遵一行只得停留半日，所以苏辙派去的人赶到他们前面见到苏东坡了。

对苏东坡而言，这个消息无异于晴天霹雳。他刚到湖州不久，对这个新职位非常满意。这几个月里，他时常和诸子去山林间漫游，与之同游的还有苏辙的女婿及其弟弟。苏东坡在诗里说自己"莫作使君看，外似中已非"。当朝廷差官赶来抓捕他时，他正在欣赏自己收集的名画。灾祸从天而降，对苏东坡如同当头一棒。

皇甫遵如期赶到，他们一行径直来到州司衙门。皇甫遵穿着官袍，足蹬朝靴，站在庭院中，手执笏板。御史台的两个士兵分立两旁，头顶白巾，身穿青衣，眼里凶光流露，令人不知所措。太守官衙内所有人慌作一团，不知会发生何事。不多时，苏东坡也穿着高靴朝服、手持象牙笏板来到庭中，面向官差而立。皇甫遵身边的两个士兵怀揣御史台公文，好像揣着匕首一样。而皇甫遵直直地看着苏东坡，迟迟不开口说话，面色凝重。衙门庭院内气氛紧张，在场所有人都不安和害怕。

苏东坡首先打破寂静，请求说："上差，下官自知已多方得罪了朝廷，必属死罪无疑。我个人死不足惜，但请容许下官与家人道别。"

皇甫遵这才开口，缓缓说道："苏大人不必如此，事情并没有你想的那么严重！"他命令士兵拿出公文，交给苏东坡。苏东坡打开一看，发现只不过是寻常缉拿文书，上写免去其官职，传唤进京。

旋即，皇甫遵催促苏东坡起程，他手下的两个士兵将苏东坡捆绑起来。经过一番恳求，皇甫遵允许苏东坡在离开湖州前与家人告别。湖州百姓得知这个消息，无不泪如雨下，纷纷赶来送行。

经商议，苏家决定由长子苏迈陪同父亲前往京都，其余家人随后入京。

根据苏东坡的好友孔平仲的记载，押送苏东坡前往京都的官船出发后不久，船停在太湖上修理船桨，苏东坡深陷抑郁心境中，想跳水自杀。那天夜里，月色皎洁，湖上风高浪大。苏东坡不知道自己将被判什么罪，更担心此案会牵连很多朋友。他想不如闭眼一跳，一死了之，反倒省事。但转念又担心此举会给弟弟招来大麻烦，故最终未冲动求死。

在写给友人的信里，苏东坡叙述了这一段非常时期家里发生的事情。王闰之烧掉了苏东坡与友人的大部分通信和手稿，残存于世者不过三分之一而已。那些被烧掉的手稿，对后人而言可算是一大遗憾！

因诗获罪因诗解　劫后诗笔已如神

从七月底遭官差逮捕，到八月中旬被送进御史台狱，再到八月下旬被正式提审，经过前后一个多月的审问，苏东坡与家人朋友经历了一场生死抉择和考验。

八月二十日，诗案正式开审。

一身素衣的苏东坡立于堂上，他先自报年龄，然后叙述世系、籍贯、科举考中的年月，再叙述历任的官职及由他推荐为官的人并列出姓名。因为大臣为朝廷举荐人才的贤与不贤，与其本人之贤德大有关系，因而朝廷对此十分重视。他交代，自为官始，他曾有两次记过记录，一次是任凤翔府判官时，因与上官陈希亮不和而未出席秋季官方仪典，被罚红铜八斤；另一次是在杭州任内，因小吏挪用公款，他未报呈，也被罚红铜八斤。此外，别无不良记录。

在审问到他诗文中那些含有隐晦之意的诗句时，最初，苏东坡承认他游杭州附近村庄所作的《山村五绝》第四首里"赢得儿童语音好，一年强半在城中"是讽刺青苗法，第三首中的"岂是闻韶解忘味，迩来三月食无盐"是讽刺盐法。除此之外，其余文字均与时事无关。到八月二十二日，御史台问他《八月十五日看潮五绝》第四首里"东海若知明主意，应教斥卤变桑田"两句的用意，他到二十四日才承认是"讽刺朝廷水利之难成"。至于《戏子由》诗违抗"朝廷新兴律"的主旨，又过了四天后他才作交代。而且在审问过程中，对于"毁谤"朝廷的界定御史也没有明确的标准，所以，他一直声称自己无罪。

到九月份，御史台已从四面八方抄获苏东坡寄赠他人的大量诗词。九月十三日，苏东坡决定认罪。他承认曾写讽刺诗讥刺当政者，且和朋友以这类诗互相投寄。

因为这个案件，苏东坡的朋友当中有不少人受到牵连，其中官位最高的是司马光。王安石罢相的次年（1077年），苏东坡寄赠司马光一首《司马君实独乐园》："青山在屋上，流水在屋下。中有五亩园，花竹秀而野。花香袭杖履，竹色侵杯斝。樽酒乐余春，棋局消长夏。洛阳古多士，风俗犹尔雅。先生卧不出，冠盖倾洛社。虽云与众乐，中有独乐者。才全德不形，所贵知我寡。先生独何事，四海望陶冶。儿童诵君实，走卒知司马。执此欲安归，造物不我舍。名声逐吾辈，此病天所赭。抚掌笑先生，年来效喑哑。"御史台指控这首诗讽刺新法，苏东坡自证："此诗云四海望司马执政，陶冶天下，以讥见在执政不得其人。又言儿童走卒，皆知姓字，终当进用……光却喑哑不言，意望光依前正言攻击新法。"

虽然"罪名成立"，但当时新法已废，凭此罪名尚不足以判重刑，于是御史台又找到痛斥"新进"的《次韵黄鲁直见赠古风二首》与抨击"生事"的《汤村开运盐河雨中督役》。前者是苏东坡与黄庭坚的唱和之作，后者寄赠好友王诜。

《次韵黄鲁直见赠古风二首·其一》云："嘉穀卧风雨，稂莠登我场。阵前漫方丈，玉食惨无光。大哉天宇间，美恶更臭香。君看五六月，飞蚊殷回廊。兹时不少假，俯仰霜叶黄。期君蟠桃枝，千岁终一尝。顾我如苦李，全生依路傍。纷纷不足愠，悄悄徒自伤。"苏东坡解释说，前四句是讥讽当时重用小人而轻视君子，如稂莠之夺嘉谷；后面是说君子、小人各自有时，如夏月蚊虻纵横，至秋自息。最后两句用《诗经》中的"忧心悄悄，愠于群小"来讥讽当今进用之人为小人。对于《汤村开运盐河雨中督役》一诗，苏东坡直陈自己对盐官在汤村一带开运盐河的做法确有不满。

这些赠送黄庭坚、王诜等人的诗文，一时成为轰动朝野的新闻。趁此机会，舒亶等人怂恿副相王珪检举苏东坡的《王复秀才所居双桧二首》，第二首诗云："凛然相对敢相欺，直干凌空未要奇。根到九泉无曲处，世间惟有蛰龙知。"王珪向皇上进言，说苏东坡此说是自比地下之蛰龙，有非分不臣之心。宋神宗冷静地回答：诗人之词，不可牵强附会，苏东坡的诗是咏桧，与朝廷政事有何关联！王珪于是沉默无言。

如此牵强的指控，除了咏桧诗，还有苏东坡担任密州知州期间所作的《后杞菊赋》。他在序言里曾提到吃杞菊的苦种子，御史认为他是在直接讽刺全境的百姓贫穷，尤其指向朝廷官吏薪俸微薄。"生而盲者不识日"是讽刺科举考生的浅陋无知，讽刺考生不通儒学，只知道王安石对经书的注释。

苏东坡对大部分指控都坦白承认，他确实在诗中批评新政，对新政有愤怒之感，因此常发失望之声。

好友刘恕罢官出京时，苏东坡曾写了两首诗送给他。其中一首《和刘道原见寄》曰：

敢向清时怨不容，直嗟吾道与君东。
坐谈足使淮南惧，归去方知冀北空。
独鹤不须惊夜旦，群乌未可辨雌雄。
庐山自古不到处，得与幽人子细穷。

刘道原即刘恕，是《资治通鉴》的副主编之一，以擅长史学闻名。苏东坡很佩服这位朋友的学识与品性，愿把他比作孔子。随后，他又以郑玄、汲黯等历史人物的故事及鸡与鹤、乌鸦等动物的特点强调刘恕被贬的不合理。字里行间，处处可见苏东坡因友人遭受不公平待遇而生出的愤懑与不满。

另外还有他给刘恕的讽刺诗《和刘道原寄张师民》，诗曰：

仁义大捷径，诗书一旅亭。
相夸绶若若，犹诵麦青青。
腐鼠何劳吓，高鸿本自冥。
颠狂不用唤，酒尽渐须醒。

苏东坡在这首诗中直白地化用了《庄子》中的一个典故。楚王愿以高位请庄子去做官，庄子谢绝，并给楚王的使者讲了个故事：有一只专吃腐肉的乌鸦找到一只腐烂的老鼠，正在树上大享美味，这时一只仙鹤赶巧从旁飞过，乌鸦以为仙鹤是来抢它的美味的，就发出尖叫声想把仙鹤吓走，但此时仙鹤早已高飞到白云中去了。苏东坡借这个故事表明自己对小人之间的争权夺位不屑一顾，也劝慰刘恕坚守高飞入云之鹤的清志。

苏东坡因写诗被捕、受审,在庭审中为了辩解,他大讲诗文中的文学典故。变得浅白的诗意让众人深信他对朝廷是极为不敬的,他把当政者喻为鸣蛙、鸣蝉、夜鸮、吃腐鼠的乌鸦、禽场中的鸡鸭,称他们沐猴而冠。经受了如此密集的讽刺、挖苦后,他们怎么可能轻易原谅苏东坡?因此,苏东坡在狱中的日子过得相当煎熬。所幸监狱里有一个善良的狱卒对他的大名早有耳闻,所以对他很恭敬,处处照顾他。

苏东坡被关押起来后,苏迈每天去监狱送饭。由于父子不能见面,所以早订了暗号:平时只送蔬菜和肉食,如果有死刑判决的坏消息,就改送鱼,以便心里早做准备。一天,苏迈因银钱用尽,需要出京去筹借,便将为父亲送饭一事委托朋友代劳,却一时疏忽忘记告知朋友父子暗中约定之事。偏巧朋友送饭时,感叹苏东坡在狱中生活艰难,于是给他送去一条美味的鲤鱼。苏东坡一见大惊,以为自己去日无多,便以极度悲伤之情给弟弟苏辙写下两首诀别诗《狱中寄子由二首》:

其一

圣主如天万物春,小臣愚暗自忘身。
百年未满先偿债,十口无归更累人。
是处青山可埋骨,他年夜雨独伤神。
与君世世为兄弟,又结来生未了因。

其二

柏台霜气夜凄凄,风动琅珰月向低。
梦绕云山心似鹿,魂飞汤火命如鸡。

眼中犀角真吾子，身后牛衣愧老妻。

百岁神游定何处，桐乡知葬浙江西。

诗作完成后，他托狱卒将诗送给苏辙。苏辙见诗万分伤怀，竟伏案而泣，狱卒随后把诗带走。按照规定，狱吏必须把犯人写的只言片语呈交上级查阅。因此，最后诗篇呈交给宋神宗了。宋神宗本来就欣赏苏东坡的才华，并不想置他于死地，只是想借此挫挫他的锐气。读到苏东坡这两首绝命诗，宋神宗感动之余，也不禁为其才华折服。

此时，朝中有不少人在为苏东坡求情，张方平和范镇则设法营救苏东坡。张方平向宋神宗直言劝谏道，《诗经》由孔子删订，其中保留了很多对时政者的讽刺歌谣，可见统治者要想邦有道，就应合理地接受坦诚的批评。宰相吴充直言：魏武帝曹操生性猜忌，尚且能容狂士祢衡，陛下为何不能容一苏轼？已罢相退居金陵的王安石听闻苏东坡一案后，也上书神宗求情并反问圣上："安有圣世而杀才士乎？"王安石是宋神宗最器重的老臣，即使他已离朝，他的意见对宋神宗依然很有分量。因而，王安石的求情他当然会慎重考虑。此时，太皇太后曹氏不惜以患重病之身出面干预："昔仁宗策贤良归，喜甚，曰'吾今日又为吾子孙得太平宰相两人'，盖轼、辙也，而杀之可乎？"太皇太后的话等于是给了宋神宗一个不能杀苏东坡的最强理由。在多方因素的作用下，宋神宗决心了结此案。最终，苏东坡被判流放。

十月十五日，御史台申报苏东坡诗案的审理情况，其中有编辑成集的苏东坡所作数万字交代材料，查清了收藏苏东坡讥讽文字的人物名单，计有司马光、范镇、张方平、王诜、苏辙、黄庭坚等二十九位大臣、名士。御史们将案件提要呈送给宋神宗御览。根据御史的案件提要，毁谤朝廷要判流放，或是服两年劳役，像苏东坡这样严重的案子，尚待皇帝亲自决定。但由于太皇太后之丧，案子拖延了一些时日。

北宋何薳在笔记集《春渚纪闻》中记载，苏东坡尚在狱中关押的一天晚上，他正要睡觉，忽然牢门被打开，有个人径直走进来，将手中包袱往地下一丢，倒头便睡。苏东坡以为是新来的犯人，未加理睬，继续睡觉。到了半夜，那人把苏东坡摇醒，连声对他说"贺喜学士"，随后，苏东坡睡眼惺忪地问他为何道喜、喜从何来，他只说了句"安心熟寝"便笑着拎起包袱走了。原来，他是宋神宗密派来的亲信太监。宋神宗得到禀报说苏东坡在狱中举止坦然，整夜熟睡，鼻息如雷，禁不住跟身边人感叹：我早知道苏东坡胸中无事。

古代帝王常以施恩为名赦免犯人，在皇帝登基、更换年号、立皇后、立太子或者皇宫有大事时，常颁布赦令。经过大赦之人，其刑事责任完全取消。但大赦天下也有限制，比如谋反、欺君、与皇权相抗的政治犯等都不在赦免之列。所以依照法律和风俗，因太皇太后之丧，朝廷大赦天下，苏东坡应当获赦。但御史一帮人本打算借诗案将反对派一网打尽，如今天下大赦，他们的心血将付之东流。郁闷之余，李定奏上一本，对可能合乎赦罪的犯人，力请一律不得赦免。舒亶同时奏请将司马光、范镇、张方平、李常和苏轼及另外几人，一律处斩。

但十一月二十九日，宋神宗下旨将苏东坡贬往黄州（今湖北黄冈），官位降低，充团练副使，不准擅离该地，且无权签署公文；其他人或外放，或罚款。

苏辙曾奏请朝廷赦免兄长，自己愿纳还一切官位为兄长赎罪。从证据上看，苏辙并不曾收到严重的毁谤诗，但因与苏东坡的关系，最后被降职调到瑞州（今江西高安），离黄州不太远，任筠州酒监。

旧年除夕，苏东坡获释出狱，至此，他在狱中共度过四个月零二十天。走出东城街北面的监狱大门，他停歇了一会儿，嗅了嗅冷冽的空气，感受着寒风吹到脸上的痛感与快乐，在爆竹的噼啪声中，他看见行人从街上骑马而过。当天，他诗如泉涌，挥毫作诗《十二月二十八日，蒙恩责授检校水部员外郎黄州团练副使，复用前韵二首》来表达心情：

其一

百日归期恰及春，残生乐事最关身。
出门便旋风吹面，走马联翩鹊啅人。
却对酒杯浑是梦，试拈诗笔已如神。
此灾何必深追咎，窃禄从来岂有因。

其二

平生文字为吾累，此去声名不厌低。
塞上纵归他日马，城中不斗少年鸡。
休官彭泽贫无酒，隐几维摩病有妻。
堪笑睢阳老从事，为余投檄向江西。

在这两首诗里，苏东坡又有对帝王大不敬之嫌。诗中"少年鸡"的典故指的是贾昌。贾昌不学无术，因喜欢斗鸡而获得唐玄宗李隆基的宠爱，成为宫廷的弄臣和伶人，这里苏东坡暗指朝廷当权派是宫廷中的弄臣和优伶。第一首诗中苏东坡自称"窃禄"，意为自己无才为官。但是，"窃禄"一词却是从三国时孔融给曹操的一封信中而来。众所周知，曹操历来被视为奸雄。苏东坡用戏谑反讽的笔法写出了自己"道大不容,才高为忌"的处境,并以贾昌的故事含蓄而鲜明地表达了对阿谀奉承之宵小的蔑视,并表明自己不会改变刚正不阿的气节。

因诗文而入狱,出狱后第一时间即又作诗,不仅苏东坡自己掷笔大笑,千年后的我们想到此景、读到此诗时,又何尝不是阅罢即会心一笑呢!

第八章　乐观旷达文峰巅
　　　　爱国泽民志亦坚

　　黄州时期是苏东坡政治生涯的低谷，却让他迎来文学创作的巅峰。在这里，他白手起家，修房盖屋，耕田种地；他著书立说，交游乡里，扶危救急。在这里，他的文思如泉涌、如海潮、如飞瀑、如白云、如清风，广阔无边，酣畅飞扬；在这里，他的天性无所束缚地奔放流动，他变成了大自然中最快乐的顽童。在黄州，他通过苦难完善了自我。从此，中华文明史上有了一个光风霁月、赤诚浪漫、超越于世俗名利之上的苏东坡。

此处依稀似乐天　敢将衰朽较前贤

　　元丰三年（1080年）正月初一，苏东坡和长子苏迈离开京都，起程前往黄州。苏迈时年二十一岁。苏东坡打算走最近的陆路赶往黄州，他把家眷暂时交给弟弟苏辙照顾，待他安顿好后再来接走。

　　一贫如洗的苏辙带着自己的十个儿女，加上两个女婿以及哥哥的眷属，像一支小部队浩浩荡荡地前往新任所高安。高安距九江南部数百公里，他们坐船走了几个月才到九江。苏辙把家眷留在九江等候，自己则带着嫂夫人王闰之和朝云以及两个孩子，顺长江上行前往苏东坡的处所。

二月初一,苏东坡到达黄州,与当地衙门接洽公务,团练副使这个职位并无实际权力。这时的苏东坡精神寂寞,穷困潦倒。五月二十九日,苏辙一行到达目的地,与苏东坡团聚。从此,在这座偏僻贫穷的小城,苏东坡感受着人生落差,并反省自察。因情势所迫,他从朝堂大夫变成了一介农夫。但天生的气质及对自然的爱好,又促使他变成一名隐士。

孔子说过"邦有道,则仕;邦无道,则可卷而怀之",孟子也说过"穷则独善其身,达则兼济天下"。文人得意时入仕,失意时退隐,自古而然。所谓"小隐隐于野,中隐隐于市,大隐隐于朝","隐"之大小由外界对本心的干扰程度而言,外界对本心干扰的程度越大,越要守住本心,"隐"的程度也就越高。

北宋时期,黄州只是长江边一个贫穷的小镇。在等待与家眷会合时,苏东坡暂时居住在定惠院。定惠院坐落在林木茂密的山坡上,离江边还有一段路程。苏东坡和寺院的僧人同吃同住,每天饭后,他都在一片野果树林下散步。关于这种生活情形,他写了一些轻快可爱的小诗。不久,他的身边就围绕了一些朋友。黄州知州徐君猷对他热情相待,逢年过节经常提着酒菜到苏东坡的居所与之小酌,还带着侍妾为苏东坡弹唱解闷。

一个身负重罪的犯官若想在贬谪地过得逍遥自在,当地知州的优待包容和特殊关照必不可少。徐君猷在力所能及的范围内,让苏东坡过着舒坦的日子,他主动给苏东坡送好酒、米面、香醋,还赠送了四件制酒的器具。苏东坡对此心存感激,多次以字画相赠,并叮嘱他不要转送给别人。

据统计,苏东坡在黄州期间,作诗约二百二十首,作词六十六首,作文一百七十篇。其中,与徐君猷有关的诗五首、词十七首、文两篇。透过这些诗文，可以知道徐君猷是东海人，富有学问，淡泊金钱富贵，风流儒雅，做过两年多的黄州知州。他执政黄州期间，政绩斐然，把黄州治理得井井有条。他倡导淳朴的民风，教导官吏奉公守法，深受百姓爱戴。后来，徐君猷死于任上，苏东坡所作的祭文和挽词都充满悲情。他写信给徐君猷的弟弟，其中有这样的话："轼初谪黄州，举眼无亲，君猷一见，相待如骨肉，此意岂可忘哉！"在《遗爱亭记》《徐君猷挽词》中，苏东坡回忆了与徐君猷在黄州共同栽种柳树和在安国寺竹林间的遗爱亭品茶饮酒的情景，描写了黄州百姓听说徐君猷离世时表现出来的悲伤。其中《徐君猷挽词》诗曰：

一舸南游遂不归，清江赤壁照人悲。
请看行路无从涕，尽是当年不忍欺。
雪后独来栽柳处，竹间行复采茶时。
山城散尽樽前客，旧恨新愁只自知。

此外，长江对面的武昌（今湖北鄂州）知州朱寿昌也经常送酒食给苏东坡。朱寿昌是古代"二十四孝"故事的主人公之一，他弃官寻母的事迹遍传天下，孝子之名闻名遐迩。他在苏东坡最困顿的时候，给予了最直接的帮助和安慰。

尽管生活困窘，但在黄州这段时间，苏东坡还是极力地苦中寻乐。每逢雨天，苏东坡都很晚才起床；临近黄昏时，他则外出散步，漫游于起伏不平的东山麓，穿行于庙宇楼阁、私宅庭园中，在浓荫掩蔽的溪流深处探访名胜，寻找幽静之所。朋友来访的日子里，苏东坡则与友人们一同到长江两岸的山中去游玩赏景。

在黄州，苏东坡也开始深入思考人生的意义。他反思自己的个性，审视并思考内心如何才能获得真正的安宁。为此，他转向了佛教。他在《黄州安国寺记》中写道：

> 元丰二年十二月，余自吴兴守得罪，上不忍诛，以为黄州团练副使，使思过而自新焉。其明年二月至黄。舍馆粗定，衣食稍给，闭门却扫，收召魂魄，退伏思念，求所以自新之方，反观从来举意动作，皆不中道，非独今之所以得罪者也。欲新其一，恐失其二。触类而求之，有不可胜悔者。于是喟然叹曰："道不足以御气，性不足以胜习。不锄其本，而耘其末，今虽改之，后必复作，盍归诚佛僧，求一洗之？"得城南精舍曰安国寺，有茂林修竹，陂池亭榭。间一二日辄往，焚香默坐，深自省察，则物我相忘，身心皆空，求罪垢所从生而不可得。一念清净，染污自落，表里翛然，无所附丽。私窃乐之……

从这篇记中，我们可以看到苏东坡的一段心路历程。他抵达黄州并安顿好一切后开始闭门思过，寻找改过自新的方法。他打听到吴兴城南边有个安国寺，那里树木茂盛，竹林秀美，景色很不错。所以每隔一两天他就去那里烧香打坐，通过深彻的自我反省审察，使心灵达到忘我境界，洗净铅华，杂念全无，他感觉非常良好。

然而，不可避免的是，在苏东坡的内心深处，不同的思想观点屡屡互相作斗争。现在他在寻求佛教的庇护，但他内心深藏着的儒家思想似乎又把他拖向另一个方向。诚然，人可以在佛教中寻到平静，但是，倘若要达到佛教的无我状态，就需要出世，完全摆脱个人的牵挂。相比之下，儒家的宗旨是拥抱现实，需要读书人积极入世，对君民尽最大的职责和义务。这样一来，两种思想之间便有了冲突。

比如，苏东坡出狱后写的两首诗均显示其本色未改。南宋理学家朱熹就批评苏东坡没有克己与自新之意。问题的关键是，他是否有意改过？他的过是否真是过失？他是否决心要三缄其口？国事有偏误，朝臣应如何应付？很显然，这是涉及社会价值判断的问题，是正气对抗邪恶的问题。怎么能逃避退缩呢？可是生活在社会中，很多事情非人力能控制，所以需要调整并作变通。苏东坡对于时政的态度已经有所调整。对于不太亲密的朋友，他采用相对安全的应对表达方式；对于亲密的朋友，他仍会坦露肺腑之言。

苏东坡与李常在政治理念上都不赞成王安石变法，且李常是黄庭坚的舅父，又是一位诗人兼藏书家，所以苏东坡十分敬服他，对他推心置腹。在尺牍《与李公择十七首·十一》中，苏东坡写道：

> 某启。示及新诗，皆有远别惘然之意，虽兄之爱我厚，然仆本以铁心石肠待公，何乃尔耶？吾侪虽老且穷，而道理贯心肝，忠义填骨髓，直须谈笑死生之际。若见仆困穷便相怜，则与不学道者大不相远矣。兄造道深，中必不尔，出于相爱好之笃而已。然朋友之义，专务规谏，辄以狂言广兄之意尔。虽怀坎壈于时，遇事有可尊主泽民者，便忘躯为之，祸福得丧，付与造物。非兄，仆岂发此！看讫，便火之，不知者以为诟病也。

因为"乌台诗案"的打击，李常写诗安慰苏东坡，但是他的诗写得过于伤感，苏东坡写信回复，则气势凛然——我们虽然老了而且穷困潦倒，但是我们有忠义之心，有置生死于度外、报效国家、忠于君主、泽惠生民的胆魄。这才是苏东坡对于政治理想追求的肺腑之言。

王巩是在苏东坡诗案中获罪最重的三人之一,被流放到偏远的西南地区。王巩原是风流公子,妻妾成群,与苏东坡一样,年少时从不掩饰对女色的喜爱。苏东坡在《蝶恋花·送潘大临》的下阕曾描述少年游的情形:"回首长安佳丽地。三十年前,我是风流帅。为向青楼寻旧事,花枝缺处馀名字。"在封建时代,文人骚客若在花柳之地巧遇知音反倒会成就一段风流佳话。苏东坡在杭州与扬州为官时,正值年富力强、政务清闲,加上杭州三秋桂子、十里荷花,美景如画,美女如云,他留下了不少风流故事。

在扬州,苏东坡留下了著名的艳词《江城子》:

墨云拖雨过西楼。水东流,晚烟收。柳外残阳,回照动帘钩。今夜巫山真个好,花未落,酒新篘。

美人微笑转星眸。月华羞,捧金瓯。歌扇萦风,吹散一春愁。试问江南诸伴侣,谁似我,醉扬州。

王巩与苏东坡十分投缘。但因为"乌台诗案"的牵累,苏东坡已失去了许多朋友。他担心王巩对他心生嫌隙,没想到王巩在他出狱后仍写信问好。接到王巩的信,他得知王巩能于哲学中自求解脱,便满怀深情地给这位对他不舍不弃的朋友回信。他为王巩经受的苦难感到难过和歉疚。他在回信中说:"定国为某所累尤深,流落荒服,亲爱隔阔。每念至此,觉心肺便有汤火芒刺。今得来奉教,既不见弃绝,而能以道自遣,无丝发芥蒂,然后知定国为可人,而不肖他日犹得以衰颜白发厕宾客之末也。甚幸!甚幸!"同时在信中苏东坡还提醒他"惟愿定国深自爱重,仍以戒我者自戒而已"。此外,在其他书信中,苏东坡还与王巩交流了养生修行之术以及道家的修炼方法,言语间,处处流露出老友间的惺惺相惜之意。

对老朋友章惇，苏东坡与之交流的内容和深度又与其他人有差异。章惇当时官居参政谏议执事，位同副宰相，他写信规劝苏东坡改过自新。对此，苏东坡写了一封措辞非常妥帖的回信：

……平时惟子厚与子由极口见戒，反复甚苦。而轼强狠自用，不以为然。及在囹圄中，追悔无路，谓必死矣。不意圣主宽大，复遣视息人间，若不改者，轼真非人也……轼昔年粗亦受知于圣主，使少循理安分，岂有今日？追思所犯，真无义理，与病狂之人蹈河入海者无异。方其病作，不自觉知，亦穷命所迫，似有物使。及至狂定之日，但有惭耳。而公乃疑其再犯，岂有此理哉？……

在表达了自己的反省悔悟后，苏东坡又叙述了在黄州的生活状况：

黄州僻陋多雨，气象昏昏也。鱼稻薪炭颇贱，甚与穷者相宜。然轼平生未尝作活计，子厚所知之。俸入所得，随手辄尽。而子由有七女，债负山积，贱累皆在渠处，未知何日到此。见寓僧舍，布衣蔬食，随僧一餐，差为简便，以此畏其到也。穷达得丧，粗了其理，但禄廪相绝，恐年载间，遂有饥寒之忧，不能不少念。然俗所谓水到渠成，至时亦必自有处置，安能预为之愁煎乎？

初到，一见太守，自余杜门不出。闲居未免看书，惟佛经以遣日，不复近笔砚矣。

文章写得格外得体，因诗案引出的悔过之意溢于言表，几乎可以直呈宋神宗御览。

全家人在黄州相聚后，苏东坡的生活似乎安定下来了。他暂时还没有考虑钱财用尽后，日子该如何过。因为徐知州的礼遇和关照，他们住在临皋亭。临皋亭本是驿亭，官员走水路时，经过此处可以小住。苏东坡给朋友写信描述其风景之美说："寓居去江无十步，风涛烟雨，晓夕百变。江南诸山在几席，此幸未始有也。"这样的描写更多是来自苏东坡的想象和观景的心情。对于这栋简陋的小房子，苏东坡情有独钟，后来他在旁边又加建了一间小书斋，逢人便夸赞这儿有多么美妙：当他午睡初醒时，会忘了自己置身何处，拉起卷帘，坐于床榻之上，可见水上风帆影动，远望则看见水面与天空相接，呈现出一片苍茫的景象。临皋亭因苏东坡入住而留名于后世。

客观而言，临皋亭是个简陋、陈旧甚至破败的地方，但是对于诗人苏东坡而言，他能观赏到、感受到别人难以看见、难以感受到的美景，这是由他的诗心和对美的敏锐捕捉力决定的。他在札记里写道："东坡居士酒醉饭饱，倚于几上，白云左绕，清江右洄，重门洞开，林峦岔入。当是时，若有思而无所思，以受万物之备。惭愧，惭愧。"在一封写给范镇之子的信中，他的语调则近乎诙谐："临皋亭下八十余步，便是大江，其半是峨眉雪水，吾饮食沐浴皆取焉，何必归乡哉？江水风月本无常主，闲者便是主人。闻范子丰新第园池，与此孰胜？所以不如君者，上无两税及助役钱尔。"

从临皋亭望向长江对岸，可以看见鄂州的山色之美。有时，苏东坡芒鞋竹杖而出，雇一叶小舟，与渔樵为伍，消磨一整天的时光。有时，他被醉汉东推西搡或粗语相骂，他"自喜渐不为人识"。有时他过江去看同乡好友王齐愈。王齐愈是词人，与苏东坡一直交往甚密。每逢风狂雨暴，苏东坡不能过江回家，便在王家住上数日。有时他自己独乘一小舟，到樊口的潘雨酒店去，他发现那儿的村酒口感不错。当地盛产橘子、柿子等水果，还产芋头，能长到尺来长。因为走长江水路运费低廉，一斗米才卖二十文钱。羊肉味道鲜美，如同北方的牛肉；鹿肉的价格低贱，鱼蟹几乎不论钱卖。旗亭酒监收藏了很多书籍，并以能将书籍借给他人阅读为一大乐事。知州家有上好的厨师，他经常备好美酒佳肴邀请苏东坡去家中宴饮。

然而，这些仅是苏东坡生活中的一小部分。现实的情况是，苏东坡的生活每况愈下，渐至难以为继。元丰四年（1081年），为了解决一家人的生计问题，苏东坡不得不开始真正务农。他曾经想过弃官从农，却没料到在这么艰难的情形下实现了。他在《东坡八首》前面的小序中说：

余至黄州二年，日以困匮，故人马正卿哀余乏食，为于郡中请故营地数十亩，使得躬耕其中。地既久荒，为茨棘瓦砾之场，而岁又大旱，垦辟之劳，筋力殆尽。释耒而叹，乃作是诗，自愍其勤，庶几来岁之入以忘其劳焉。

苏东坡多年的朋友马正卿向徐知州申请了数十亩闲置的军营荒地给他耕种打理，这些荒地被他称为东坡。另有分析认为，他自号"东坡"与唐朝诗人白居易有关。苏东坡与白居易虽然相距数百年，但他从小喜爱白居易的作品，后来他的人生遭际、宦海沉浮的景况大致和白居易相似，因此他常以白居易自比，曾写出"出处依稀似乐天，敢将衰朽较前贤。便从洛社休官去，犹有闲居二十年"等诗句。白居易担任忠州（今重庆忠县）刺史时，常在忠州城的东坡植树，曾赋有"东坡春向暮，树木今何如"，"朝上东坡步，夕上东坡步。东坡何所爱，爱此新成树"的诗句。为了表达对白居易的崇敬与追随，苏东坡取白居易诗中给自己留有美好记忆的"东坡"作为别号，以"东坡居士"自称。

谁能伴我田间饮　醉倒惟有支头砖

元丰五年（1082年）正月二月间，苏东坡在修葺临皋亭的同时，在临皋亭东侧的躬耕之地建成五间草屋。临皋亭位于山顶上，从亭中可以俯瞰茅庐。因房屋落成之日适逢大雪，有感于雪的品性，他将草堂四周的墙壁绘满雪花，并画上雪中寒林和水上渔翁图。他将草堂命名为"东坡雪堂"，不久又作《雪堂记》以彰其举：

苏子得废圃于东坡之胁，筑而垣之，作堂焉，号其正曰"雪堂"。堂以大雪中为之，因绘雪于四壁之间，无容隙也。起居偃仰，环顾睥睨，无非雪者。苏子居之，真得其所居者也。苏子隐几而昼瞑，栩栩然若有所适而方兴也。未觉，为物触而寤，其适未厌也，若有失焉。以掌抵目，以足就履，曳于堂下。

…………

雪堂之前后兮，春草齐。雪堂之左右兮，斜径微。雪堂之上兮，有硕人之颀颀。考盘于此兮，芒鞋而葛衣。挹清泉兮，抱瓮而忘其机。负顷筐兮，行歌而采薇。吾不知五十九年之非而今日之是，又不知五十九年之是而今日之非。吾不知天地之大也，寒暑之变，悟昔日之癯，而今日之肥。感子之言兮，始也抑吾之纵而鞭吾之口，终也释吾之缚而脱吾之鞿。是堂之作也，吾非取雪之势，而取雪之意。吾非逃世之事，而逃世之机。吾不知雪之为可观赏，吾不知世之为可依违。性之便，意之适，不在于他，在于群息已动，大明既升，吾方辗转，一观晓隙之尘飞。子不弃兮，我其子归。

自此，苏东坡开始了自食其力与逍遥快乐的田家生活。

宋朝山水画家米芾这时三十一岁，因为敬仰苏东坡的大名，专程跑到雪堂来拜访苏东坡，并与之论画。苏东坡去世后约七十年，南宋诗人陆游于乾道六年（1170年）十月到雪堂参观。他记述雪堂正中间挂着苏东坡的画像，画像上的苏东坡身着紫袍，头戴黑帽，手持藤杖，倚石而坐。

雪堂的台阶下有一座小桥，横跨在小溪沟上。如果不下雨，溪沟常年处于干涸状态。雪堂的东侧有一棵高大的柳树，是当年苏东坡亲手栽种的，再往东走有一口小水井，井中还有清冽的泉水。再往东行，地势偏低处是一大片农田，其间有稻田、麦田、桑林、菜圃、果园、茶园等。

站在农舍后面的远景亭上远眺，乡野的景色一览无余。东坡的西侧有一大片竹林，竹子长得又高又直，枝叶茂密。在这样幽静的浓荫之中，苏东坡消磨漫长的盛夏，并寻找干燥且平滑的竹箨，供王闰之用作鞋子衬里。

如今苏东坡已是一个真正从事耕作的农夫了。闲暇时，他与友人以诗相和。在给孔平仲《次韵孔毅父久旱已而甚雨三首·其二》诗里，他描述了自己作为农夫的生活，并陈述有段日子久旱不雨后终于喜降大雨，自己和农人一样快活而满足的心情。

去年东坡拾瓦砾，自种黄桑三百尺。
今年刈草盖雪堂，日炙风吹面如墨。
平生懒惰今始悔，老大劝农天所直。
沛然例赐三尺雨，造物无心恍难测。
四方上下同一云，甘澍不为龙所隔。
蓬蒿下湿迎晓来，灯火新凉催夜织。
老夫作罢得甘寝，卧听墙东人响屐。

> 奔流未已坑谷平，折苇枯荷恣漂溺。
> 腐儒粗粝支百年，力耕不受众目怜。
> 破陂漏水不耐旱，人力未至求天全。
> 会当作塘径千步，横断西北遮山泉。
> 四邻相率助举杵，人人知我囊无钱。
> 明年共看决渠雨，饥饱在我宁关天。
> 谁能伴我田间饮，醉倒惟有支头砖。

农家的生活通常比较散漫自由，作为一家之主，苏东坡决心为自己和家人打造一个舒适的家，建筑也是苏东坡的一大爱好。现在，他把精力投入到筑水坝、建鱼池、种菜上，并托人从老家四川找家乡菜的种子或者从邻居家移栽树苗。当孩子欢喜地跑来告诉他好消息，说家里打的井泵出了水，说地里冒出了豆大的绿芽，他会高兴地和孩子们一起跳起来。看着一丛丛挺直的稻苗在微风中轻轻摇曳，望着沾满露珠的叶茎在月光下闪动着晶莹的光，他由衷地感到高兴和充实。曾经他依靠朝廷的俸禄养家糊口，现在他真正体会到五谷杂粮的芳香。

农家的生活是世俗的，串门和吵架是乡村人家生活的常态。苏东坡当时的邻居和朋友多是地位卑微之人，有酒监、有药师、有郎中、有仅种几亩薄地的农夫，还有说话粗鲁、跋扈霸道的"母夜叉"。生活在这样的环境中，苏东坡安之若素。

黄州知州徐君猷和武昌知州朱寿昌，对苏东坡佩服得五体投地，同时尽最大可能给予苏东坡帮助。忠诚老实的马正卿始终陪伴在苏东坡左右，已经追随了他二十年。如今在黄州，他情愿陪苏东坡受罪，过穷苦日子。苏东坡在诗里叹息道："可怜马生痴，至今夸我贤。"苏东坡还在诗中自嘲朋友若想跟随他发财，就如同在龟背上采毛织毯子。

尽管如此,四川眉州一位名叫巢谷的同乡特意来做苏东坡孩子的塾师。苏东坡的妻兄在苏东坡贬谪黄州的当年,亦曾来此和他们住过一段日子。第二年,苏辙的几个女婿也轮流来此探望。苏东坡又给侄女物色了一个女婿。根据苏辙在诗里透露的,新女婿一经苏东坡做媒就答应了婚事,可见苏东坡的人格魅力有多大。谪居黄州的第三年,诗僧道潜前来看望,在苏家住了一年时间。苏东坡最好的朋友陈慥此时正居住在黄州,住所离岐亭不远。苏东坡早年在凤翔任职时曾和他父亲陈希亮意见不合以致交恶,但他们两人的友谊却深厚无比。苏东坡去看过他几次,陈慥在四年多时间里来看过苏东坡七次。对于陈慥这个朋友,苏东坡可以随便和他开玩笑。众所周知,"季常之癖"这个典故以及"河东狮吼"都表示惧内,而季常正是陈慥的字。

苏东坡的家庭生活宁静、幸福,他的妻子王闰之温良贤德,孩子们都能写诗作文,虽然才华不甚出众,但都性情纯厚。王闰之在杭州买的小丫头朝云现在已经长大,天资极佳。朝云被买进门后,时常跟随苏东坡学习读写,领悟力极强,常与苏东坡交游的人对朝云都颇有好感。大约在此时,苏东坡纳朝云为妾。在其后的岁月里,朝云始终不离不弃,随侍在苏东坡左右。

根据记载,苏东坡在黄州期间还挖掘了自己在美食方面的潜能。他不仅善于做菜,还自创菜谱。当时黄州的猪肉价格极低,可惜"富者不肯吃,贫者不解煮",东坡颇感遗憾,于是想出一个炖猪肉的方法,且极为简单,便于操作。他将肉放锅里,用很少的水煮开,再用文火炖上数小时,放一点酱油调色,烧出来的肉鲜美可口,肥而不腻。他做鱼的方法也与众不同,亦为今日之国人熟知。他还发明了一种青菜汤,被称为东坡汤。方法就是用两层锅,米饭在上菜汤在下，同时蒸，直到饭菜全熟。这样做出来的汤和饭更适合穷苦人家吃，苏东坡也把这种做法推荐给寺庙内的僧人们了。

浓郁的乡村氛围让苏东坡觉得自己的生活越来越像田园诗人陶渊明的生活了，他对陶渊明愈加佩服。陶渊明任彭泽县令时，郡遣督邮来巡察，县吏告诉他应当穿官衣束带相见，陶渊明不肯对上方派来的税吏折腰，于是解印绶去职，归隐农桑。苏东坡曾写过一首诗自喻，认为陶渊明一定是自己的前身。他越读陶诗，越觉得自己与陶渊明多有共鸣，陶诗表现的正是自己的情思和生活。陶渊明在弃官归隐时曾写了一首《归去来兮辞》，苏东坡因为每天在田间耕作，颇有感想，就把《归去来兮辞》的句子重组，按照民歌唱出来，并教农夫们唱。每当农夫们唱起来时，他自己就放下犁耙，手拿一根小棍，在牛角上打拍子，和农夫一起唱。这样的乐趣，让苏东坡乐在其中而且倍加珍惜。

苏东坡对自给自足的田园生活十分满意。"某现在东坡种稻，劳苦之中亦自有其乐。有屋五间，果菜十数畦，桑百余本。身耕妻蚕，聊以卒岁也"，看到自己劳而有获，他的心中充溢着欢喜。

此时的苏东坡，是个平凡的养家糊口的劳动者，是个善于在劳动中寻找审美趣味的文人，也是个勇于在苦难中摆脱心灵枷锁的哲人。原来，无须"摧眉折腰事权贵"竟是这样的自由和快乐，仿佛"池鱼"回到了"故渊"。

他还在雪堂的墙上、门上，书写了摘自汉代枚乘《七发》中的三十二个字，以便昼夜观看，警示自己，也向人提出四种劝告：

> 出舆入辇，蹶痿之机。
> 洞房清宫，寒热之媒。
> 皓齿蛾眉，伐性之斧。

甘脆肥浓，腐肠之药。

　　这四句警告形象地提醒人们：假若出入都乘坐车子，就是麻痹瘫痪的兆头；幽深的住宅、清凉的宫室，就是伤寒和中暑的媒介；而贪恋女色、沉溺情欲，就是摧残性命的利斧；至于甜食脆物、肥肉烈酒，则是腐烂肠子的毒药。所以不要过分沉溺于安逸享乐。

　　苏东坡之所以能够身遭贬黜后依然过得快乐满足，就是因为他拥有超常的辩证思维能力，又能够以特有的感性认识看待世事。及至他后来被贬谪到宋朝本土之外的琼崖海岛，当地无医无药，他却告诉朋友："每念京师无数人丧生于医师之手，予颇自庆幸。"这是多么旷达的一种超凡境界。

　　居住黄州的五年，虽然他以美好的视角看待周遭一切，但并不意味着真实境况就是如此。民间处处可见的愚昧风俗根深蒂固，重男轻女之陋俗尤其严重。当年的黄州，有溺死初生婴儿的野蛮风俗，这是最使他痛心的事。当他从朋友王天麟口中听到这一杀婴恶俗时，立刻提笔给武昌知州朱寿昌写去一封情辞恳切的信，希望他能想办法禁止这一陋俗。书信内容如下：

　　轼启。近递中奉书，必达。比日春寒，起居何似。昨日武昌寄居王殿直天麟见过，偶说一事，闻之酸辛，为食不下。念非吾康叔之贤，莫足告语，故专遣此人。俗人区区，了眼前事，救过不暇，岂有余力及此度外事乎？

　　天麟言：岳鄂间田野小人，例只养二男一女，过此辄杀之。尤讳养女，以故民间少女多鳏夫。初生辄以冷水浸杀，其父母亦不忍，率常闭目背面，以手按之水盆中，咿嘤良久乃死。有神山乡百姓石揆者，连杀两子。去岁夏中，其妻一产四子，楚毒不可堪忍，母子皆毙。报应如此，而愚人不知创艾。天麟每闻其侧近有此，辄驰救之，量与衣服饮食，全活者非一。既旬日，有无子息人欲乞其子者，辄亦不肯。以此知其父子之爱，天性故在，特牵于习俗耳。

闻鄂人有秦光亨者，今已及第，为安州司法。方其在母也，其舅陈遵梦一小儿挽其衣，若有所诉。比两夕辄见之，其状甚急。遵独念其姊有娠将产，而意不乐多子，岂其应是乎？驰往省之，则儿已在水盆中矣，救之得免。鄂人户知之。

准律，故杀子孙，徒二年，此长吏所得按举。愿公明以告诸邑令佐，使召诸保正。告以法律，谕以祸福，约以必行，使归转以相语，仍录条粉壁晓示，且立赏召人告官，赏钱以犯人及邻保家财充，若客户则及其地主。妇人怀孕经涉岁月，邻保地主无不知者。若后杀之，其势足相举，觉容而不告，使出赏固宜。若依律行遣数人，此风便革。

公更使令佐各以至意诱谕地主豪户，若实贫甚不能举子者，薄有以赒之。人非木石，亦必乐从，但得初生数日不杀，后虽劝之使杀，亦不肯矣。自今以往，缘公而得活者，岂可胜计哉！

佛言杀生之罪，以杀胎卵为最重。六畜犹尔，而况于人。俗谓小儿病为无辜，此真可谓无辜矣。悼耄杀人犹不死，况无罪而杀之乎？公能生之于万死中，其阴德十倍于雪活壮夫也。……

轼向在密州，遇饥年，民多弃子。因盘量劝诱米，得出剩数百石别储之，专以收养弃儿，月给六斗。比期年，养者与儿，皆有父母之爱，遂不失所，所活亦数十人。此等事，在公如反手耳。恃深契，故不自外，不罪！不罪！此外，惟为民自重，不宣。轼再顿首。

苦难与不幸没有使苏东坡变得麻木不仁、明哲保身，反而让他尽己所能去帮助那些更不幸的人。这不是高高在上的俯视与怜悯，而是感同身受的关切与同情,是对生命实实在在的珍重与热爱。

随后,他顶着"罪臣"之名,在黄州自发成立了一个救儿育婴堂,拯救鄂黄之地的溺婴。在自己生活异常困苦的情况下,他率先捐出一千钱,旨在帮助那些即将生养小儿的贫困家庭。他请心肠慈悲、为人正直的邻居担任育婴堂堂主。救儿育婴堂向富人募捐,请每家每年捐助十缗,多捐随意,用来买米、买布、买棉被等生活用品。育婴堂的人到各镇各村调查贫苦的孕妇,如果她们应允养育婴儿,则赠予金钱、食品和衣物。

不论身居何处,只要看到或听到不公的事情,苏东坡都不会袖手旁观,总是尽最大的努力去纠正或扭转,他的所言所行无时不闪耀着人性的光辉!

莫听穿林打叶声　何妨吟啸且徐行

无拘无束的自由生活、优美自然的田园风光、月光皎洁的迷人夜色,还有呼朋引伴的吟诗品茗生活,让苏东坡的日子过得舒畅、美满。田间的庄稼已然种上,再无手头拮据的琐事烦心,他静静地享受着平凡生活带来的不同快乐。

苏东坡每天行走在农舍和临皋亭之间,这是一段几百米的泥泞土路,却成了文学史上最出名的一段路。走过城镇中的那段小坡,便到了黄泥坂上,黄泥坂一直通到起伏的丘陵。向四周望去,除了树木竹林的苍翠,余者皆是一片黄色。他每天往来于这段路上,文人的长袍已经收起来,方巾也取下了,他改穿农人的短打,头戴农人的斗笠,乍一眼看过去已无法辨出他士大夫的身份。耕作之暇,他会去城里喝点小酒,待到微醺后任意找一处草地躺下便睡,直到暮色沉沉时,好心的农夫把他叫醒。有一天,他喝得大醉,途经黄泥坂，大醉于道旁，衣服全被露水沾湿，于是写下纪游"行唱"之作《黄泥坂辞》：

出临皋而东鹜兮，并丛祠而北转。走雪堂之坡陀兮，历黄泥之长坂。大江汹以左缭兮，渺云涛之舒卷。草木层累而右附兮，蔚柯丘之葱蒨。余旦往而夕还兮，步徙倚而盘桓。虽信美不可居兮，苟娱余于一盼。余幼好此奇服兮，袭前人之诡幻。老更变而自哂兮，悟惊俗之来患。释宝璐而被缯絮兮，杂市人而无辨。路悠悠其莫往来兮，守一席而穷年。时游步而远览兮，路穷尽而旋反。朝嬉黄泥之白云兮，暮宿雪堂之青烟。喜鱼鸟之莫余惊兮，幸樵苏之我嫚。初被酒以行歌兮，忽放杖而醉偃。草为茵而块为枕兮，穆华堂之清宴。纷坠露之湿衣兮，升素月之团团。感父老之呼觉兮，恐牛羊之予践。于是蹶然而起，起而歌曰：月明兮星稀，迎余往兮饯余归。岁既晏兮草木腓，归来归来兮，黄泥不可以久嬉。

这首词饱含浪漫主义情怀，先写沿途所见的自然美景，再写路途的艰辛与悠然的心态，抒发喜悦的心情与旷达的心境。

幸而苏东坡醉酒，才让我们在千百年后还能读到意蕴如此丰富、情怀如此浪漫的长歌。当然，这样的生活方式也引出了一些野趣笑谈，为他的个人形象增添了更多鲜活的色彩。

元丰五年（1082年），即苏东坡贬谪黄州的第三年，这年九月，苏东坡在东坡雪堂开怀畅饮，醉酒后返归临皋住所已是夜半三更。他敲门无人应答，只听得家童鼾声如雷。好在寓所临江，他拄着拐杖听着江声，醉立到天亮，之后写下《临江仙·夜归临皋》：

夜饮东坡醒复醉，归来仿佛三更。家童鼻息已雷鸣，敲门都不应,倚杖听江声。

长恨此身非我有,何时忘却营营。夜阑风静縠纹平,小舟从此逝,江海寄余生。

这首词作让我们看到了一个风流潇洒的人物形象,一位襟怀旷达、遗世独立的"仙人"跃然纸上。

苏东坡因为"乌台诗案"受到沉重打击后,思想几度变化,由入世转向出世,不断追求精神自由、合乎自然的人生境界。他复杂的人生观中因为杂有老庄思想,于是在痛苦的逆境中,又释放出旷达不羁的性情。此刻他立于江边,于静夜沉思,豁然有悟,"长恨此身非我有",既然自己无法掌握命运,就当全身免祸。眼前江上景致是"夜阑风静縠纹平",心与景会,神与物游,他为如此静谧祥和的大自然深深陶醉了。恍惚之间,他觉得人世间的纷纷扰扰、钻营取巧所追求的都不过是身外之物。多少年来,因为自己执着于这些烦恼根由,以致深陷其中不能自拔,反而丧失了我之为我的真实感受。于是他情不自禁地产生逃离现实社会的浪漫主义遐想,不如趁着夜深人静、江涛渐渐平复之时,驾着一叶扁舟,离开这恼人的地方,随波逐流,任意东西,于江海之中浮游浪迹,将自己有限的生命融入无限的大自然中去!

这首词作一经面世便迅速流传开来,因词中有"小舟从此逝,江海寄余生"一句,不久便有人谣传苏东坡在江边写下这首告别词后就顺江流而下逃走了。谣言传到了徐知州耳中,他大吃一惊,因为他对苏东坡负有监管的职责,不能让苏东坡越过自己管辖的地域。他立刻亲率众人去寻找,结果却在苏东坡家中看到他正静卧于床榻,仍在酣睡之中。谣言还很快传到京都,传到了宋神宗的耳朵里,只是内容"升级"为苏东坡"于某夜吃醉了酒,把衣服帽子挂在树上,独自划小船出去,被江水淹死了"。宋神宗马上宣召大臣核实信息,因为他并不希望苏东坡出意外。

苏东坡这种洒脱自由的生活给他的精神世界带来了变化,这种变化很自然地表现在他的写作上。以往他在作品中表现出的苛刻与尖锐、紧张与愤怒全然消失,取而代之的是光辉温暖、亲切宽和的诙谐,醇厚与成熟,透彻且深入。

众所周知,东坡词向来以豪放著称,但苏东坡在黄州期间,也因内心不时的幽怨和离愁别绪而写下众多清寂忧伤的婉约词,这些词作堪称精品。比如,元丰四年（1081年）四月他写给章质夫的《水龙吟·次韵章质夫杨花词》：

似花还似非花,也无人惜从教坠。抛家傍路,思量却是,无情有思。萦损柔肠,困酣娇眼,欲开还闭。梦随风万里,寻郎去处,又还被莺呼起。

不恨此花飞尽,恨西园,落红难缀。晓来雨过,遗踪何在?一池萍碎。春色三分,二分尘土,一分流水。细看来,不是杨花,点点是离人泪。

苏东坡借暮春之际"抛家傍路"的杨花言事,化"无情"之花为"有思"之人,寄情其中,幽怨缠绵而又空灵飞动地抒写了离愁。末一句"细看来,不是杨花,点点是离人泪"实为显志之笔,千百年来为人们反复吟诵、品赏,堪称神来之笔。

而作于元丰五年（1082年）十二月的《卜算子·黄州定慧院寓居作》,全词可以用一个词来概括,即"冷寒":

缺月挂疏桐,漏断人初静。谁见幽人独往来,缥缈孤鸿影。

惊起却回头，有恨无人省。拣尽寒枝不肯栖，寂寞沙洲冷。

这首词的境界，用黄庭坚的评语即"语意高妙，似非吃烟火食人语，非胸中有万卷书，笔下无一点尘俗气，孰能至此"。苏东坡"以性灵咏物"，取神题外，意中设境，托物寓人。对孤鸿和月夜环境背景的描写，选景叙事均简约凝练，空灵飞动，含蓄蕴藉，好一个透彻的"寒"，好一个彻骨的"冷"。苏东坡以疏淡的笔墨，写尽凄寒的夜色，清美的词境难歇哀愤的心伤。

提起苏东坡的中秋词，众人首先想到的就是他作于密州的名篇《水调歌头·明月几时有》。因为它有着纵然相隔千里，也能共享一轮月光的美好，和希望世上所有亲友都能平安健康的寓意。但同是写中秋明月，苏东坡作于元丰三年（1080年）的中秋词《西江月·黄州中秋》则是满满的落寞愁绪：

世事一场大梦，人生几度秋凉？夜来风叶已鸣廊，看取眉头鬓上。

酒贱常愁客少，月明多被云妨。中秋谁与共孤光，把盏凄然北望。

在这首词中，中秋之夜清寒的月色与空寂的长廊，词人孤独的身影与黯淡飘忽的灯光，勾勒出词人月下独酌并举目北望的凄然神色……苏东坡以"中秋"这一深具情感意义的节日为背景，抒写了远贬黄州的孤苦心情，同时又在感叹时间的流逝中表现了对人生的深沉思考以及对人世真情的眷恋。

苏东坡在黄州有悲有喜，孤苦的心绪只在某些特定的时空条件下缠绕他。当苏东坡在黄州完全松弛下来且精神安然自在时，他所写的随笔杂记又具有一种诙谐感。他的随笔里有很多漫游记,既无道德目的,亦少使命作用,广为人诵。比如他在《东坡志林》中趣谈自己的贫穷说:"马梦得(马正卿)与仆同岁月生,少仆八日。是岁生者无富贵人,而仆与梦得为穷之冠。即吾二人而观之,当推梦得为首。"无论身处何种境况,苏东坡都常怀赤子心,他善取世间的美感,把稍纵即逝的诗意感受赋予不朽的艺术形象,使之留驻人间。

元丰五年(1082年)三月,苏东坡与朋友春日出游。风雨忽至,朋友深感狼狈,苏东坡却毫不在乎,泰然处之。他吟咏自若,缓步而行,归来赋词《定风波·三月七日》。

三月七日,沙湖道中遇雨。雨具先去,同行皆狼狈,余独不觉。已而遂晴,故作此。

莫听穿林打叶声,何妨吟啸且徐行。竹杖芒鞋轻胜马,谁怕?一蓑烟雨任平生。

料峭春风吹酒醒,微冷,山头斜照却相迎。回首向来萧瑟处,归去,也无风雨也无晴。

此词为归途遇雨抒怀之作。苏东坡借雨中潇洒徐行之举动,表现了虽处逆境屡遭挫折而不畏惧、不颓丧的倔强性格和旷达胸怀,即景生情,语言鲜活。读罢全词,令人心情振奋,心境豁然,心灵得到净化。"也无风雨也无晴"是苏东坡精神世界的飞越,那是一种宠辱不惊、胜败两忘、旷达潇洒的境界,是回归自然、天人合一、宁静超然的大彻大悟。

在享受这种旷达超卓的生活时,苏东坡写出了他笔下不朽的名篇：一首《念奴娇·赤壁怀古》，两篇记叙月夜泛舟的《赤壁赋》，一篇《记承天寺夜游》，一篇《念奴娇·中秋》等。

神宗元丰五年（1082年）七月到十月，苏东坡游黄州赤壁并对其三次歌咏，写下了代表四十五岁的苏东坡走向成熟与圆融的人生境界，并成为千古绝唱的巅峰之作。

七月十六日夜，苏东坡与同乡道人杨世昌在赤壁下泛舟游玩，写下了《赤壁赋》，为赤壁之清风明月扣舷而歌。

壬戌之秋，七月既望，苏子与客泛舟游于赤壁之下。清风徐来，水波不兴。举酒属客，诵明月之诗，歌窈窕之章。少焉，月出于东山之上，徘徊于斗牛之间。白露横江，水光接天。纵一苇之所如，凌万顷之茫然。浩浩乎如冯虚御风，而不知其所止；飘飘乎如遗世独立，羽化而登仙。

于是饮酒乐甚，扣舷而歌之。歌曰："桂棹兮兰桨，击空明兮溯流光。渺渺兮予怀，望美人兮天一方。"客有吹洞箫者，倚歌而和之。其声呜呜然，如怨如慕，如泣如诉，余音袅袅，不绝如缕。舞幽壑之潜蛟，泣孤舟之嫠妇。

苏子愀然，正襟危坐而问客曰："何为其然也？"客曰："'月明星稀，乌鹊南飞'，此非曹孟德之诗乎？西望夏口，东望武昌，山川相缪，郁乎苍苍，此非孟德之困于周郎者乎？方其破荆州，下江陵，顺流而东也，舳舻千里，旌旗蔽空，酾酒临江，横槊赋诗，固一世之雄也，而今安在哉？况吾与子渔樵于江渚之上，侣鱼虾而友麋鹿。驾一叶之扁舟，举匏樽以相属。寄蜉蝣于天地，渺沧海之一粟。哀吾生之须臾，羡长江之无穷。挟飞仙以遨游，抱明月而长终。知不可乎骤得，托遗响于悲风。"

苏子曰："客亦知夫水与月乎？逝者如斯，而未尝往也；盈虚者如彼，而卒莫消长也。盖将自其变者而观之，则天地曾不能以一瞬；自其不变者而观之，则物与我皆无尽也，而又何羡乎！且夫天地之间，物各有主，苟非吾之所有，虽一毫而莫取。惟江上之清风，与山间之明月，耳得之而为声，目遇之而成色，取之无禁，用之不竭，是造物者之无尽藏也，而吾与子之所共适。"

《赤壁赋》中的一番主客对话也可看成是苏东坡内心的独白，是过去之苏东坡与如今之苏东坡的思想碰撞，是旧我与新我的交流。从某种意义上说，它代表着苏东坡对生命意志的反省与超越。

三个月后，苏东坡再游赤壁，又写了一篇《后赤壁赋》，再咏赤壁之山高月小、水落石出：

是岁十月之望，步自雪堂，将归于临皋。二客从予过黄泥之坂。霜露既降，木叶尽脱。人影在地，仰见明月。顾而乐之，行歌相答。已而叹曰："有客无酒，有酒无肴。月白风清，如此良夜何？"客曰："今者薄暮，举网得鱼，巨口细鳞，状似松江之鲈。顾安所得酒乎？"归而谋诸妇。妇曰："我有斗酒，藏之久矣，以待子不时之须。"于是携酒与鱼，复游于赤壁之下。江流有声，断岸千尺。山高月小，水落石出。曾日月之几何，而江山不可复识矣。予乃摄衣而上，履巉岩，披蒙茸，踞虎豹，登虬龙。攀栖鹘之危巢，俯冯夷之幽宫。盖二客不能从焉。划然长啸，草木震动，山鸣谷应，风起水涌。予亦悄然而悲，肃然而恐，凛乎其不可久留也。反而登舟，放乎中流，听其所止而休焉。时夜将半，四顾寂寥。适有孤鹤，横江东来。翅如车轮，玄裳缟衣，戛然长鸣，掠予舟而西也。

须臾客去，予亦就睡。梦一道士，羽衣翩跹，过临皋之下，揖予而言曰："赤壁之游乐乎？"问其姓名，俯而不答。"呜呼噫嘻！我知之矣。畴昔之夜,飞鸣而过我者,非子也耶?"道士顾笑,予亦惊寤。开户视之,不见其处。

《后赤壁赋》是《赤壁赋》的续篇,也可以说是姐妹篇。前赋主要谈玄说理,后赋却以叙事写景为主;前赋描写的是初秋的江上夜景,后赋则主要写江岸上的活动,时间也移至孟冬。两篇文章均以"赋"这种文体写纪游散文,一样的赤壁景色,境界却不相同,然而又都具诗情画意。前赋是"清风徐来,水波不兴""白露横江,水光接天",后赋则是"江流有声,断岸千尺。山高月小,水落石出"。不同季节的山水特征,在苏东坡笔下都得到了生动、逼真的再现,给人以壮阔自然的美的享受。

几乎与此同时,苏东坡三咏赤壁,写下了豪迈悲壮的《念奴娇·赤壁怀古》:

大江东去,浪淘尽、千古风流人物。故垒西边,人道是、三国周郎赤壁。乱石穿空,惊涛拍岸,卷起千堆雪。江山如画,一时多少豪杰!

遥想公瑾当年,小乔初嫁了,雄姿英发。羽扇纶巾,谈笑间、樯橹灰飞烟灭。故国神游,多情应笑我,早生华发。人生如梦,一樽还酹江月。

多么惊心动魄的美丽!多么潇洒疏旷的感伤!苏东坡怀古人之幽情,以旷达之心关注历史,意境开阔博大,感慨隐约深沉。起笔凌云健举,包举有力,将浩荡江流与千古人事并收笔下。千古风流人物既已被大浪淘尽,今日一己之微岂不可悲?然而苏东坡却另有心得:既然千古风流人物也难免如此,那么一己之荣辱穷达又何足悲叹！在这种个人与历史的强烈对比中，他获得了对人生的自觉，从而真正做到超然物外、达观世事。

苏东坡这三篇歌咏赤壁的佳作是我国文学发展史上的艺术高峰。作为宋代文坛上极为杰出的辞赋，前、后《赤壁赋》继承了汉大赋①主客对答的传统形式，又吸取了散文的爽朗气度和诗歌的抒情意味，是中国文学发展长河中当之无愧的两颗璀璨的明珠。

《念奴娇·赤壁怀古》使词真正冲破了艳科②的藩篱，与诗一样成为言志、载道的文学形式。北宋胡寅在《酒边词序》中评价苏东坡词"一洗绮罗香泽之态，摆脱绸缪宛转之度，使人登高望远，举首高歌，而逸怀浩气，超乎尘垢之外"。

俞文豹在《吹剑录》中记载，有一次，苏东坡在官衙内问一个擅长唱歌的幕僚："我的词作比之柳永如何？"幕僚回答说："您的词作，必须让关西大汉怀抱铜琵琶，手握大铁板，高唱——大江东去！柳永的词作却最宜一个二八年华的小女子拈着红牙拍板，细细地唱——杨柳岸、晓风残月。"苏东坡听后不禁抚掌大笑，连声称妙。

在写《后赤壁赋》的同时或不久后，苏东坡写了一篇更短小的月下游记《记承天寺夜游》。一天晚上，他夜不能寐，起来前往承天寺月下漫步，承天寺离临皋亭很近。苏东坡所记只是刹那间的定格画面，却留下绵远悠长的韵味。

---

① 汉大赋：兴起于汉初，衰落于汉末，是汉赋的典型形式。常见反复问答的问答体，以铺叙渲染帝王、贵族生活为手段，以讽刺帝王、贵族淫奢为旨归，结构宏大，善于铺陈渲染汉朝的气魄与声威。

② 艳科："诗言志，词言情""词为艳科"都是对宋词创作主流倾向的归纳。宋词的题材集中在伤春悲秋、离愁别绪、风花雪月、男欢女爱等方面，与"艳情"有着直接或间接的关系。

元丰六年十月十二日夜，解衣欲睡，月色入户，欣然起行。念无与乐者，遂至承天寺寻张怀民。怀民亦未寝，相与步于中庭。庭下如积水空明，水中藻荇交横，盖竹柏影也。何夜无月，何处无竹柏，但少闲人如吾两人耳。

这篇游记文章极短，但却传神地写出月夜漫步寺院时真诚动人的感受。这则短而精的游记很好地体现了苏东坡"起于当起，止于当止"的文风，犹如行云流水，于无技巧中见技巧，达到了元好问所说"一语天然万古新，豪华落尽见真淳"的境界。

历经千年后，当我们了解了苏东坡在黄州的所言所思、所作所为后，不禁会思考一个问题：黄州的苏东坡到底潇洒在何处？他耕种庄稼、造屋挖井、种菜植树、出入厨房、广交朋友、喝酒游荡、醉卧草地、翻墙回家、救助溺婴；他撰写著作、勤奋读书、强身健体、反躬自省……稍一总结就会发现，贬谪黄州的苏东坡没有颓废、没有消沉，更没有在黑暗的角落里咬牙切齿，而是尽可能地反思过去，充分理解并适应现实的处境，努力寻找并创造生活的乐趣，积极地探求生命的价值和意义。他让自己成为困苦生活的主人而不受其役使，这也许就是苏东坡长久以来为后人推崇的潇洒与成熟。

南宋诗人陆游在《跋东坡帖》中，对苏东坡的一生作出了公正的评价："不以一身祸福，易其忧国之心。千载之下，生气凛然。"的确，苏东坡的黄州精神代表了北宋一代士大夫在贬谪境遇里忍辱负重、顽强不屈、乐观旷达的群体意志，给后人留下了丰富的精神财富和永恒的启迪。

第九章　肌肤握丹身毛轻
　　　　冷然纷飞同水行

从苏东坡被贬谪黄州的诗文中，不难看出其诗风的改变，原来充斥其中的激愤与讽刺渐渐消失，代之以沉静淡然。这种转变始于他对自我心灵的探求。苏东坡曾说："未有天君不严而能圆通觉悟者。"寻求淡然处世的心境或者解脱现实的羁绊，皆始于内心的自律。人在获得心绪宁静前，通常要先看淡大喜、恐惧、仇恨、恼怒、忧愁等情感，佛教称之为解脱。苏东坡在黄州期间，开始钻研佛教和道教经典，其作品自然也染上了佛道色彩。

瑜伽炼丹修性情　　圆通觉悟更清净

苏东坡刚到黄州时极其苦闷，为了排解心中郁结，他经常出入寺庙，与寺中僧人研讨佛法义理。瑜伽和炼丹对于他人生态度的转变有深刻影响。他开始潜心探求自己灵魂的奥秘。他既认同印度佛教的瑜伽术，又研究道家的神秘修炼法，从而达到情绪的稳定，促进身体的健康。

瑜伽起源于印度，梵语中意为"结合"。它在印度的流行，与印度人的生活方式和哲学思想密切相关。但从实质上讲，它又一直与所有宗教信义或伦理保持着分离的状态，从不附会任何信仰系统。瑜伽是基于心理行为的生活哲学，它的目的是使身体和精神实现完美平衡，使个体和宇宙完全和谐。

苏辙练习瑜伽术要早于苏东坡，据他说，熙宁二年（1069年）时，他就向一个道士学习瑜伽。待苏辙到淮扬送兄长到黄州时，苏东坡发现弟弟看上去精神焕发。苏辙自童年起，每逢夏天就肠胃不适，秋天咳嗽，吃药亦不见效。现在他说通过练习瑜伽气功和定力，顽疾自愈了。苏东坡觉得甚是神奇，于是到了黄州后，也开始研究练习瑜伽。除了研读佛经外，他也在一座道观里闭关，从元丰三年（1080年）冬开始，一直闭关了四十九天。据他在《安国寺记》的记载，他大部分时间都在练习打坐。在天庆观，他深居不出，练习道家的辟谷和气功。他还同时给武昌知州朱寿昌写信，请教提炼丹药朱砂的方子。他在《与王定国四十一首·八》中，向王巩道出了自己对修炼的看法。

…………

近颇知养生，亦自觉薄有所得，见者皆言道貌与往日殊别，更相阔数年，索我阆风之上矣。兼画得寒林墨竹，已入神品，行草尤工，只是诗笔殊退也。不知何故？

…………

近有人惠丹砂少许，光彩甚奇，固不敢服，然其人教以养火，观其变化，聊以怡神遣日，宾（按：广西宾州，王巩居此）去桂不甚远，朱砂若易致。或为致数两，因寄示。稍难即罢，非急用也。穷荒之中，恐亦有一二奇士，当以冷眼阴求之。大抵道士非金丹不能解化，而丹材多出南荒。故葛稚川①乞崎嵝令，竟化于广州，不可

---

① 葛稚川（284—364年），即东晋道教学者、著名炼丹家、医药学家葛洪，自号抱朴子，丹阳郡句容（今江苏句容县）人。三国方士葛玄之侄孙，世称小仙翁。曾受封为关内侯，后隐居于罗浮山炼丹。著有《肘后方》等。

不留意也。陈璞一月前直往筠州见子由，亦粗传妙要，云非久当来此。此人不惟有道术，其与人有情义，久要不忘如此，亦自可重。道术多方，难得其要，然以某观之，惟能静心闭目，以渐习之，但闭得百十息，为益甚大，寻常昼夜，以脉候百二三十至，乃是百二三十息尔。数为之，似觉有功。幸信此语，使真气云行体中，瘴冷安能近人也？

…………

苏东坡与王巩交流自己对炼丹的体会，也谈到他练习瑜伽的成效，他反复叮嘱朋友远在外地要保重自身、锻炼身体，两人的深厚情谊可见一斑。这些信件也让后世了解到苏东坡对瑜伽术的认知和修炼情况。

道教强调冥想沉思，重视清心寡欲以求心神宁静，教导人凝神沉思、调息内观，尤其重视通过修炼以求长生。因而印度的瑜伽术及理论自传入中国，道教就吸收了其精华。但当时中国的修炼者不知道这是瑜伽，而称其为"打坐""静坐""内省""冥思"或是佛、道教里的其他特有称呼。元丰六年（1083年），苏东坡详细说明自己对瑜伽术练习有些好奇，并以弟弟苏辙为学习对象，开始练习气功和身心控制。

苏东坡在修炼瑜伽术时，总结出适合自己的练习规律。比如他控制呼吸，记录脉搏跳动几次算一个呼吸周期；比如集中注意力时，眼睛需凝视鼻尖。据《东坡志林》记载，苏东坡在《记三养》中描写了自己的练习经验，以及在觉察状态下的舒畅感和心灵宁静。文章写道：

东坡居士自今日以往，不过一爵一肉。有尊客，盛馔则三之，可损不可增。有召我者,预以此先之,主人不从而过是者,乃止。一曰安分以养福,二曰宽胃以养气,三曰省费以养财。

此外,苏东坡还在《赠张鹗》一文中提到一味"药方",可用于修身养性:

……吾闻战国中有一方,吾服之有效,故以奉传。其药四味而已:一曰无事以当贵,二曰早寝以当富,三曰安步以当车,四曰晚食以当肉。夫已饥而食,蔬食有过于八珍,而既饱之余,虽刍豢满前,惟恐其不持去也。若此可谓善处穷者矣,然而于道则未也。安步自佚,晚食为美,安以当车与肉为哉?车与肉犹存于胸中,是以有此言也。

元丰六年(1083年)三月二十五日,在与弟弟交流体会的短信里,苏东坡还描写了正统瑜伽默坐的目的。他认为从感官解脱出来后才能真正体会到灵魂不在于看到什么,而在于一无所见。他在信中写道:

任性逍遥,随缘放旷,但尽凡心,别无胜解。以我观之,凡心尽处,胜解卓然。但此胜解,不属有无,不通言语,故祖师教人,到此便住。如眼翳尽,眼自有明,医师只有除翳药,何曾有求明方?明若可求,即还是翳。固不可于翳中求明,即不可言翳外无明。而世之昧者,便将颓然无知认作佛地。若如此是佛,猫儿狗儿得饱熟睡,腹摇鼻息,与土木同,当恁么时,可谓无一毫思念,岂谓猫狗已入佛地?故凡学者,观妄除爱,自粗及细,念念不忘,会作一日,得无所住。弟所教我者,是如此否?因见二偈警策,孔君不觉耸然,更以问之。书至此,墙外有悍妇与夫相殴,詈声飞灰火,如猪嘶狗嗥。因念他一点圆明,正在猪嘶狗嗥里面,譬如江河鉴物之性,长在飞砂走石之中。寻常静中推求,常患不见,今日闹里忽捉得些子,如何!如何!

作为一个凡人,苏东坡对寻求长生之术也非常着迷。他在一则《乐天烧丹》的札记中写到"乐天作庐山草堂,盖亦烧丹也",说的是白居易在庐山盖草堂是为了炼丹。作为白居易的"粉丝",苏东坡也是一个炼丹痴迷者。当时道家在努力提炼长生不老之"仙丹"时,也在提炼金子。苏东坡所处的时代,中国的炼金术主要受阿拉伯的影响。苏东坡与沈括合撰的《苏沈良方》也记载了一些提炼朱砂的方法。

苏东坡对各种药剂很感兴趣。因为药物的制造秘诀不为人知,其中的成分他也不太清楚。听说曾有人因吞服汞化药物而亡,所以苏东坡试验药物时十分警觉。关于炼制"外丹",苏东坡还专门写过两篇札记,分别是《阳丹诀》和《阴丹诀》。

一直到人生的尽头,苏东坡都想求得"道士丹",不过与他人追求长寿不同,他更多的是想探求一个试验结果。

道教作为发源于我国本土、崇拜诸多神明的宗教形式,其宗旨是追求长生不死、得道成仙和济世救人。几千年来,众多道长通过服食仙药、外丹,通过炼气与导引,通过内丹修炼,并借由道教信仰与本身法术修为等仪式实现自身的功德圆满。在他们主张的学说里,人到最后,或坐以升天,或骑鹤而去,或羽化登仙,或蝉蜕而去,不曾遗留世俗的"臭皮囊",但是苏东坡却想看到一个因修炼而长生不死之人。《东坡志林》中的《延年术》便记载了他的这一质疑:

自省事以来，闻世所谓道人有延年之术者，如赵抱一、徐登、张元梦，皆近百岁，然竟死，与常人无异。及来黄州，闻浮光有朱元经尤异，公卿尊师之者甚众，然卒亦病，死时中风搐搦。但实能黄白，有余药金皆入官。不知世果无异人耶？抑有之而人不见，此等举非耶？不知古所记异人虚实，无乃与此等不大相远，而好事者缘饰之耶？

抛开道教人士为求取"道士丹"而修仙修神的徒劳无功不谈，从其修心养身的观点来看，苏东坡更倾向于认为一个人只要认真工作、快乐生活，过合乎情理的简单生活就可以得到宁静圆满。

在《与李公择》中，苏东坡以平常之心论及自己的节制生活。他对挚友李常推心置腹地说：我快到五十岁才懂得过日子，要领就是"小气"，要用一个文雅的词形容它，便是"节俭朴素"了。然而我们过日子的节俭朴素，与那些怕穷的俗人不一样，是真正的"淡而有味"。再说《诗经》有云："不戢不难，受福不那。"人的口腹之欲，哪有满足的？常常加以克制，也是惜福延寿之道。这种方法看起来很俗气，但也是出于不得已才这样。我自认为这是长久养生之策，这个经验不能一人独用，所以分享给身边的朋友。你将要去京城居住，更适合这么做。权当一笑！

从书信内容可知，李常即将回到京师。宋神宗为广纳人才，无论是保守派还是改革派都延揽一用。朝廷局势正酝酿着变化，王巩也遇赦回到北方，被贬谪的官员似乎将迎来春天……

相知未能正当时　从公已觉十年迟

也许是造化弄人，苏东坡已经在黄州安定下来，淡然地过着随和惬意的隐士生活，但即将到来的政治风波又将他卷离安居地黄州。

元丰六年（1083年）九月二十七日，二十一岁的王朝云为苏东坡生下一个儿子。苏东坡为他取名为遁。此时苏东坡正遵照先父遗命为《易经》作《传》，"遁"取自《易经》第三十七卦，是远离、消遁、归隐的意思。这一卦的爻辞中有"嘉遁，贞吉""好遁，君子吉"的释义，可见这个名字既寓有远遁世外之义，又包含了他对儿子的诸多美好祝愿。

遁儿满月之时，苏东坡想起昔日自己曾名噪京华，而今却"自喜渐不为人识"。这一切都是因为"聪明"，因而感慨万分，自嘲一诗：

人皆养子望聪明，我被聪明误一生。
唯愿孩儿愚且鲁，无灾无难到公卿。

经过几年的外放，苏东坡在黄州创作的系列诗词曲文让宋神宗加深了对苏东坡的欣赏之情。他有意让苏东坡掌管史馆，但被左、右丞相阻止。宋神宗只好亲自书写一道圣旨，把苏东坡由黄州调到汝州（今河南汝州）。汝州离京师较近，生活会相对舒适。

元丰七年（1084年）三月初三，苏东坡与朋友在定惠院后的花园畅游，逍遥了一整天。酒宴后，他又在小楼上酣睡。睡醒后，他踱出东门，在东门看见商铺里有一个大木盆，便买了下来，预备存水浇灌瓜秧。而后他顺着一条小溪进入何氏花园。何家正在正屋旁边添盖厢房，主人请他稍事歇息，顺便在竹林中喝几盅小酒。有朋友端出一盘糕点，是苏东坡命名的"何什酥"。大家悠闲地喝着酒，只有僧人道潜喝着红枣汤。苏东坡看见何家花园里有橘子树，便要了几棵树苗，计划种在东坡雪堂西边的空地上。

两三天后有新消息传来，朝廷拟将他改调地方。苏东坡思忖是否应当奏请皇上同意他继续住在黄州。后来他转念一想，这道新任命背后是宋神宗的一番好意，不能辜负。于是，他决定遵奉圣旨，放弃他用四年多时间辛苦营造的农舍和田地，前往新处。按照程序，苏东坡给宋神宗上了一道《谢量移汝州表》，谢表写道：

臣轼言：伏奉正月二十五日诰命，特授臣汝州团练副使本州安置不得金书公事者。稍从内迁，示不终弃。罪已甘于万死，恩实出于再生。祗服训词，惟知感涕。臣轼诚惶诚恐，顿首顿首。

伏念臣向者名过其实，食浮于人。兄弟并窃于贤科，衣冠或以为盛事。旋从册府，出领郡符。既无片善，可纪于丝毫；而以重罪，当膏于斧钺。虽蒙恩贷，有愧平生。只影自怜，命寄江湖之上；惊魂未定，梦游缧绁之中。憔悴非人，章狂失志。妻孥之所窃笑，亲友至于绝交。疾病连年，人皆相传为已死；饥寒并日，臣亦自厌其余生。岂谓草芥之贱微，尚烦朝廷之纪录。开其悃悔，许以甄收。此盖伏遇皇帝陛下，汤德日新，尧仁天覆。建原庙以安祖考，正六宫而修典刑。百废俱兴，多士爰集。弹冠结绶，共欣千载之逢；掩面向隅，不忍一夫之泣。故推涓滴，以及焦枯。顾惟效死之无门，杀身何益，更欲呼天而自列，尚口乃穷。徒有此心，期于异日。臣无任。

宋神宗看完苏轼的谢表，忍不住对群臣夸赞："苏轼真是个天才！"有大臣却进言说苏东坡在谢表里还是口出怨言。宋神宗备感意外，便问道："何以见得？"进言者说："在这份谢表中，他说他和弟弟子由考过殿试，却用'惊魂未定，梦游缧绁之中'，他的本意大略是多年前他们以坦白批评朝政的策论考中，现在却反以批评朝政而受惩处。他这是不甘心认错,还是诿过于人呢?"宋神宗泰然自若地回答:"朕很了解苏东坡,他完全是出于一片好意。"于是,朝廷众官闭口无言。

苏东坡的命运开始发生改变。但对一大家子来说,跨越地域的调动又是一次"大迁徙"。苏东坡决定先到江西高安去看望弟弟一家,留下长子苏迈带领家眷出发,到时在九江碰头。

黄州地方官员闻讯后,纷纷为他设宴送别,很多朋友请他题字留念。在某次应酬接近尾声的送别宴上,歌伎李宜请求他题赠一首诗。

在黄州生活近五年,苏东坡与当地官员、百姓、歌伎等相处十分融洽。平日里这些艺伎常请苏东坡为她们留诗作画,苏东坡的笔墨常常留在她们的头巾、手帕、披肩、香扇等上面。李宜正值豆蔻年华,有着婷婷袅袅的姿态、倾国倾城的容貌,且能歌善舞,但总羞于直言向苏东坡索要墨宝。

现在所剩不多的机会来了,黄州地方官员和朋友正为苏东坡送行,酒席上,李宜终于鼓起勇气求苏东坡在她的披肩上题诗。苏东坡看着李宜,乘着酒兴,吩咐她研墨,提笔便写道:"东坡五载黄州住,何事无言及李宜。"至此停下,掷笔拂袖,接着与朋友喝酒话别。举座皆以为这是很平淡的开头,而且仅仅两句。苏东坡继续喝酒吃饭,谈笑风生。这时,李宜上前请求他完成这首诗。苏东坡大笑,重又拿起笔来,后两句也一挥而就:"却似西川杜工部,海棠虽好不吟诗。"此句一出,众人立刻大呼不俗。这两句说的是唐代大诗人杜甫曾在四川生活了八年,遗诗八百余首,蜀地虽为海棠之乡,却无一字提及海棠。而生长在"海棠香国"的苏东坡,早年同样没有一首诗吟及海棠。这样写无疑提高了李宜的地位,夸其美貌似海棠,又胜于海棠。全诗音韵谐和,先平后奇,犹如一粒小宝石,有轻灵剔透之美。众人同声赞美"真乃好诗",随后"一座击节,尽醉而散"。黄州歌伎李宜的芳名与美丽的形象也因这首赠诗而流芳后世。

四月一日,苏东坡与雪堂的左邻右舍以及自江东前来道别的朋友一起会聚饮宴,他作《满庭芳·归去来兮》一首赠送友人:

归去来兮,吾归何处?万里家在岷峨。百年强半,来日苦无多。坐见黄州再闰,儿童尽楚语吴歌。山中友,鸡豚社酒,相劝老东坡。

云何,当此去,人生底事,来往如梭。待闲看秋风,洛水清波。好在堂前细柳,应念我,莫剪柔柯。仍传语,江南父老,时与晒渔蓑。

这首清新无比、不假雕饰的词作,可谓发自肺腑,情真意切。苏东坡到黄州,原是以戴罪之身来过被羁管的生活,但其间颇得地方长官的眷顾和黄州居民的亲近,加上他性情达观、善于自解,所以变苦为乐,在流放之地寻找到无穷的乐趣。他寒食节开海棠宴,秋夜泛舟赤壁,风流雅静地在黄州闲居了五年之久。一旦言别,必是牵肠挂肚、依依不舍,而此地的山民老友也真情相劝,留离难舍。因而全词不但情致温厚、辞词雅逸,而且意象鲜明、婉转含蓄,真切细致地展露了黄州父老乡亲送别苏东坡的热烈场面,以及苏东坡临别前依依难舍的情怀。

起程之日,一大群人奔走相送。黄州的士绅、穷苦乡民及苏东坡一家的近邻好友争相送别。他们把苏东坡一家送上船,一直送到慈湖,众人又一起消磨了几天,才最后分别。

另外还有三位特殊的朋友,老友陈慥、僧人道潜、道士乔全,则一直陪苏东坡抵达九江。道潜自徐州来黄州，已经和苏东坡相处了大概一年。途中，两人决定到九江庐山去游历一番。

苏东坡要来的消息一经传开，就在数百名僧人中引起了极大的轰动。苏东坡游庐山时，写了三首游庐山诗，其中一首《题西林壁》成了后世公认的描写庐山最好的诗。

横看成岭侧成峰，远近高低各不同。

不识庐山真面目，只缘身在此山中。

苏东坡去看弟弟苏辙时，三个侄子出八里地相迎。四年没见，苏辙胖了些，但看起来状态不佳。监酒官的办公地是一所破旧的小房子，四面漏风漏雨，摇摇欲坠。据苏辙说："旧以三吏共事，余至，其二人者适皆罢去，事委于一。昼则坐市区鬻盐、沽酒、税豚鱼，与市人争寻尺以自效。暮归筋力疲废，辄昏然就睡，不知夜之既旦。旦则复出营职。"得知详情，苏东坡心疼不已，但他也无力改变现状，只得以好言宽慰他。

苏东坡在弟弟家住了六七天，然后顺流而下到达九江，与家人相会，再携一家人顺长江下行，七月到达金陵。由于旅途奔波劳累，生活条件有限，到达金陵不久，朝云所生才十个月大的幼子遁儿不幸患病夭折。

年近半百的苏东坡，因为添了这个儿子，郁郁寡欢的心情得到莫大的抚慰。然而不到一年，孩子就意外夭折，这使他陷入极度悲恸之中。他深深地自责，甚至认为幼子之死是受到自己的连累，每每想到这里他就禁不住老泪纵横。

遁儿死后，苏东坡决意不去汝州，他向宋神宗上表，请求在常州居住。一方面与他的常州情结有关，另一方面也与要照料肝肠寸断的王朝云不无关系——常州在太湖周围，那里的山水景物和风土民情应最称王朝云的心意。

恰巧此时，早已辞任宰相的王安石正隐居于金陵。苏东坡决定绕道金陵去探望退隐的老相国。王安石早已知晓苏东坡即将抵达此地，也盼着与故人重逢。六月底，当苏东坡站在江边，看着王安石骑着一头毛驴，身着便服，神采奕奕地朝他走来时，他眼里那个"天变不足畏，祖宗不足法，人言不足恤"的宰相已变成一个和气慈祥、寂寞苍老的田舍老翁。而王安石眼里的苏东坡也不再是那个高大豪放、意气风发、仪表堂堂的大才子，而变成了又黑又瘦、神情落寞、须发苍苍的山野村夫。苏东坡身着便装，诙谐地打趣道："苏轼今日敢以野服拜见大丞相。"王安石看看自己身上同样的便装打扮，笑道："礼仪难道是给我们这些人设置的吗？"

阔别十四载，两位著名的大学者该有多少思想的碰撞啊。他们同为大诗人并深信佛学，且为治国理想各自坚守并都被排斥在京都之外。他们一起讨论诗词与佛学，他们同游钟山，诗酒唱和，谈禅说佛，不亦乐乎。他们偶尔也谈及朝政，论及昔日的政见和当下的政治形势及朝廷用人的得失，但点到为止，不再为此争得面红耳赤。当然，他们谈得最多的还是文学。

抛开复杂的政治分歧，王安石非常欣赏苏东坡的文学才华。苏东坡在黄州时，王安石便时常关注他的创作情况。每有人从黄州来金陵拜访他，王安石总是忍不住问："苏子瞻近来有什么佳作妙语可分享啊？"

相处一个多月后，二人才依依不舍地分别。今天看来，他们的政见并没有本质上的分歧，不同之处在于，王安石要激进地推行变法，而苏东坡主张循序渐进，但因为纷杂的人事纠葛，他们错过了相互了解的时机。当年苏东坡从四川回到汴京时，王安石曾请他仔细研读新法后再详谈,苏东坡仔细读了不止一遍,也想去相府谈谈,但因政治立场的不同终究未去。

苏东坡离开金陵后,王安石慨叹道:"不知再过几百年,才能有苏轼这样的人物出现呢!"苏东坡则在《次荆公韵四绝·其三》诗中感慨地写道:

骑驴渺渺入荒陂,想见先生未病时。
劝我试求三亩宅,从公已觉十年迟。

一句"从公已觉十年迟"包含了多少深意与叹息!对于苏东坡而言,这一次在金陵与王安石会面,虽然不可能直接缓解他所面临的政治困境,但是这种融洽的会面本身就是一个重要的标志,颇有"相逢一笑泯恩仇"的意味。

苏东坡到达江苏后,立刻被当地的气候和自然美景吸引。他往返于金陵和靖江之间,心中盘算着要在太湖地区买一块田地。他猜测,既然皇帝愿意把他从黄州调到新地任职,那么日后也许会准许他择地安居。不论去往何处,他终要找个老来退隐之所。他的一些好友纷纷给他出主意:佛印劝他安居扬州,因为佛印的田庄在扬州;范镇希望与之为邻;王安石也邀他到金陵。苏东坡自己则看中了丹徒县西长江口蒜山的一片松林。但这些计划全都落空了。长江以北靠近金陵有个仪真县,仪真的知县约他前去居住。苏东坡并没有下决心在仪真县安居,但他需要先找个地方暂时安顿家眷,于是一家人就暂居仪真县。这样他也可以定下心来,各处逛逛,寻找一处乡间家园。

苏东坡最亲密的朋友中,有一个叫滕元发的人。滕元发是浙江东阳人,性情豪爽,不拘小节。此时滕元发正担任太湖南岸的湖州知州,他劝苏东坡安居在常州太湖左岸的阳羡(今江苏宜兴)。二人暗中在阳羡买了一块田地,然后奏请皇上允许苏东坡在此安居,这块田地将是他们全家生活之唯一来源。这块地在离阳羡城二十里外的深山中,面积可观,一年能产稻米八百余石,足以让东坡一家过上比较舒适的日子。当时苏东坡手中只剩几百缗钱以及父亲以前在京都买的一栋房子,他已托范镇以八百缗钱卖出去。

九月,他独自去山里看了那块田地,并在《买田阳羡帖》中说:"吾来阳羡,船入荆溪,意思豁然,如惬平生之欲。逝将归老,殆是前缘。王逸少云:我卒当以乐死,殆非虚言。吾性好种植,能手自接果木,尤好栽橘。阳羡在洞庭上,柑橘栽,至易得。当买一小园,种柑橘三百本。屈原作橘颂,吾园若成,当作一亭,名之曰楚颂。"据传百年以后,苏东坡的重孙仍居住于此。

入淮清洛渐漫漫　人间有味是清欢

尚未获准于常州居住前,苏东坡按新的任命远赴京城西部,全部行程有五百多公里。他携家带口往京都方向慢慢行进,心中渴盼若蒙圣恩,不致花费往返两次的旅费支出。但因一直未获恩准,他只能勉强前行,困窘的经济状态已让他的家人到了忍饥挨饿的地步。走到泗州(今江苏盱眙县境内)的淮河边,他给朋友写了几首诗,每首都提到了饥饿。其中《寄蕲簟与蒲传正》更是表明他的生活已经穷苦饥饿到难以为继的地步。

　　　　兰溪美箭不成笛,离离玉箸排霜脊。
　　　　千沟万缕自生风,入手未开先惨慄。
　　　　公家列屋闲蛾眉,珠帘不动花阴移。

> 雾帐银床初破睡,牙签玉局坐弹棋。
> 东坡病叟长羁旅,冻卧饥吟似饥鼠。
> 倚赖春风洗破衾,一夜雪寒披故絮。
> 火冷灯青谁复知,孤舟儿女自嗳呦。
> 皇天何时反炎燠,愧此八尺黄琉璃。
> 愿君净扫清香阁,卧听风漪声满榻。
> 习习还从两腋生,请公乘此朝间阊。

在这首诗里,苏东坡又病又冻又饿,自比夜里啃啮东西的饥鼠,而儿女们没有炭火取暖、被子破旧又没有食物,饥寒交迫下如动物一样哀号。

泗州知州了解了情况后把食物送到船上时,孩子们高兴得欢呼雀跃。如此情形之下,他们一家没法再继续前进,苏东坡决定再给皇帝上表章。

元丰七年(1084 年)十二月间,苏东坡在泗州给皇帝上书请求在常州居住。奏表中写道:

> ……但以禄廪久空,衣食不继。累重道远,不免舟行。自离黄州,风涛惊恐,举家重病,一子丧亡。今虽已至泗州,而资用罄竭,去汝尚远,难于陆行。无屋可居,无田可食。二十余口,不知所归,饥寒之忧,近在朝夕。与其强颜忍耻,干求于众人;不若归命投诚,控告于君父。臣有薄田在常州宜兴县,粗给馕粥。欲望圣慈,许于常州居住……

苏轼一家到达泗州的时候寒风萧瑟,淮水结冰,船不能行,只得滞留泗州十几天。泗州知州早对苏东坡怀有崇敬之情。苏东坡的小船一到泗州,他就立即前去拜访,为其设宴洗尘。为宽解苏东坡当时的忧伤和愁绪,他几乎天天陪伴苏东坡游赏泗州周围的秀水青山,他们登泗州僧伽塔、浴淮水、过长桥、游龟山、登南山、听晚钟,常常饮酒赋诗。

其中,在南山之巅欣赏淮河两岸美景时,知州特意命人沏了都梁清茶,摆上韭黄、果品、饼饵等食物为苏东坡驱寒解忧。盛情招待之下,苏东坡欣然挥毫写下《浣溪沙·元丰七年十二月二十四日,从泗州刘倩叔游南山》:

细雨斜风作晓寒,淡烟疏柳媚晴滩。入淮清洛渐漫漫。
雪沫乳花浮午盏,蓼芽蒿笋试春盘。人间有味是清欢。

当时的苏东坡已是一副"故人惊怪,憔悴老青衫"的穷困潦倒之态,但内心的豪放与超凡脱俗依然如故。这首妙笔绝句不仅呈现了他对山水城景的无比喜爱和愉悦之情,也充分表达了他对知州的百般感激。

又一日,晴空万里,此时已临近正月,有春风拂面的感觉了。知州约苏东坡到南山去寻春。在南山之上,两人或闲庭漫步,或品茗观景,或抒发衷肠。天色向晚之时,苏东坡按捺不住复杂而激动的心情,欣然提笔留下了《行香子·与泗守过南山晚归作》的绝妙好词:

北望平川,野水荒湾,共寻春、飞步孱颜。和风弄袖,香雾萦鬟。正酒酣时,人语笑,白云间。
飞鸿落照,相将归去。澹娟娟、玉宇清闲。何人无事,宴坐空山?望长桥上,灯火乱,使君还。

这首词中所写的这座长桥，有特殊规定。泗州作为军事要隘，天黑以后不许行人通过此桥，违者重罚。但泗州知州没有遵守这条规定，在天黑后和苏东坡一同过了桥。为了记述游山之乐，苏东坡很天真地写成词句："望长桥上，灯火乱，使君还。"泗州知州第二天一见苏东坡的词，心都快跳出来了。他慌忙赶到船上去见苏东坡，说："学士，我看了你新作的词，这很严重，太严重了！你的词很快就会口耳相传，一定会传到京都。普通人夜里过桥是罚两年劳役，知州犯法责罚更重。还是赶紧把这首词收起来，不要给别人看为好。"苏东坡追悔不迭，笑道："没想到我一开口就是两年的劳役呀！"

苏东坡在泗州期间，留下了二十多首脍炙人口的诗词大作。沐浴着山水灵气，他在这儿逐渐迎来政治生涯中的第二度春风。腊月十八这天，苏东坡和知州在淮河边散步，看到很多百姓在冰冷的河边洗浴，他甚感不解地询问知州。知州告诉他，当地老百姓有个风俗习惯，每年腊月十八都会取淮河水沐浴，以洗去身上的污垢和不祥，祈求来年平安顺利。苏东坡听罢，欣然脱履除衫，在冰冷刺骨的淮河水中与老百姓一起共浴。苏东坡此举，更让一代文豪与民同乐之名传于后世，让后人倍加敬仰。

随后，苏东坡一家一路前行，一路静候圣旨的到来。当行至南都（今河南商丘）时，苏东坡拖儿带女借住到挚友张方平家。

一天，主人宴请苏东坡。席间，苏东坡认出张方平儿子的侍妾胜之曾做过黄州知州的侍妾，并深得知州喜爱。知州已不幸亡故，生前与苏东坡多有交游。苏东坡见昔日知州侍妾变成了张家的侍妾，想起老朋友，不由得两眼泛泪，喉头哽咽。而这情景却逗得胜之发笑，苏东坡离席时心中依然很难过。此后，他总是拿胜之做例子，劝诫朋友千万不要纳妾。

宋神宗自元丰年间亲自主持改革以来，在保持新法成果的基础上进一步推进了改革。元丰四年（1081年），西夏皇室内乱，宋神宗以为战机成熟，遂出兵五路伐夏，在庆州（今甘肃庆阳）大破夏军，占领西夏两千里土地，但深入夏地的军队因粮草不济，无功而返。元丰五年（1082年）宋神宗又听徐禧①之计，筑永乐城，西夏发三十万大军围攻永乐城，宋军惨败。宋神宗希望攻夏雪耻、节省"岁赐"的计划彻底破灭。

元丰八年（1085年），宋神宗因忧郁病倒。从三月一日起，皇太后，即宋英宗的皇后高氏摄政。三月五日，宋神宗在福宁殿忧郁而逝，享年三十八岁，葬于永裕陵，子赵煦嗣位。皇帝驾崩次日，朝廷颁下圣旨，允许苏东坡在太湖边居住。于是，得到消息的苏东坡一家开始迁返宜兴。元丰八年（1085年）四月初三，他们离开南都，五月二十二日到达湖边新居。

苏东坡以为自己将会终身安居于此，欣然提笔写下《归宜兴，留题竹西寺三首》。

其一

十年归梦寄西风，此去真为田舍翁。
剩觅蜀冈新井水，要携乡味过江东。

其二

道人劝饮鸡苏水，童子能煎莺粟汤。
暂借藤床与瓦枕，莫教辜负竹风凉。

---

① 徐禧（1035—1082年），字德占，洪州分宁（今江西修水县）人。少年有大志，气度不凡，力学而不事科举，博览周游，求知古今事变、风俗利病。后以学识超卓破格任用。曾奉宋神宗之命进攻西夏，由于不听部将所言，一意孤行，刚愎自用，兵败永乐城，官兵死伤一万多人，自己也战死沙场。

其三
此生已觉都无事,今岁仍逢大有年。
山寺归来闻好语,野花啼鸟亦欣然。

正当苏东坡选择好退隐之地,准备归耕田园之时,命运偏偏又来了个大转折。他到达宜兴尚不足十天,就接到朝廷任命他担任登州知州的消息。登州离山东芝罘(今烟台)不远,辖蓬莱、黄县、牟平、文登等四县。起初苏东坡拒不肯信,他心里颇不平静,不希望发生这种变化。几天后,朝廷正式任命的圣旨下达。全家人都喜出望外,感叹时来运转,欢呼声一片。但苏东坡似乎自感盛年已逝,他没有星夜兼程地赶去赴任,而是在寺庙流连了些时日,直到中秋之夜还待在佛印主持的金山寺。对于重新出任,苏东坡已经没有了当初的热衷,但仍然接受了朝廷下达的新任命。

高太后摄政,推动着政局的发展。司马光回朝,重新被任命为门下侍郎,实际上相当于副宰相之位。因为担心司马光接到任命后会延迟赴任甚至可能辞谢不就,高太后特派宫廷侍卫把司马光从家中请出,一直"护卫"到官衙。

如此情势下,苏东坡也须起程到登州去上任了。他们在青岛附近登船,绕山东半岛而行,于十月十五日到达登州。一切似乎都在朝好的方向发展……

第十章　太后恩宠破格升
　　　　迷倒众生遭人妒

人的命运流转，常常充满难以捉摸的戏剧色彩。比如，苏东坡因"乌台诗案"而处境艰险之时，祸乱得以平息最主要得益于变法派领袖王安石向宋神宗的求情，还有仁宗皇后临终前的谏言。而从此时开始，苏东坡后来的宦海生涯都与宫廷息息相关，及至最后的岁月，也因宋神宗的皇后代摄政事，他才免于客死蛮荒。

直面痛击三路神　名士群集成党朋

元祐元年（1086年），十岁的小皇帝赵煦登基，是为宋哲宗。太皇太后，也就是哲宗的祖母高氏摄政。宋神宗执政初期，已经开始简化政令，但直至他去世也没有达到理想的效果。宋神宗去世，太皇太后立即召回司马光。司马光是反对变法的领军人物，他领政的第一件事就是改弦易张，将王安石的一切政令中止或彻底废除。

被视为旧党骨干成员的苏东坡，顺势开始红运当头、急速得势。他刚到登州，又接到应召入京的圣旨。于是，全家人收拾行装重新上路，于元丰八年（1085年）十二月中旬到达京都。在京都的八个月内，苏东坡得到三次擢升。他从登州知州以礼部郎中之职被召还朝，在朝半月升任起居舍人，又三个月升任中书舍人。

四品官阶的中书舍人可参与朝廷对各部官员的挑选与任用。在此任上，苏东坡草拟了几道圣旨，内容与他本人有相当的关联。第一道圣旨是褫夺李定的官职，命他重新依礼居丧三年。第二道圣旨是贬谪吕惠卿。虽然贬谪内容由皇上决定，但如何措辞则由执笔的苏东坡决定。他学识渊博，行文引经据典，文采斐然。他拟就的贬吕惠卿词令天下人传诵称快。吕惠卿原系王安石一党，后又陷害王安石，终于取而代之。苏东坡在《吕惠卿责授建宁军节度副使本州安置不得签书公事》中说：

……具官吕惠卿，以斗筲之才，挟穿窬之智，诣事宰辅，同升庙堂。乐祸而贪功，好兵而喜杀。以聚敛为仁义，以法律为诗书。……始与知己，共为欺君。喜则摩足以相欢，怒则反目以相噬。连起大狱，发其私书。党与交攻，几半天下。奸赃狼藉，横被江东。至其复用之年，始倡西戎之隙。妄出新意，变乱旧章。力引狂生之谋，驯至永乐之祸。

吕惠卿在朝时，民愤很大，苏东坡对其罪状生动形象的描绘及痛快淋漓的谴责，使民众连称解气。

第三道圣旨是为王安石而作。元祐元年（1086 年）四月，王安石病逝于金陵。司马光这时也病重卧床，他以宰相之职发出了最后一道命令，大意是：王安石为人并不甚坏，其过端在刚愎自用，死后朝廷应以优礼葬之。因此，王安石被追赠"太傅"称号。苏东坡负责起草诰命词，他作了一篇奇巧的悼文《王安石赠太傅》，内容如下：

敕。朕式观古初，灼见天意。将有非常之大事，必生希世之异人。使其名高一时，学贯千载。智足以达其道，辩足以行其言。瑰玮之文，足以藻饰万物；卓绝之行，足以风动四方。用能于期岁之间，靡然变天下之俗。

……王安石，少学孔、孟，晚师瞿、聃。网罗六艺之遗文，断以己意；糠秕百家之陈迹，作新斯人。属熙宁之有为，冠群贤而首用。信任之笃，古今所无。方需功业之成，遽起山林之兴。浮云何有，脱屣如遗。屡争席于渔樵，不乱群于麋鹿。进退之际，雍容可观。

朕方临御之初，哀疲罔极。乃眷三朝之老，邈在大江之南。究观规模，想见风采。岂谓告终之问，在予谅暗之中。胡不百年，为之一涕。于戏！死生用舍之际，孰能违天？赠赙哀荣之文，岂不在我！是用宠以师臣之位，蔚为儒者之光。庶几有知，服我休命。可。

依照律制，朝廷以皇帝的名义发布悼词，赞美王安石的生活与品格，并颁赠"太傅"荣衔。有人认为苏东坡拟写的这道圣旨实际是寓贬于褒，借赞美王安石富有巧思和才华，让人知道王安石妄自尊大、欺人欺己的另一面。这显然是一种误解，从两人在金陵的交从经历，就可以推断这是他发自内心的情感。

元祐元年（1086年）八月至元祐四年（1089年）二月，苏东坡升任翰林学士知制诰。这项任命是由皇上（实际上是太皇太后）亲自派人送到苏东坡家里的，同时还颁赠官衣一件、金带一条、白马一匹，另附有一套镀金的缰绳鞍鞯等配件。

翰林学士知制诰这个职位一般由名气最高的学者担任，晋升的下一步就是宰相。可以说，苏东坡这时已经接近权力的顶点，专掌敕命，等于替皇上说话。更重要的是，为皇帝草拟圣旨，苏东坡便可以近距离接触皇帝和太皇太后。当时的翰林院靠近皇宫北门，算是皇宫的一部分。翰林的工作时间通常在晚上，因此他们在院中办事时，也称为"锁禁深夜"。习惯的做法是，翰林单日夜里在宫院值班，草拟圣旨，双日发布。每天黄昏，翰林沿着宫中东墙进宫，直至内东门，那儿有一间备留的宫室，直达皇帝寝宫。每当长夜漫漫、无所事事时，苏东坡便凝望红烛、静听宫漏，以遣永夜；有时夜间寒冷，太皇太后会差人送来温好的酒。至于要发布的诏令，都是由太皇太后亲自口述，再由苏东坡以极为典雅庄重的文体撰写出来，以备第二天颁布之用。

担任翰林学士知制诰期间，苏东坡拟写了约八百道圣旨。他起草的圣旨无不铿锵有声、简练精巧、贴切精准，其内容往往引经据典，富含大量的史料和生动的比喻。这类文字苏东坡信手拈来。

然而，朝堂之上暗流涌动，危机四伏。由于不会拉帮结派、见风使舵，苏东坡渐渐成了反对派的障碍。司马光为相后，全面废除新法，使一切都回到熙宁变法之前的样子。苏东坡抱着一以贯之的渐进改良思想，认为全面废除新法、改弦易辙的方式与王安石变法一样，势必造成社会动乱。新法实行多年，有些已被实践证明是合理的，理应保留。他心直口快、不徇私情，并不因司马光推荐而支持其做法。二人常为新法存废之事吵得不可开交，甚至闹到政事堂上，苏东坡的表现让司马光很恼火。

免役法是王安石新法的一项重要内容，主要是让百姓付税代替兵役。司马光复职后准备废除免役法而恢复兵役法，苏东坡反对说："差役、免役各有其害。免役之害在于掊敛民财，以至十室九空；差役之害在于离民于田，以至田园荒芜。此二害轻重，大略相等。"司马光说："那你看应该怎么办呢？"苏东坡回答："根据起因寻找解决办法，则事情容易办成；循序渐进地改革，也不致惊扰百姓。免役已实行多年，还是不改为好。况且三代之法，兵农为一，至秦代就开始分开，唐中叶始有常备之兵，民不知兵，兵不知农，农出穀帛以养兵，兵出性命以卫农，即使圣人再起，也难以变动了。现在你何必又要改变呢？"苏东坡的这些看法，包含王安石变法内容中的部分精华。司马光听了极为愤怒。苏东坡又说："记得你曾对我发过感慨，当时宰相韩琦要在山西招募义勇军，身为谏官的你不顾宰相发怒而坚决劝阻，现在你当了宰相，怎么又不让我说话了呢！"东坡此言让司马光苦笑不已，无法反驳，也让司马光对他生出厌烦之心。

此外，苏东坡也利用自己官居显要之时机，直言朝政、改其弊端。朝中变法派多被贬谪出京，昔日因苏东坡受牵连贬谪的官员陆续被召回，"苏门四学士"又聚到苏东坡身旁。

元祐二年（1087年），苏东坡兼任侍读，即给皇帝上课。他在给哲宗讲解历史上的治乱兴衰、邪正得失时，每每引申到现实中来。有一次，他对哲宗说："西夏侵入我边疆，掠杀我民数万，但大臣们竟隐瞒真相，官官相护，这样下去岂非要演成颓乱之势？"哲宗听了深以为然。

元祐三年（1088年）冬，苏东坡主持礼部考试。考试时负责监视考生的御林军态度十分粗暴，常常凌辱考生，苏东坡对此非常气愤，他奏请圣上，逐走兵士，让考生们在相对舒适的条件下应试。

苏东坡还朝后，时常召集黄庭坚、秦观、张耒、晁补之等志同道合的人士聚在一起饮酒作乐，唱和诗文，研讨书法。他们每有新诗、小词、墨迹便相互评判，与秦观讨论诗文技巧、与黄庭坚相互调笑取乐更是常事。

苏东坡曾拿自己的词与秦观之词比较，询问晁补之、张耒的看法，二人评价说："少游诗似小词，先生小词似诗。"当黄庭坚与苏东坡诗文互评时，黄庭坚评价苏东坡"诗不如文"。当苏东坡与黄庭坚互评对方的书法时，苏东坡说黄庭坚："你的字虽清劲，但笔势有时太瘦，宛如树梢挂蛇。"黄庭坚回击道："你的字我不敢轻议，但有时觉得偏浅，很像石压蛤蟆。"说罢，两人皆大笑。

亦师亦友的学士生活，让苏东坡的闲暇时光过得充实且快乐。但苏东坡依然时常感到孤独。面对朝官同僚嫉妒的眼光，他不能辩白，也备感厌烦。认真思虑后，他递交了请辞报告，等候批复。

一天晚上，苏东坡正静坐于书斋冥想，宫廷忽然来人传他入召。进入殿内，小皇帝紧挨祖母高氏而坐，苏东坡施礼问安后便恭立一旁等候吩咐。太皇太后先令苏东坡草拟圣旨，任命吕大防①为宰相。事毕，苏东坡正欲告退，太皇太后突然问道："苏爱卿，还有一件事想问问你，几年前你官居何职？"

苏东坡回答："臣彼时为黄州团练副使。"

太皇太后续问："现今何官？"

苏东坡答："翰林学士。"

太皇太后再问："爱卿为何晋升如此之快？"

苏东坡恭敬回答："仰仗太皇太后、皇帝陛下恩典。"

太皇太后答："非也。"

苏东坡不解，又问："莫非是受朝中哪位大臣的举荐？"

太皇太后再答："亦非也。"

苏东坡惊恐地说："臣虽不才，但绝不敢走旁门左道。"

太皇太后这才不慌不忙地说："此为先帝遗诏。先帝在世时，每读到爱卿的文章，必感叹'奇才、奇才'。每当用膳时举箸不下，臣仆们便知道是看了爱卿写的文章诗词。先帝在世时常想委你重任，

---

① 吕大防（1027—1097年），北宋时期政治家、书法家，字微仲，京兆府蓝田（今陕西蓝田）人。他不但是北宋名相，在政治、军事方面有所作为，而且是一位在经学、地理学、文学等方面都很有造诣的学者。

但不幸未及如愿便遽尔崩逝。"

苏东坡听到这里不禁拜倒,失声痛哭,太皇太后和哲宗也流泪不止。接着,太皇太后赐座,又对苏东坡说:"你要尽忠辅保幼主,以报先帝知遇之恩。"

得知先帝生前的口诏恩遇,苏东坡意识到请辞一事是完全不可能了。躬身告退时,太皇太后还将御前金莲烛台赐给他。

苏东坡升任翰林学士是在元祐元年(1086年)八月。同年九月一日,宰相司马光逝世。司马光死后,苏东坡与旧党之间的矛盾主要发生在他与程颐之间。

程颐是个古板严苛的理学家,当时在朝中声势很大,号为"洛党"首领。苏东坡给皇帝讲学时,大多站着讲,两旁的朝廷大员坐着听。程颐则认为自己应该坐着讲,听讲的官员应站着听,这样才符合儒家尊师重教之道。哲宗有时也被他的刻意而为弄得不愉快。有一次,程颐讲学休息时,哲宗信手折一柳枝,程颐马上劝阻道:"方春万物生荣,陛下不可无故摧折。"哲宗听了很不高兴,掷枝而去。苏东坡是个洒脱之人,对于程颐恪守古礼的做法格外不屑,常常不顾情面地嘲弄程颐,致使程颐对他积怨很深。

九月初六,依照典制,神宗的灵位将在肃穆的古乐声中安置于太庙。朝廷举行大赦,罢朝三日,满朝文武均参与大典。庆典后,众官员再去悼念老丞相司马光。

凑巧的是,司马光的葬礼由程颐主持,完全遵古礼办事。按当时的风俗,逝者的亲人须站在灵柩之侧向灵前吊祭的宾客还礼,但是程颐认为这样做不符合古礼,于是禁止司马光的儿子站在灵柩一旁,理由是倘若孝子真孝,应当悲痛得不能见客才是。

苏东坡与群臣参加完太庙的仪式后,正要前往司马光府吊祭,结果被程颐挡了回来。程颐说:"《论语》云'子于是日哭则不歌',

你们既已参加太庙的典礼,就不能来吊唁。"众人为此在司马府门前争得面红耳赤。苏东坡嘲讽地回答道:"孔子说'哭则不歌',并没有说'歌则不哭'呀。"程颐一时语塞。

接着,苏东坡不顾程颐反对,率领其他官员进了门。每个人都站在灵柩前行礼,离去前也依照习俗以袖拭目。因为没有看到司马光的儿子出来接待客人还礼,苏东坡问过左右,方知是程颐阻止。苏东坡认为这于古无证且太不近情理,于是当着众官员挖苦道:"此乃麘糟陂里叔孙通所制礼也。"叔孙通是秦汉时期的一个儒生,刘邦打败项羽得天下后做了皇帝,需要有人为他制礼作乐,叔孙通就为他定下朝廷中的一整套规矩。麘糟陂是开封府郊区的一个沼泽地、烂泥坑。这句话的意思是,这好像是从郊区的烂泥坑里爬出来的叔孙通制定的规矩,这无异于是在讥讽程颐是个假学究。全场人听了不由得哄堂大笑。程颐是皇帝的老师,苏东坡这句话让他颜面尽失。苏东坡这番话,表面上看似乎只是同事间的口角,无关国家大体,最多不过反映了苏东坡、程颐两人在思想、志趣和性格上的差异,但就是这句话预示了"洛蜀党争"的前兆,苏东坡和"二程"之间的嫌隙也就此结下。

国忌日那天,群臣在相国寺祷告,程颐传令供上素食,苏东坡感到奇怪:"你又不信佛,怎么食素呢?"程颐又引经据典:"礼,居丧不饮酒食肉。忌日,丧之余也。"苏东坡不以为然,让人端上肉食,并引汉代典故说:"为刘氏者左袒①。"结果,程颐的党人都食素,而秦观、黄庭坚等追随苏东坡的人都食肉,两派的对立形势已

---

① 左袒:汉高祖刘邦驾崩后,吕后当权,培植吕姓的势力。吕后去世,太尉周勃夺取吕氏的兵权,在军中对众人说:"拥护吕氏的右袒(露出右臂),拥护刘氏的左袒。"军中都左袒。后来称偏护一方为左袒。

渐次分明。

元祐二年（1087年），重回京都的苏东坡和家人开始享受与黄州的农家生活完全不一样的京都生活。长子苏迈被派到江西去做小官；苏迨和苏过也快成年了，一个十七岁，一个十五岁，都在家中养习。王闰之和王朝云安享快乐的生活，不过看着京都奢华的生活，她俩有点不知所措。居住地的四周都是华丽的珠宝店、漂亮的绸缎店、药味混杂的药铺，还有两三层高、装修得富丽堂皇的酒肆楼阁。凡中国所能产的百物之精华，皆陈列于他们居住的东华门一带。

如此生活氛围下，苏东坡依然坚持练习瑜伽和养生之术。每隔一夜，他就要睡在宫中。但是不论在宫中还是家中，他总是黎明即起，手梳头发一百次后穿好官衣官靴，然后再躺下小睡一会儿。他说，这种小睡之妙趣无可比拟。等到该出门上朝时，他已经衣冠齐整，稍加整理后便可骑马往东华门而去。

早朝最迟到上午十点完毕。除非有特别公务，他照例可以自由活动。若没有交往应酬，他就带着妻儿去逛商市，买些东西。相国寺就在附近，周围聚集了各色商贩，有卖扇子的、卖刀剪的、卖珍品的、卖古物的、卖字画的、卖拓片的，等等。有时，全家人也到东城的商店去逛，顺便理理头发、买盆鲜花、买只鸟买个鸟笼子。有时，他们穿过朱雀门到外城去，先在南面路过孔庙和国子监，再往远处就是各式各样的寺庙、道观。倦游归来，他们有时在京都最好的酒馆吃饭，或者意犹未尽地在街市上游逛。

重返京都后，在奢华与简朴之间，苏东坡似乎找到了最恰当的平衡点，既能让自己内心丰盈，又不致引起他人厌烦。

苏东坡的朋友韩维"已到老年，要以声色美酒自娱，否则不知道何以度日"，苏东坡劝他注意自己的身体，不要把日渐削弱的精力浪费在醇酒和妇人身上。还劝他静心思考，到了人生之旅的最后他能带走什么。朋友范镇死后，苏东坡评价他："范景仁平生不好佛，晚年清慎，减节嗜欲，一物不芥蒂于心，真是学佛作家，然至死常不取佛法。某谓景仁虽不学佛而达佛理，虽毁佛骂祖，亦不害已。"通过他与朋友们就物质生活的交流可知，这时苏东坡面对物质生活已能淡然处之。

官居高位的苏东坡，名气之盛已到达极点，受到文人和朋友广泛的推崇。自王安石和司马光死后，学者中已无人能望其项背。虽然他是否适合宰相之位尚待检验，但大家公认，以人品论，在整个官场，他是巍然高于众人的高山。他的两个朋友吕公著、范纯仁一度身居朝廷高位。弟弟苏辙在元祐元年（1086年）也已回到京师，担任御史中丞，并于次年升任尚书右丞。所有当年被贬谪到南方的朋友也都回朝官居要职。苏东坡在黄州的老友陈慥也来到京都，但不是来做官，而是专程来看望苏东坡，享受友人欢聚之乐。"苏门四学士"之名早已尽人皆知，后来又增加了两个人，即李廌①和陈师道②，为"苏门六君子"。

如此惬意的生活情态下，苏东坡和朋友们常恣情玩乐。官居礼部尚书又兼主考官时，他和几个朋友及几名主考官入闱几十天。大家都忙着阅卷时，苏东坡却不停地在各个屋子里转悠，闲谈逗趣，氛围欢腾到让人无法专心做事。但一到夜晚，他则专注地看试卷、评等级，神速至极！

---

① 李廌（1059—1109年），字方叔，华州（今陕西渭南市华州区）人。少以文为苏东坡所知，誉之有"万人敌"之才，由此成为"苏门六君子"之一。中年应举落第，绝意仕进，定居长社（今河南长葛），直至去世。

② 陈师道（1053—1102年），字履常，号后山居士，彭城人。一生安贫乐道，闭门苦吟，江西诗派重要成员。能作词，风格与诗相近，以拗峭惊警见长。但其诗、词存在内容狭窄、词意艰涩之病。著有《后山先生集》《后山词》。

有一次，苏东坡去拜访宰相吕大防。吕大防身材极胖，苏东坡到达时，他正在午睡。苏东坡等了好久都不见吕大防，不觉心里恼火。待吕大防出来后，苏东坡手指着客厅中大瓦缸里一只背长绿苔的乌龟，对吕大防说："这种东西可没有什么稀奇的，最难得的是长着三对眼睛的乌龟。"

吕大防惊讶地问："真的吗？还有六只眼睛的乌龟？"尽管预感到自己可能要被捉弄了，但是苏东坡学问如此渊博，也许背后藏了典故也未可知，于是追问苏东坡，想一探究竟。

苏东坡一本正经地回答："当然，唐中宗时，有个大臣向皇帝进献一只六眼乌龟。皇帝问他六只眼睛的乌龟与普通乌龟有什么不同，大臣说六只眼睛的乌龟有三对眼，普通乌龟只有一对，六眼乌龟午睡时，要睡三个普通乌龟的觉才会醒来。"吕大防听罢捧腹大笑，而苏东坡也用临时编造的故事发泄了久等后的不满情绪。

朝议大夫钱勰也是苏东坡的好友。苏东坡常常与其谈论自己在乡间的俭朴生活，忆及往事，他总是一脸的得意和享受。他说，自己当年吃饭时只有米饭、萝卜和一碗清汤，可是他由衷地感到快乐和满足。有一天，钱勰派人送给苏东坡一张请帖，请他到家中赴宴。请帖上写着："三白待客，敬请光临。"苏东坡从来没听过这种东西，不知"三白"为何物。当天，他在钱家看见钱勰为他准备的饮食，只有三件白色的食物：一碗白米饭、一盘白萝卜、一碗无色的清汤。苏东坡忽然想起自己的说辞，知道是受人愚弄了。过了一些日子，苏东坡派人送给钱勰一张请帖，上写"三毛豪餐，欢迎惠顾"的字样。待到钱勰去赴宴时，才发现桌上一无所有。苏东坡请他入座，等了好久，菜还没有端上来，钱勰略有微词。苏东坡面不改色地说："不用等了，咱们快吃'三毛餐'吧。'三毛餐'就是毛米饭、毛萝卜、毛菜汤。"这里的"毛"是没有的意思。如此"报复"后，二人开怀大笑。随后，苏东坡吩咐家人摆上酒席，与钱勰畅饮。

无论是因为政治立场，还是共同的兴趣爱好或性格，苏东坡的身边聚起了一大批影响着朝政和文化的友朋。因为他们是反对变法的蜀地势力，故而被称为"蜀党"，在后来的政坛影响深远。

空肠得酒芒角出　肝肺槎牙生竹石

苏东坡的生活环境发生了很大的变化，但他骨子里仍旧是书生文人，而不是政治家。既然是文人，就离不开笔墨纸砚。

苏东坡自幼年便仰慕唐代"画圣"吴道子。苏东坡谪居黄州时，整日闲散，他便将大量精力倾注在绘画上。苏东坡回京任官后不久，几乎所有他的诗画朋友都汇聚于京师，在这样的环境氛围中，苏东坡开始尝试在诗画上创新。

苏东坡的门生皆是出色的文人，他们经常聚于他的书斋，流连盘桓。米芾、李公麟更是恨不得天天与苏东坡聚在一处。米芾是这几人中年龄最小的，后来成为宋朝杰出的画家，有"米癫"之称。但对于自己的癫名，米芾并不服气。有一次，苏东坡在扬州召集宾客会饮，在座的都是名士，米芾也在场。酒喝到一半，米芾突然站起来，对苏东坡说："世人都说我癫狂，先生以为如何？"苏东坡笑着回答："吾从众！"众人抚掌称是。

这样各具异趣的一群文人相聚于京都，时常相会于一处。他们饮酒、聚餐、嬉戏、作诗、写字、作画，切磋技艺。当一个人作画、作诗或写字时，其他人为其补上诗句或增写题跋。比如苏东坡和李公麟合作一幅画，苏东坡画石头，李公麟画柏树，苏辙和黄庭坚题诗词于其上。

这种名家聚会在我国古代艺术史上扬名的要数"西园雅集"。这是在驸马王诜的庭园中举办的一次聚会，十六位名家齐聚一堂。王诜请善画人物的李公麟把自己和友人苏东坡、苏辙、黄庭坚、秦观、李公麟、米芾、蔡肇①、李之仪②、郑靖老、张耒、王钦臣③、刘泾④、晁补之以及僧人圆通、道士陈碧虚画在一起，取名《西园雅集图》。画中主友十六人，加上侍姬、书童，共二十二人。松桧梧竹，小桥流水，极尽园林之胜。宾主风雅，或写诗，或作画，或题石，或拨阮，或看书，或说经，极尽宴游之乐。李公麟以首创的白描手法，用写实的方式描绘了当时十六位社会名流在王诜府邸做客聚会的情景。画中的这些文人雅士衣着得体，动静自然，书童侍女举止斯文，落落大方。每个人的表情动态皆栩栩如生，人物衣纹、草石花木，每一笔线条都处理得精致巧妙，游动的墨线节奏率然朗快、迂回荡漾，整幅画面潇洒隽逸、嫣然欲绝。米芾为此图作记，即《西园雅集图记》，其中有云："水石潺湲，风竹相吞，炉烟方袅，草木自馨。人间清旷之乐，不过于此。嗟乎！汹涌于名利之域而不知退者，岂易得此耶？"

元祐二年（1087年）三月，名医康师孟作为苏东坡的朋友，搜集出版了苏氏兄弟的九本字帖精摹本。这样热心于搜集苏东坡字的还有很多人。一天晚上，几个朋友又在苏东坡的书房里找字，翻遍

---

① 蔡肇（？—1119年），北宋画家，字天启，润州丹阳（今属江苏）人。曾任吏部员外郎、中书舍人等职。能画山水人物木石，善诗文，著有《丹阳集》。

② 李之仪（1048—1117年），北宋词人，字端叔，自号姑溪居士、姑溪老农，沧州无棣（今属山东省）人。元祐末从苏东坡于定州幕府，朝夕唱酬。

③ 王钦臣（约1034—约1101年），北宋藏书家、图书馆官员，字仲至，应天宋城（今河南商丘）人。幼有志操，以父荫入官，历陕西转运副使，元祐初年为工部员外郎，曾出使高丽。

④ 刘泾（1043—1100年），字巨济，号前溪，简州阳安（今四川简阳）人。善作林石槎竹，笔墨狂逸，体制拔俗。亦工墨竹，以圆笔作叶。

几个旧箱子，有人找到一张纸，上面的字出自苏东坡之手，字迹还依稀可读。仔细一看，原来是他贬谪黄州期间醉中抒写的《黄泥坂辞》，有的地方已然污损，连苏东坡自己都不能辨认清楚。张耒抄写了一遍，交给苏东坡，自己则保留了那份真迹。

苏东坡写给亲密友人的信，有几封甚至被刻在石头上，如《西楼帖》，他去世后还被当作拓片出售。原帖石位于四川成都境内，至明代时已佚，但《西楼帖》流传至今。

苏东坡最著名的书法作品有《黄州寒食诗帖》《罗池庙碑》《赤壁赋》《丰乐亭记碑》等。苏东坡论述自己的书画作品时说："吾书虽不甚佳，然自出新意，不践古人，是一快也。"

元祐三年（1088年）苏东坡任主考官时，与李公麟、黄庭坚、张耒等辅考官入闱将近两月。按规定，阅卷完毕前不得出闱，亦不得与闱外联络。空闲无事之际，李公麟画马自娱，黄庭坚则写阴森凄惨的鬼诗，与人讲述奇异的神鬼故事。至于苏东坡的自遣方式，据黄庭坚记载："东坡居士极不惜书，然不可乞。有乞书者，正色诘责之，或终不与一字。元祐中锁试礼部，每来见过案上纸，不择精粗，书遍乃已。性喜酒，然不过（能）四五龠已烂醉，不辞谢而就卧。鼻鼾如雷，少焉苏醒，落笔如风雨。虽谑弄皆有意味，真神仙中人。"而苏东坡的书画作品最为人称道的，普遍认为是他醉酒后或兴致昂扬之时的作品。

苏东坡曾说，他向友人文与可学习书画时，很久不见长进，颇为烦恼，后来有一天，他独自行走于山间小径，看见二蛇相斗。观察之中，突然从相斗的两条蛇身上得到灵感，他将蛇身那种快速反应的灵巧敏捷融入笔画中。通过尝试，苏东坡将蛇身灵动的内在韵律集中贯注于描绘几竿竹子或几块岩石时。

竹枝竹叶几枝，一轮皓月当空，两者都能构成清新静雅的图画，但若明月隐显于依稀可见的竹枝竹叶间,表现出来的景致便更加充分,韵味更加丰富,创造出的审美效果也更加不同凡响。简洁几笔,清瘦雅致,其他不相干的景物一概剔除,有意的留白给观赏者带来无尽的韵味。这种画法,在苏东坡看来,就跟写几行字一样随性自然,一旦心情的印象留在纸上,他便心满意足,享受到纯粹的快乐。而观赏者亦能体味到同样甚至更多的满足与欢悦。

黄筌①是五代西蜀著名的花鸟画家。他的画风深得北宋宫廷喜爱,是宫廷画家学习的首选,一度成为宋代画院花鸟画创作的标准。但苏东坡对他的画法颇有疑义。苏东坡认为他对鸟的习惯观察有误。真正的艺术不能仅凭观察,还必须运用画家直觉的洞察力,与大自然中的鸟兽形成物我同胞的交融共生之感。也就是说,苏东坡认为,只有拟人为物或拟物为人,将自己代入所描绘的客体中去感受其情、其境,才能把握笔下所描绘万物的精神。而他自己一直秉持这样的理念在创作一切作品。

苏东坡推崇写意画,在他笔下,无论是青竹、岩石,还是枯木、烟云等,都在不知不觉中表现天人合一的和谐。万物虽无常形,却有常理,合于天造,厌于人意,都是自然而然的结果。画家只有与所画之景物完全融合,合二为一,才能得画中之道。

---

① 黄筌(约903—965年),五代时西蜀画院的宫廷画家,字要叔,成都人。早年以工画得名,擅花鸟,兼工人物、山水、墨竹。与江南徐熙并称"黄徐",是五代宋初花鸟画的两大主要流派。

第十一章　忠直率性树劲敌
　　　　　谦退之道有玄机

　　行走于世，人们常常情不自禁地感叹，人生如戏。常有很多的不期而遇、求而不得、不求而得超出人们的认知范围，让人们在迷惑中隐约意识到命运似乎不是掌握在自己手里的。而纵观苏东坡的一生，他的处境似乎更是如此。王安石变法时，他满腔热望，但因与王安石存在政治理念分歧，导致仕途坎坷。当他不再刻意追求实现政治理想时，却反为朝廷委以重任。现在他的同党"反对派"当政了，按理说他等到了大展宏图的机遇，结果却仍遭排斥，引来后世多少唏嘘。

木秀于林风摧之　行出于众人非之

　　苏东坡可能意识不到，他孤高又潇洒的个性使他无论置身何处，对政治异见者来说都是一种威压的存在。现在守旧党当朝，他广受推崇敬仰，太皇太后和皇帝也看重他的学识和人品，但是他的性格过于直率，不藏锋芒，这样的特质使他注定难容于官场，他的宦海生涯也难以保持风平浪静。

　　回朝后，苏东坡首先与司马光政见不合。半年后，司马光去世，只剩他一人独居高位，这就更加惹人妒忌了。木秀于林，风必摧之。不久，朝廷的政治斗争全都围绕着他展开。当时，朝廷中的政治派系逐渐形成，出现了三个朋党：洛党、蜀党、朔党。洛党以程颐为领袖，朱光庭①、贾易等为羽翼，因程颐为洛阳人，故称洛党。蜀党以苏轼兄弟为领袖，吕陶等为羽翼，主要成员都是四川人，故称蜀党。朔党以刘挚②为领袖，梁焘、王岩叟、刘安世等为羽翼，因成员皆北方人，故称朔党。三党都是王安石变法的反对派，蜀党与洛党的领袖交恶，两派互相攻击，势如水火，直至北宋灭亡。苏氏蜀学是蜀党的核心思想，苏门是日后蜀党的主要组成力量。同时，蜀党代表了北宋中后期文坛的最高成就，使这一群体成为文人参政的典型而受到瞩目。蜀党对政事的看法较洛党柔和，言事论理不执于一端，所以他们并不强调某种理念，也不认为某种制度独胜。

元祐元年（1086年）八月，朝政更替，旧党执政，苏辙以秘书省校书郎被召回京师，任右司谏。苏辙认为自己有责任革新朝政，清除所有骑墙派以及支持王安石变法的残余势力。

当时太皇太后垂帘听政，起用司马光、吕公著为相，想废除新法，而支持新法的宰相蔡确、韩缜及枢密使章惇都被苏辙弹劾去职。大臣吕惠卿攀附王安石而受重用，后又竭力排挤、陷害王安石，受世人憎恨。新党被清算时，他自知难逃责罚，请求外授宫观官③以逃避贬官流放之罪。但苏辙连上三疏揭露他的奸恶，最终使吕惠卿以

---

① 朱光庭（1037—1094年），字公掞，河南偃师人。朱景之子，北宋哲学家程颢的门人。哲宗时，司马光荐为左正言，乞罢青苗法。后来与贾易成为洛党领袖。后因洛党式微，改入朔党。

② 刘挚（1030—1098年），北宋大臣，字莘老，永静东光人。一生刚直不阿，正气森严，忠贞爱国，而且能力出众，政绩卓越。治学严谨，才华横溢，著有《忠肃集》。

③ 宫观官：闲职官名。宋真宗时始置宫观使以安置官员，但员额甚少。在京宫观，以宰相、执政充使，丞、郎、学士以上充副使。两省五品以上官员任判官，内侍及诸司使副为都监。

散官安置建州。苏辙虽然成功地让吕惠卿遭贬谪，蔡确、蔡京、章惇也暂时降职，但是他低估了这些人的政治手腕和反扑能力。后来，这些人图谋再起。同时，苏辙还用十道奏章弹劾了朔党的领军人物，直到对方遭罢黜。

元祐二年（1087年）年底，苏东坡作为主考官出题策试馆职，试题说："今欲师仁祖之忠厚，而患百官有司不举其职，或至于媮；欲法神考之厉精，而恐监司守令不识其意，流入于刻。"这道考题概括了仁宗、神宗两朝"忠厚""厉精"不同的统治风格，但他的党争对手们却坚定地认为这句话是影射宋仁宗松懈而神宗苛刻。担任谏官的洛党成员朱光庭首先弹劾苏东坡"谤讪先朝"。第二年，又有官员先后弹劾苏东坡，称若使苏东坡在朝堂得志，"将无所不为矣"。

由于太皇太后的信任，苏东坡得以平安无事，但他对朝中官员接二连三的弹劾不胜其烦，便一再上书请求外调。即使太皇太后把这些奏章束之高阁，洛党仍然继续弹劾。自元祐元年（1086年）十二月到次年正月十一日，共有四五份表章弹劾苏东坡。正月十二日，太后敕令停止弹劾。正月十三日，百官在中书省接到圣旨。但这些朝官们竟公然违抗圣旨，次日又上一表继续弹劾苏东坡。

苏东坡不屑于自辩，只是四次呈上表章，请求派任外地官缺，离开京都。太皇太后全力支持苏东坡，并希望他继续留在朝中听用，因此她告诫众臣：苏东坡之意指的是国家官员之宽严，对皇帝并无不敬，若官员继续弹劾，将会受到惩处。

如此情形之下，苏东坡不便再力主外派，他必须要正面直视并解决眼前的问题。正月十七日，他给太皇太后上表章，略叙自己的职分并对他人卑劣的政治手法予以谴责，表示自己要为"人应当保有提异议权"而奋战。在表章里，他指出朝廷官员都表示同一意见，或者因怕得罪人而回避表达意见，皆非国家之福。群臣敢于表达政见，于人于事，方有助益。倘若帝王所赞同的群臣都说对，群臣便都成了孔子所说的"乡愿"，终将招致亡国之祸。然后，他又略述在免役法方面他和司马光不同的看法。他们虽然意见不同，但是尊重彼此的意见。而今司马光已去世，其他保守派以为朝廷将依旧推行司马光既定的政策，于是只知道顺从皇帝的意见。实际上，司马光并不希望所有人都附会他，他也不相信太皇太后所需要的只是群臣唯唯诺诺的恭顺和卑屈谄媚的迎合。大概在十二日，苏东坡写信给好友杨珪，信中他对人云亦云、毫无主见者表露了非难之意，并颇以自己的真知灼见自得。

苏东坡的政敌这次没有达成目的，且丢了脸面。苏东坡对太皇太后非常感激，决定以后要以更加坦诚的态度向太皇太后进献良言。

元祐元年（1086年），经苏东坡力请，青苗贷款法终于完全废止。四月，哲宗下了一道圣旨，对于这种政治措施勉强进行了一些改革，恢复了常平仓稳定粮价办法，而青苗贷款仍然贷于人民，只是款额以仓谷价值的半数为限。但在苏东坡看来，这种不彻底的措施仍难令人满意，其流弊不减过去。八月初四，他又给皇帝上表《乞不给散青苗钱斛状》。他在上奏中首先肯定先朝的改革初衷是利民的，但措施失当，执行过程中出现偏误，因而请求将青苗法完全废止，并将赤贫百姓之欠债一律宽免。他将四月的改革措施喻为偷鸡贼，此贼自称将改过向善，以后每月只限偷一只鸡。这是引用《孟子》中的典故，暗讽改革不彻底。然后，他陈述青苗法、免役法实施二十年来的弊病。苏东坡问，为什么皇帝竟会纡尊降贵，借钱给百姓而求利息呢？他建议朝廷下令所有欠官债者分十期归还，以半年为一期，甚至盼望皇帝念及债务人已付了不少利息，慈悲为怀，凡四等以下贫民的债务全予豁免。九月，青苗贷款法予以废除，但赤贫者的债务宽免之议，直到六年后，经苏东坡力请，朝廷方予以采纳。

改革吏治,是宋神宗生前大力推行的措施,也是王安石激进变法的内容之一。北宋时期,引荐亲族之风盛行。外省来京的考生,由朋友、亲戚推荐,不用在京参加考试,便可以获得官职。每次考试若选三四百人,总有八九百人不经过考试而被任命。仅礼部就可以推荐免试生二三百人,由兵部和皇家关系直接推荐的人数也很可观。

苏东坡曾四五次出任主考官,每次他都特别留心为朝廷选拔真正的人才,有时甚至把其他考官弃而不取的考卷找回重阅。

除了引荐入仕,春季祭天大典时,很多读书人由皇上赐恩免考,称为"恩科"。很显然,这一制度在实际的官僚机制运作层面和财政上引起了相当严重的后果,即冗官与冗费的问题。苏东坡出于对现实腐败与人性弱点的深切认识,对特奏名之制进行否定。这一观点与王安石变法的内容实质上是相通的。

元祐三年(1088年)二月二十九日,苏东坡与孙觉、孔文仲联名上奏章《论特奏名》,向朝廷提议废除此等免试办法,严格限制高官巨卿的亲属以及皇家推荐之人走捷径入仕。他认为自己有责任把官吏之怠惰低能、蒙混朝廷的情形奏知太皇太后。在几件大事的表章后,他又附有再启,请太皇太后阅后自己保存,勿转交中书省。

以今天的眼光来看,苏东坡认为恩科所取之士非但"无为",反而贪腐苦民这一思想是清醒且理性的。但他这样说必然会得罪朝廷上下。首先是得罪制度的推行者皇帝及皇亲国戚,尽管苏东坡等人是出于公心,为国家谋划;其次是得罪制度的实施者,即相关府院臣僚及一干随从等,因为苏东坡斩断了他们的官路和一项收入来源;再次就是得罪所有被纳入恩科范围的士子及与之相关的家族。

官官相护的恶习必然导致官民对立,引起民怨。苏东坡对此有清醒的认识，因此他给太皇太后上表指出，如果忽视民情，势必再难收揽民心。比如，西北番族入寇，屠杀了近一万名百姓，而当地负责军务的经略安抚使竟企图隐瞒朝廷。消息传至京师后，朝廷派专使督察前往当地调查，最后反馈说只有数十个百姓被杀。而且特使专员更是把灾情"大事化小"，反而先为经略安抚使请求赦罪，然后再缓缓进行调查。一直调查了两年，也毫无结果。

元祐三年（1088年）九月五日，苏东坡在密呈太皇太后关于《述灾沴论赏罚及修河事缴进欧阳修议状札子》的奏章中，痛陈广东将官童政在镇压广东岑探领导的民变时，剿平盗匪无功，竟然"贼杀平民数千，其害甚于岑探"。但是别的同僚在对朝廷的报告中竟说童政保卫城池有功，称颂他是平贼的英雄。"愚弄上下，有同儿戏，然卒不问。岑探聚众构谋，经年乃发，而所部官吏茫不觉知，使一方赤子肝脑涂地，然亦止于薄罚。童政凶狡贪残，非一日之积，而监司乃令将兵讨贼，以致数千人无辜就死，亦止降一差遣。近日温杲诱杀平民十九人，冤酷之状所不忍闻，而杲止于降官监当。蔡州捕盗吏卒亦杀平民一家五六人，皆妇女无辜，屠割形体，以为丈夫首级，欲以请赏。而守倅不按，监司不问，以至臣僚上言，及行下本路，乃云杀时可与不可辨认。白日杀人，不辨男女，岂有此理？乃是预为凶人开苟免之路。"对于这些伤害平民百姓的虐政，苏东坡实在无法坐视不理。

同年十二月，书院教授周邠上疏提请将王安石的灵牌安置在太庙中神宗的神牌之下，以共享祭祀。这一提议甫一公布，朝堂沸腾。周邠年轻时很受王安石赏识，熙宁年间他参加科举考试被录取，调任江宁府（今江苏南京）右司礼。到元祐初年，苏东坡举荐他到山东郓州担任教授职务。十二月下旬，苏东坡因为周邠的言论，连上两则弹劾札子，并以无法抑制的情绪对王安石及变革派进行了措辞尖锐的抨击。他分析认为，王安石的余党暂时失势，现在都在偏远的外地为官，此举实是想卷土重来的试探。"本朝自祖宗以来，推择元勋重望始终全德之人，以配食列圣。""窃以安石平生所为，是非邪正，中外具知，难逃圣鉴。先帝盖亦知之，故置之闲散，终不复用。"如果太皇太后准其所请，这些奸诈小人将视其为积极的信号，表明他们的危机已过。而后，他又上札子，把对政敌们的怒气指向主张变法的发起人，对王安石不再婉转其词，公然以"矫诈百端，妄窃大名"称之，显示出其作为一个治政者非理性的一面。

洞若观火诚无惧　奈何弹劾非本然

　　苏东坡受朝廷重用的两年间，以其强烈的名士本色、坦直无畏的言论得罪了很多人。太皇太后虽然经常收到弹劾苏东坡的本章，但全都予以搁置。苏东坡曾请求公开奏本，给他申辩澄清的机会，但太皇太后没有答应。

　　在这些弹劾奏本中，有的针对苏东坡返回朝廷前写的诗，有的针对他起草任用吕大防的圣旨等。这众多的弹劾表明了具有不同的人生态度和性格气质的两大阵营的冲突。

　　作为洛党的党首，程颐是北宋理学名家，他首创"天理人欲"之说，以发扬孔孟之道，颇有"当今之世，舍我其谁"的派头。在当时的文坛、政坛，他的迂阔无当为人诟病，不只苏东坡嘲笑他，连推荐他的司马光对此也有不满，认为皇帝不愿意亲近儒生正是他这类人的缘故。

　　作为蜀党的领袖，苏东坡是才气横溢的大诗人，是心怀天下的政治家。他与程颐的性格与气质完全不同，他豁达大度，机智幽默，富有人情味。"一肚皮不合时宜"，正是他独立人格的真实写照。所以，当他与程颐同朝而处时，势必对道学家的迂执与虚伪产生反感，并鄙弃他们。

程颐倡言"存天理，灭人欲"，以为人欲横流是历代衰亡的根本原因，苏东坡却反驳说"养生难在去欲"。程颐主张"文以载道"，甚至认为写诗是"玩物丧志"，是没有用处的闲言碎语，表现出明显的重道轻文的倾向；而苏东坡论文以意为主，他主张的"意"发自作者内心，与程颐所谓的"道"大异其趣。苏东坡强调的是表现、创造，而程颐注重的是阐发、复述。简言之，苏东坡主张在作品中表现自我的思想感情，而程颐却要代圣人立言。据苏东坡的侄孙苏籀所著《栾城遗言》记载，苏东坡曾说："某平生无快意事，惟作文章，意之所创（到），则笔力曲折，无不尽意，自谓世间乐事无逾此者。"这种创造的快乐，程颐无法体会。南宋的理学大家朱熹曾一针见血地指出，洛蜀党争的要害是"二党道不同，互相非毁"，可以说很有见地。洛蜀党争起于小忿，但由于双方各有宿怨，终于愈演愈烈。

早在元丰七年（1084年），苏东坡在返回京都之前，听说朝廷已经允许他定居常州，心情十分愉快，经过扬州时在一个寺庙的墙壁上题写了三首诗。三首诗若一起看，主题明晰，不会使人误解。其中一首写道："此生已觉都无事，今岁仍逢大有年。山寺归来闻好语，野花啼鸟亦欣然。"大意是他在寻找安居之地徒然无功后，欣闻得以退休林泉以度晚年。他写诗的日期是五月一日，而神宗是在五十六天前的三月五日驾崩的。从诗意来看，苏东坡在表达自己的欢乐，但在国丧期间，他为什么这么高兴？"闻好语"，闻的是什么好语？政敌们认为，显然是神宗驾崩的消息！一个多么忘恩负义的臣子！这当然是性质很严重的弹劾！幸好苏辙为兄长想出了更好的辩护词。元祐六年（1091年），苏辙为此事做证时，说苏东坡那年三月在南都，当时一定已经听到神宗驾崩的消息，不可能五十六天后才在扬州听见。他对太皇太后说，"好语"指的是在苏东坡下山时，听到农人谈到英明的幼主登基，心生欢喜故有此语。

另一件弹劾案是苏东坡起草任用吕大防的圣旨。苏东坡在《吕大防制》中写道："具官吕大防，擢自英祖，休有直声；被遇裕陵（宋神宗），愈彰忠力。"圣旨首先赞美吕大防勇于任事、屹立不移，然后说到王安石变法时百姓饱受压迫，人心消沉，并用了"民亦劳止，汔可小休"之句。这句话引自《诗经·大雅·民劳》，抨击小人蒙蔽君主而作恶，无非是讽刺君主不明、无能的一个障眼法。但苏东坡的宗旨并非此意，而是以吕大防之忠直来影射小人之奸诈。洛党人士看到此文，立刻发起弹劾，说"《吕大防制》云'民亦劳止'，引周厉王诗以比熙宁、元丰之政。弟辙早应制科试，文缪不应格，幸而滥进，与轼昔皆诽怨先帝，无人臣礼，至指李林甫、杨国忠为喻"。程颐的弟子朱光庭、贾易等人还借口苏东坡在策问中提出效法"仁祖之忠厚"则官吏们媮惰不振，效法"神考之厉精"又使官吏们流于苛刻，借此攻击苏东坡诬蔑宋仁宗不如汉文帝、宋神宗不如汉宣帝，应予治罪。朝中的蜀党不甘坐视苏东坡遭受排挤，上章论列朱光庭借机为程颐泄私愤。无所偏袒的范纯仁也觉得朱光庭的奏章太过分。

随着事态的不断发展，苏东坡感觉到深深的疲倦，同时也隐约生出对变局的忧惧。遭受过囹圄之灾的他觉得在朝中为官实在太难，他再也不愿意在这场"口水大战"中重蹈覆辙，于是再次想离朝外任，离开这个是非之地。

元祐四年（1089年）三月十一日，经苏东坡再三恳请外任后，朝廷终于批准了他的退辞，任命他以龙图阁学士领军浙西地区并兼任杭州知州。临行前，哲宗赐予他白马及镀金的鞍鞯、官服上的金腰带、银盒、茶叶等礼品。白马对他无用，他随后转送给贫穷的门生李鹿，让他牵去卖钱过生活。

苏东坡起程时，年已八十三岁的朝廷重臣文彦博为他送行，劝他不要再写诗。苏东坡骑在马上，大笑说："我若写诗，将有很多人准备作注疏呢。"

杭州西湖是苏东坡向往的地方，他曾经在那里留下过美丽的诗篇"欲把西湖比西子，淡妆浓抹总相宜"。那么，再次重游西湖，西湖是否美丽如故呢？

第十二章　雕不加文磨不莹
　　　　子盍节概如我坚

重返杭州，苏东坡愈加清醒与泰然，他将全部智慧和力量都倾注到地方政务上。他利用太皇太后的特别恩宠，为地方办实事，为老百姓办好事。他请求朝廷特别拨款，实行一系列重要的地方革新方案。短短一年半时间里，他在杭州建成了公共卫生系统，包括建立了一套清洁供水系统和一所公立医院。他还重新疏浚了盐道，修建西湖，稳定谷价，不惜与朝廷及浙西邻省的官员意见相左。他以"虽千万人吾往矣"的精神，只身展开救济饥馑的工作。

体恤民生巧断案　浚河治湖有奇功

元祐四年（1089年）七月，苏东坡到达杭州，正式上任浙西地区军政长官兼任杭州知州，这一年他五十二岁。苏东坡一踏上杭州的土地就全力以赴地开始工作。秦观也跟随苏东坡来到杭州，陪伴了他一年半的时间。

知州的官衙位于杭州城中心，但苏东坡喜欢在富有诗情画意的地方办公。因此，他经常在葛岭下面的寿星院处理公务。葛岭在西湖之北的宝石山东面，位于宝石山和栖霞岭之间，绵延三四里，海拔三百六十余米，是著名的道教名山胜地。相传东晋时著名道士葛洪曾于此结庐修道炼丹，故而得名。岭上古木参天，郁郁葱葱。从宝石山向西走去，山径两侧古柏夹道，清泉低流。初阳台是晨观日出的好地方，游人在此能俯瞰整个西湖。苏东坡的办公地有十三间房舍，环境幽静，风景如画。他常在寿星院的寒碧轩、雨奇堂两处看公文。雨奇堂之名源于苏东坡的西湖诗句"山色空濛雨亦奇"。在如此惬意的美景中处理公务，环顾四周茂密的竹林，凭望山间清澈的溪水，倾听淙淙的水流声，简直如修仙一般。

苏东坡在这样的地方处理公务，效率之高，犹如旋风，每每谈笑之间便把一天的公事办完了。办完公务，他习惯和同僚畅饮一番，然后乘着酒兴在夕阳西下前骑马回家，或者在街道两旁居民的注目礼中从容走过……

炎热的盛夏，苏东坡喜欢躲在祥符寺，到好友维贤方丈的屋里睡个午觉。他睡午觉时习惯无拘无束。摘下官帽，脱下官袍，将头发随意地盘在头顶上，往躺椅上一躺，两腿一伸，由仆人按摩放松后睡去……

他审理案子，也别出心裁，令人惊奇，如同看一场戏。据《春渚纪闻》记载，有一次，苏东坡审理一件关于商人购买绫绢欠债不还的案件。他传唤商人到堂，让其说明情况。被告陈述说自己家以开扇子店为业，去年父亲不幸去世，而今年春天以来，一直连续下雨，天气阴凉寒冷，人们都不买扇子，他做的扇子卖不出去，并不是他故意赖债不还。

苏东坡仔细凝视了他许久，看出他不是撒谎，便计上心来，对被告说："暂且把你的扇子拿来，我来帮你开张吧。"一会儿扇子送到，苏东坡拿了二十把空白的夹绢扇面，顺手拿起判案用的笔，在扇子上画上几株秋冬的枯树、清瘦的竹子、嶙峋的山石。片刻工夫，就画完了二十把绢扇。他把画好的扇子交给制扇的被告人说："拿去外面快点卖了还债吧。"那人抱着扇子一边连连答谢一边往外面走。他刚走出衙门,就有喜欢诗画的人把他包围起来,大家争先恐后地买他的扇子。不过几分钟时间,扇子就全部卖光了,来得晚的人只能非常懊恼地离开。卖扇子的被告很快就还清了全部欠款。杭州人知道这件事后,无不交口称赞,有些人甚至为之感动得落泪。

还有一次,一个由乡间赴京赶考的穷书生,因有欺诈嫌疑而被捕。这个穷书生带着两大捆包裹,上面写着"交京都竹竿巷苏侍郎子由收"的字样,下面署名为"苏东坡"。嫌疑人被带到苏东坡面前,苏东坡问他包裹里面装的是什么东西,书生回答说:"小生实在觉得对不起大人。小生的乡邻们送了小生二百匹绸缎,算是进京赶考的盘缠。小生心想,这些绸缎一路之上要由税吏抽税,等到京都,恐怕只剩下一半了。如今,最出名、最慷慨的文人莫过苏氏昆仲,所以斗胆借用二位大人之名。小生敬求大人恕罪,下次不敢了!"

苏东坡听完微微一笑,吩咐书记官把行李上的旧纸条撕去,亲自写上收信人和寄信人的姓名地址,并给苏辙写了一封短信,交给这个双手颤抖的书生让他转交给苏辙。他说:"这次你可以放心进京了,即便官差把你抓到皇上跟前,本官也担保你平安无事。明年若考中,可别忘了我呀!"惊诧不已的穷书生万分感谢地离去,果然第二年他考中皇榜。回家后,他给苏东坡写了一封信,感激其深厚的恩德。

因为这些趣谈,杭州老百姓更觉得苏东坡可亲可敬,更加喜爱和拥戴这位父母官了。

苏东坡到任一段时间后,发现杭州城需要修缮的地方不少。知州官署的府邸过于陈旧,士兵居住的营房漏雨,军火库更是破烂不堪。许多房子修建于吴越王钱镠时代,建筑已有一百五十余年的历史。杭州前几任知州曾自筑官舍,而置旧府衙于不顾。苏东坡上表请求拨款四万贯修缮官舍、城门、城门楼,并修缮二十七座谷仓。

据记载,杭州城当时有五十万人,却没有一家官府主办的医馆。杭州位于钱塘江口,海陆行旅辐辏云集,常有疫病流行。有些药方经证明确实有效,苏东坡都对外公布。他在密州为官时,曾经命人把有用的药方用大字抄写,贴在府衙和集市广场等人流密集的地方,以便普通老百姓传抄。其中一些药方,他深信效用很好,且药物价格也便宜。

不过,对于这些零星无组织的帮助病人的办法,苏东坡颇不满意,于是他从公款里拨出两千缗,加上他个人的捐款,在杭州城中心众安桥建了一家安乐坊。这家安乐坊可能是中国最早建立的公立医院。主管医院的道士由朝廷酬以紫袍和银两补贴。医院后来迁到了西湖岸边,改名为安济坊。安乐坊在苏东坡主政杭州三年期间治疗了一千多名病人。苏东坡离开杭州后,安乐坊照常为贫穷者治病。

吴越时代,为防止海潮进入运河污染城市里的淡水,杭州官民曾在沿海筑长墙,但在苏东坡到任时已年久失修。杭州城内有两条运河——盐桥河和茅山河。两河贯通南北,穿城而过,直接在闸口连接钱塘湾,与钱塘湾的水相混合,致使河床淤泥层上升。所以每隔四五年,运河河床就需要全面疏浚一次。运河长四五里,疏浚费用很高。从河床清理上来的淤泥就堆积在临河居住的居民家门前,百姓们难以接受的是出行问题。运河上的状况之不堪,实在难以尽述。

如何解决杭州居民的用水问题?如何清理运河淤泥,疏浚杭州城的河道,解决运输问题?苏东坡开始了他在杭州的第一次大工程建设。他向专家请教,把运河的高度实地勘测了一遍,发现两条运河都需要海水才能保证运河上的交通,而海水会带进淤泥。经过仔细研究,苏东坡认为:盐桥河通过城内,必须保持清洁;可设法使海水从另外的地方流入茅山河，因为茅山河流经的区域是人口稀少的城东郊区。为保持盐桥河的水位，苏东坡认为可在城北余杭门外开挖一条新运河，与西湖相通。这个设计构思实用、科学，既解决了居民的用水问题，也解决了运河的河道疏浚问题。

工程于十月开工，这时苏东坡任杭州知州仅三个月时间。到第二年四月，工程全部竣工，既清理了沉积的淤泥，保持了运河沿岸的清洁，又疏通了河道，使运河的水位加深。全城的父老乡亲无不称颂，说这是前所未有的一件大喜事！

与运河的交通功能相关联的另一个重要问题，是城内居民的供水问题。城中有六个水库，分散在不同区域，但是取水的各条干线管道已经损坏。十八年前，苏东坡任杭州通判时曾帮助修缮过输水管道。输水管道遭受破坏后，居民不得不饮用稍带咸味的水，不然就得花钱买西湖的水。苏东坡与当年监督修缮输水管道的僧人商量解决措施，老僧人已经七十多岁了，精神矍铄。先前的输水管道是用粗大的竹管制成的，使用时间有限，苏东坡决定用胶泥烧制而成的陶瓦管道替代，上下用石板砌筑，起保护作用，将陶瓦管道放置在中间。这个计划需要从一座水库贯通到另一座水库，因而要投入较多资金，但是能从根本上解决居民的用水问题。与此同时，苏东坡决定把湖水引到城南郊新建的两座水库中，以解决军队的用水问题。他身为地方军事最高长官，调派了一千多名兵士参加工程建设。据说，所有这些水库完工后，杭州城内的居民都喝上了西湖的淡水。

六个小水库的改造成功，给苏东坡提供了更多的启示。他自然而然地想到了改造一个更大的水库，那就是西湖。

元祐五年（1090年）四月，苏东坡给太皇太后上了一道表章，陈述他计划疏浚西湖的理由。五月，他又上书，说假如不快点想办法治理，二十年后，湖面将全被野草遮蔽，杭州居民必将失去用于生活的淡水资源。不久，朝廷批准了改造西湖的计划，苏东坡与数千名工人及船夫开始行动起来，首要问题是处理堆积如山的水草和淤泥。苏东坡深思熟虑后，想出了一个既节省运输费用又具有实际效用的方法，即用挖上来的淤泥和水草修筑一条湖上的长堤。

当时湖滨已被密密地围起来，周边盖有很多官宦和商贾的庭院楼阁。人们由南岸步行到北岸必须顺着湖边走大约两公里的路程。而在湖当中修筑一条直堤，既可以供人行走，也可以增加湖面的美感，且大大缩短了往返的距离。在这道长堤上，苏东坡让人沿堤修建了六座拱桥、九座亭子，使西湖的景致更加怡人。

治理西湖面临的另一个重要问题是，如何让湖中的水草不再肆意滋生。苏东坡为此规划出一定的区域，把临湖岸沿线一定距离的区域开垦出来让农民种植菱角，条件是农民必须给自己的地段按期除草。他又向中书省上书，请求确保农民种植菱角的税收必须应用到湖堤和湖水的保养维护上。

整个工程历时四个月。这项工程除了增加西湖的实用价值外，苏东坡在有意无意之间，将其审美取向应用于实践，为西湖之美增加了新的风韵。苏堤和西湖之于杭州，犹如羞花闭月的美女深幽的双眸。倘若西湖只是一片辽阔的水域而没有那修长秀眉似的苏堤和神秘的仙山岛屿，那么它的姿容便少了许多妩媚与娇俏。

然而，苏东坡施行的这些德政也遭到了政敌们的攻击，他们说他"虐使捍江厢卒，为长堤于湖中，以事游观"。好在苏东坡并未受到太多干扰，而是继续有条不紊地实施他的计划。

抢购食粮为平仓　未雨绸缪防饥荒

杭州运河疏通和西湖治理的成功尝试，让苏东坡有了实施更庞大计划的心愿，那就是扩展江苏的运河系统。这是事关苏州城外的拖船驳运计划，是一项更庞大的工程。他制定了附有地图的详密规则，虽然因被召回京都未能实施，但足以证明他在工程方面的想象力与执行力。

与此同时，还有一件更加迫切的事情困扰着苏东坡，那就是即将来临的饥荒的威胁。他到任第一年，田地的收成已经很差。米价七月间为六十文一斗，到九月间暴涨到九十五文一斗。幸而常平仓里还有存粮，他又筹集到二十万石，卖出了十八万石，才稳定了米价。

元祐五年（1090年）正月，米价跌回七十五文一石。当年春季多雨，看来收成有望。农夫们借钱施肥勤耕，满怀希望地等待丰收。谁料，五月六日杭州一带大雨滂沱，连续多日不停，农田积水将近一尺。农夫的盼望化为泡影，一旦存粮吃光，饥荒就会到来。苏东坡忙派人到苏州、常州去视察，得知这两地也全境被淹。水库崩裂，部分稻田被水淹没，农夫们划船抢救残存物品。现在苏东坡必须想办法以济时艰，一刻也容不得迟缓！

幸好苏东坡早有准备，他一向相信常平仓制度远胜过饥荒后的救济，所以他在理政期间不断购买谷子存满粮仓，以便应对荒年。眼下淫雨连绵，他更加不敢有丝毫懈怠。自七月开始，半年之内，他给太皇太后和朝廷连续七次上表，陈述杭州荒情，请求朝廷急速设法救助。但他的呼救并未引起足够重视。

尽管苏东坡的呼吁不被人理解，但是他始终坚信一分预防胜过十分救济。七月，苏东坡向朝廷请求拨米二十万石。杭州本为产米地区，比之他地已然很殷实，每年只需向京都缴米一百二十五万石到一百五十万石，如蒙允许保存一部分米，杭州可以改缴同等价值的绸缎银两。他只盼望朝廷准许他留下一部分充作皇粮的米，从而应对饥荒。

　　七月二十一日至二十三日，又一场接连不断的狂风暴雨降临了。二十四日，雨稍停歇，到了夜间又倾盆而至。苏东坡彻夜无眠，次日清晨立刻上书。八月中旬，又是一次大暴雨，民众的情况比之前更加严重。到九月初七，苏东坡再次请求朝廷拨粮米，从二十万石提高到五十万石。这些米都是他预备用来稳定粮价的。他担心饥荒真正到来时，朝廷即便花上十倍或二十倍的钱，仍不能很好地救助饥民。这番请求承蒙太皇太后批准，但总有官员想办法把圣旨变成一张废纸。此时的商人们在囤积居奇，待价而沽。在苏州城，米价已经涨到每斗九十五文。邻近地区的官员都因为价高，而不愿买米。苏东坡认为官员们应当到市场去，按商人提出的价格先囤积粮食，待灾荒时赔钱卖出。

　　又过了几十天，新收的稻子也卖光了。情况并没有好转，邻近地区也陷入同样的境地。苏东坡失望之余，于九月中下旬再上表章，呈请朝廷派官员到河南、安徽买米，储存在扬州，以备饥荒来临时发放给湖泊地区的灾民。他的请求再一次蒙朝廷批准，太皇太后为此特拨了一百万贯钱。然而百万拨款的结果是：钱拨了，但是没有买米。苏东坡的五十万石米被人从中抢夺。苏东坡和朝廷核对时，朝廷坚称三十六万石米已经拨下来了。苏东坡坚称，在三十六万石米之中，元祐四年（1089年）的二十万石不应当算在元祐五年（1090年）份内，而且他上表呈请时十六万石已经在官仓之内了。面对一筹莫展的现状，苏东坡写信给好朋友孔平仲哀叹："呜呼！谁能稍助我者乎?"

按照苏东坡的计划,这年冬天出卖官米。果然不出其所料,冬季一到,米价飞涨,他开始售卖官仓存米,以抑制飞涨的米价。不久,他的任期结束。元祐六年(1091年)二月,苏东坡被调离杭州,又被召至京都充任翰林学士。离开杭州时,他将尚未完成之事写信告诉继任者,请他与所有相关官员联系,以作决定。

赴京途中,苏东坡顺便察看了苏州及邻近各地的洪灾区,以便与各省同僚会商办法。他发现多数地区仍淹没在水中,洪水尚未消退。时值春季,农夫们盼望着水势能早点消退,以便抢时间完成春耕。地势较低的农田,显然没有办法播种了。在地势较高的农田里,他看见老翁与女人昼夜辛苦奔忙着往外放水,怀着一线希望,以人力与天气对抗,即使看起来希望渺茫,他们还是坚持着。民众开始吃秕糠,这些平常用来喂猪的饲料,现在与青菜、野菜等混合着煮食,充当人粮。因为缺乏干燥的柴禾,有些人只好吃生的饭菜,由此患上肚胀症。

现实以民众的悲苦生活验证了苏东坡的担忧与提前所做的防患工作的必要性。令人难以置信的是,苏东坡返回京都后,竟然再次遭到弹劾。这些奏章弹劾他夸大灾情,"论浙西灾伤不实"。对于这一情况,苏东坡只有一声苦笑……

百折不挠呈奏章　如愿以偿免沉账

回到京师,迎接苏东坡的是一连串的攻击与批评之声。时局对于蜀党成员充满了危险变数。太皇太后召回苏东坡,似乎有意让他升任宰相。此时的苏辙也得到高升,已是尚书右丞。

元祐七年(1092年)六月,苏辙又升任门下侍郎。按当时广泛的说法，门下侍郎已位同宰相。而太皇太后又召回比其更有才能的兄长还朝，这仿佛是决战的前奏。

苏氏兄弟二人现在均身居高位，自然招人妒羡，又成为朝官们重点关注的对象。二人究竟谁离开京都，能让另一个人减少官场的妒忌呢？苏东坡决心离去，但是苏辙认为弟弟应当谦让兄长。在被御史一阵狂风暴雨式的弹劾后，苏东坡更加想离开京都，于是他第五次、第六次恳请外放。

苏东坡越恳求外放，洛党人士越觉得形势严重。程颐的门人贾易说苏东坡的请辞表章是在向朝廷施加压力，以求相位。凡是贾易认为表章中可用以诋毁苏东坡的字句，贾易几乎用尽。西湖的苏堤被指责为"于公于私，两无利益"；而关于杭州的灾情，则被控告为误报朝廷。苏东坡被迫上折解释情由。

这位在诗词书画各方面都挥洒自如的文豪，在党派之争中"计穷事迫"，十分可怜，可见当时党争之激烈。

洛党大肆弹劾苏东坡时，蜀党这一派中有不少人正当权，因而在朝堂上据理力争，所以这次斗争成了和局。洛党和朔党志在驱逐苏东坡离开京师，而苏东坡正好别无所求，但求一走了之。三个月后，他被外放到颍州为知州，这场党争也就有了"合理"的收场。

但是苏东坡的任务尚未完成。元祐六年（1091年）又是歉收的年景，饥馑灾情愈加严重。苏东坡在颍州时，有一次出城去，看见成群的难民从东南逃向淮河边。他呈报朝廷说老百姓开始撕下榆树皮，和马齿苋、麦麸一起煮粥吃。流匪蜂起，他呈报抢劫案，为数一天比一天多。他预测恐怕将有祸患发生。倘若真正发生，将有难民成群结队逃离江南，老弱倒毙于路旁，少壮者则流为盗贼。

新年除夕日，苏东坡和皇族同僚赵令畤登上城楼，看到难民在深厚的雪地里跋涉而行。第二天天还没亮，赵令畤就被苏东坡叫醒。

苏东坡对他说："我一夜无法入睡。想起那些难民，我总得尽力帮助他们一些才对。也许我们能从官仓里弄点麦子出来，给他们烙饼吃。内人说我们经过郑州时，傅钦之告诉我们他赈济灾民成功的经过。当时情急，竟忘记问他到底是怎么做的，所以现在我只能请教你。你可有什么办法？"

赵令畤说："我倒是想过。这些人只需要柴和米，官仓里现有几千石米，我们立刻就可以发放；酒务局还有很多柴，可以都发给这些穷人。"苏东坡大喜过望，决定立刻就办。

他们这边准备出手救济近邻，而邻近地区淮河以南的官府却还在征收柴米税。苏东坡立刻奏明朝廷，希望废止这种荒唐事，让柴米自由运输，以解燃眉之急。

苏东坡在颍州为官八个月。元祐七年（1092年）二月，苏东坡被调到扬州。他的长子苏迈已由朝廷任命到外地为官。苏东坡视察安徽各地时，身边带着两个小儿子。他没让随员跟随，独自到村中与村民们交谈了解民情。乡村的情景让他难以置信，只见到处都是青翠的麦田，但多数农家却人去室空，房舍荒芜。仔细打听后才知道，原来这年的丰收反而成了村民们最害怕的事情，因为县衙的衙吏和兵卒在丰收时会来追索以前的本金利息，交不出就把人带走关在监狱里。所以，苏东坡到达扬州后，即刻给朝廷呈上谢表。他在谢表里说："丰凶皆病。"农民和商人都落入了新政的陷阱，他们只有两条路可走：一是遇荒年，忍饥挨饿；一是遇丰年，锒铛入狱。

此前主政杭州时，苏东坡曾不断向朝廷请款、请米以预防灾荒，还请求宽免老百姓欠朝廷的债务。现在商业萧条，富户早已不复存在。朝廷命令以现款缴税，货币在市面上已不易见到。国家的钱都集中在国库里，朝廷正用这些钱供应西北的战事。与二十年前相比，杭州的人口减少了差不多一半。朝廷也正面临着经济困难。这一年，饥荒酿成巨灾。根据苏东坡的报告，苏州、湖州（吴兴）、秀州（嘉兴）地区，民众死亡半数，大批逃荒的难民渡江北来。后来虽然积水渐退，但田界全失。苏东坡说："有田无人，有人无粮，有种无牛。殍死之余，人如鬼腊。"据苏东坡估算，即使在朝廷的尽力扶持下，这一地区也需要十年才能恢复。

五月十六日，苏东坡再次向朝廷谈起宽免官债一事。他深信民众的信用若不恢复，形势不会和缓，商业也不能复苏。巨债高利就像百姓脖子上的石头枷锁，朝廷政策对百姓的信用一旦毁灭，商业必然随之瘫痪，万恶必由此而生。他又上了一道表章，细论处理办法。经过努力，朝廷终于先后下令部分宽免民众的旧债。

一个月后，他又上了一道私密表章呈给太皇太后："访闻淮浙积欠最多，累岁灾伤，流殍相属。今来淮南始获一麦，浙西未保丰凶。应淮南东西、浙西诸般欠负，不问新旧，有无官本，并特予权住催理一年。使久困之民，稍知一饱之乐。"随后，他又请太皇太后按照他前一道表章的详细内容分别拟定条文，处理债务。

元祐七年（1092年）七月，苏东坡所催请的各项内容终于在太皇太后的支持下由朝廷正式颁布施行。他几年的努力终于没有白费，施政为民的初衷得以保全。

第十三章　此生天命更何疑
　　　　且乘流遇坎还止

元祐八年（1093年），对苏东坡来说是灰暗的一年。苏东坡的第二任夫人王闰之和当朝摄政的太皇太后先后离世。这两个女人，一个守护他家庭的安稳，一个为他的仕途保驾护航。她们的离世与苏东坡命运之逆转，碰巧赶在了一起。

新党得势风云起　外任定州坎坷至

元祐七年（1092年）三月，苏东坡由颍州移知扬州，他的学生晁补之为扬州通判，以诗来迎。苏东坡在《次韵晁无咎学士相迎》诗里说："且须还家与妇计，我本归路连西南。"也就是说，这种大事须征求王闰之的意见，由此可见王闰之在他心目中的地位。他对老妻的信赖和倚重，超越了寻常夫妻的关系。王闰之想回老家眉山，这也是苏东坡一生的企望。两人遂达成默契，那就是安然退出官场，回归故里。那里有他们童年和青春时期的美好回忆，有他们熟悉的人、熟悉的山、熟悉的水……

元祐七年（1092年）八月，苏东坡由扬州知州改任兵部尚书，回京赴任。九月到京，后迁端明殿学士兼翰林侍读，守礼部尚书任。苏辙仍官居门下侍郎。王闰之在此期间陪同太皇太后祭拜了皇陵，享受了丈夫居官等级所能享受的一切荣耀。儿子也都长大成人，并且已经婚配。苏迈时年三十三岁，苏迨二十二岁，苏过二十岁。正是儿孙绕膝、尽享天伦之乐的好时候。

然而，到元祐八年（1093年）八月一日，王闰之不幸在汴京染病去世。面对先行而去的妻子，苏东坡的悲痛之情溢于言表。他亲自写了祭文《祭亡妻同安郡君文》，对王闰之的一生作了真实而客观的总结。

此时朝中也因为太皇太后的衰病，酝酿着巨变，政局呈变幻莫测之势。

在我国古代，封建王朝以家天下而传承。若想一个王朝不发生改朝换代、更换王权的悲剧，必须要有众多贤能的后代。但很显然，这不是皇家意志所能决定的，哲宗赵煦即位时只有十岁。宋英宗的皇后、宋神宗的母亲高氏被尊为太皇太后，也称高太后。尽管她一再表示性本好静，垂帘听政是出于无奈，但多年来丝毫没有放松手中的权力。在她垂帘时期，军国大事都由她和几位大臣处理，年少的哲宗对朝政几乎没有发言权。大臣们也以哲宗年幼为由，凡事都听命于高太后。

到哲宗十七岁时，高太后本应还政，但她仍然积极听政。此时众大臣依然有事先奏太后，有宣谕必听太后之言，也不劝太后撤帘。高太后和大臣们的这种做法惹恼了哲宗，使他心中充满怨恨，这为他亲政后大力贬斥元祐大臣埋下了伏笔。

尽管高太后和大臣在垂帘时没有足够考虑哲宗的感受，但他们并没有放松对哲宗的教育。高太后让吕公著、范纯仁、苏东坡和范祖禹等人担任哲宗的侍读大臣，想通过教育使哲宗成为一个恪守祖宗法度、通晓经义的皇帝，尤其是让哲宗仰慕开创清平盛世的仁宗，而不是锐意进取的神宗。

此外，高太后在生活上对哲宗的管教也很严格。为避免哲宗耽于女色，高太后派二十多个年长的宫嫔照顾他的起居，又常让哲宗晚上在自己榻前阁楼中就寝，从而限制他自由活动的空间。高太后的这些做法虽然是为了照顾和保护哲宗，但却使哲宗感到窒息，无形中加重了他的逆反心理。

更让哲宗难以接受的是，高太后对待其生母朱德妃也过于严格，甚至是苛刻。朱德妃出身寒微，入宫后，初为神宗侍女，后来生下哲宗、蔡王赵似和徐国长公主，直到元丰七年（1084 年）才被封为德妃。朱德妃温柔恭顺，对高太后和神宗、向皇后一向毕恭毕敬。哲宗即位后，向皇后被尊为皇太后，朱德妃却不能母凭子贵，仅被尊为太妃，而且没有得到应有的待遇。在如何对待朱太妃的问题上，朝廷中曾有不少意见。有人想趁机奉承太皇太后，降低皇帝生母的等级，以凸显太皇太后的权威。有人则想着将来终究是哲宗掌权，主张尊崇朱太妃，以显示天子的孝道。但高太后却另有打算，意欲压制朱太妃。因此直到元祐三年（1088 年）秋天，高太后才允许朱太妃的舆盖、仪卫、服冠与向太后相同。哲宗亲政后，立即下令将母亲的待遇改为完全与皇太后向氏相同。从哲宗生母的待遇问题，可以看出复杂的政治斗争背景及其间难以调和的祖孙矛盾。

高太后和元祐大臣们所做的一切，对哲宗来说，负面影响更大。少年老成的哲宗面对不将自己放在眼里的高太后和元祐大臣，也用他个人的方式表示反抗。每次大臣奏报事情时，他都沉默不语。有一次，高太后问他为何不表达看法，他回道："皇祖母已处分，还要朕说什么呢？"弦外之音便是对自己形同摆设的处境之不满。哲宗常使用一张旧桌子，高太后嫌其过旧，令人换掉，但哲宗又派人搬了回来。高太后发现后很不高兴，问此为何意，哲宗答："是父皇先前用过的，不忍丢弃。"高太后心中大惊，知道他将来必会对自己的措施不满。高太后由此愈加担心，当然更不敢移交权力。

哲宗一朝，无论是元祐时期，还是哲宗亲政后，最活跃的都是朝中的大臣们。由于变法与反变法矛盾的延续以及哲宗与高太后的冲突，当时支持变法的新党大臣与反对变法的旧党大臣都无可避免地卷入激烈的党争之中，上演了一幕幕令人叹息的悲剧。

在高太后垂帘听政的八年中，旧党不仅控制了整个朝廷，对新党的打击和倾轧也始终如一，从未放松过。旧党刘挚、王岩叟、朱光庭等人甚至竭力搜寻新党章惇、蔡确的传闻轶事，加以穿凿附会，对其进行诋毁，其中最典型的便是"车盖亭诗案"。因为掀起这场惨烈政治风波的是高太后领导的旧党一派，他们所用之手段、性质之恶劣，与"乌台诗案"相比，有过之而无不及。新党蔡确因不满高太后摄政，由当朝宰相被贬为陈州知州。旧党利用高太后对蔡确等人的不满，竭力捕风捉影。他们把蔡确的十首《游车盖亭》诗随意曲解、牵强附会，认为语言涉嫌讥讪高太后，由此引出对整个新党集团一次次斩草除根式的清算。蔡确因之被贬岭南，最终死于新州（今广东新兴县）寓所。

"车盖亭诗案"可以说是北宋开国以来，朋党之争中以文字打击政敌范围最广、力度也最大的一起文字狱。从客观角度看，当时的党争手段几乎是"以其人之道，还治其人之身"。无论哪一派上台，对另一派都恨不能置于死地，大有赶尽杀绝之意。

但是，随着高太后的衰老和哲宗的成长，不仅旧党成员，连高太后也感觉到了山雨欲来、新党复起的政治气氛。元祐八年（1093年）九月，高太后生命垂危。所谓一朝君主一朝臣，高太后已经预见到了政局的变化，因为皇孙在她身边长大，她非常清楚哲宗的品性。他有点艺术天赋，可是性格轻率鲁莽、脾气暴躁，很容易被老谋深算的大臣左右。且彼时在周围人的挑拨调教中，他已对祖母产生了反感情绪。高太后去世前十天，范纯仁、苏辙等六位大臣进宫探望。

高太后向他们坦言直陈，希望诸卿竭尽忠心扶持幼主。众大臣即将退去时，高太后示意范纯仁留下。哲宗即命其他人退下，只留下范纯仁和吕大防。

高太后道："哀家只想当着你们的面告诉皇上几句话。哀家自知百年之后，大臣中有很多人会蒙蔽皇帝。皇上要小心提防，切莫为人所惑。"太后对哲宗说完又转脸朝向吕、范二人，"依老身之意，待我百年后，你们二人最好辞官归隐，以享天年。"说罢，她停顿了许久，然后语气哀伤地缓缓说道："明年今日，莫忘老身！"

高太后去世后，哲宗亲政。果然如高太后所言，他极力想要摆脱祖母的阴影，改而支持新党。凡是高太后垂帘时弹劾新党和罢免新法的官员，无一人幸免于报复。

哲宗新朝更名为"绍圣"，其意为旧章无违祖制，在国人看来是合理合法的。同时，哲宗打算恢复神宗年间的变法新政。如此一来，高太后摄政期间的老臣都被控以破坏神宗的德政之罪。因而所有反对变法新政的党派，一律以破坏先帝德政的罪名遭到贬谪。

绍圣元年（1094年）初夏，章惇官拜相位。为了使哲宗深信所有元祐年间的大臣都是皇帝的敌人，章惇以他们都犯有破坏先帝新政之罪，予以弹劾。为了推行变法，他不惜打击一切反对派且毫不手软。

在章惇等人的"调教"下，宋哲宗大力打击元祐大臣，追贬司马光，并贬谪旧党党人。就在高太后去世当月，苏东坡被外任定州知州。国事将变，苏东坡连面见皇上辞行的请求也未被允许，于是他留书规劝皇上：为政之道在于疏通下情，不要轻信谗言，改变国策。

苏东坡外任的定州在当时是问题诸多、极难治理之地。他奉命统领河北西部，指挥该地区的步兵骑兵。苏东坡担任军职一段时期，以一个诗人画家的浪漫身份在军旅中发号施令。他初到定州视察军队，边防军务之松弛、腐败之严重令他吃惊。军中偷窃严重，赌博成风，法令不行。苏东坡开始惩治违法者，严肃军纪。他深入军营，发现营房多破烂不堪，于是上书："岂可身居大厦，而使士卒终年处于偷地破屋之中，上漏下湿，不安其家？"他向朝廷申请钱款修建军营、安顿军士、整饬纪律，对腐败军官予以惩处或者革职，并着手解决、改善士兵的服装和伙食问题。

哲宗亲政后，大力重用新党变法派人物如章惇、曾布等，并很快就做出了一些政绩。他恢复王安石变法中的保甲法、免役法、青苗法等，减轻农民负担，使国势有所起色；停止与西夏谈判，多次出兵讨伐西夏，迫使西夏向宋朝乞和。

章惇于四月间官拜宰相之职，他上任的第一件事，就是召新党成员返还京都。现在司马光和吕公著已死，仍两度遭到降级，并被剥夺爵位和荣衔。这还不够，章惇还正式提请皇帝下诏掘开司马光之墓，砸烂棺木，鞭笞尸体，以告诫天下所有不忠于君的臣民。

哲宗没有同意章惇提议的鞭尸司马光一事，但是准许了其他提议。司马光家的财产被没收，子孙的俸禄官衔被取消，朝廷给司马光坟墓赐建的荣耀牌坊被拆除，高太后为司马光赐建的碑也给磨平了。甚至有人奏请朝廷把司马光的历史巨著《资治通鉴》予以销毁。有人提出反对，说神宗曾经为《资治通鉴》写过一篇序。这条驳不倒的理由终于使这部皇皇巨著得以保全。

苏氏兄弟也难逃厄运。流放期间，章惇对他们可谓苛酷无情到了极点，甚至不愿让他们有一个舒服的住处。苏辙被贬谪雷州，他把苏辙从官舍中逐出，逼得苏辙只好向民家租房居住。而章惇则趁机控告苏氏兄弟借用官势，强占民房。苏辙预料到他会这么干，租房之前签了合约，所以这个案子经过官府调查，苏辙拿出租约为证，才算了事。后来章惇也被流放到雷州同一地方，轮到他租房居住时，当地居民不肯租给他，声称担心为此惹上官司。

范纯仁与苏东坡认识较早。当年苏东坡和父亲、弟弟三人入京途中曾在江陵小住，与之相识，后来一直相交甚善，彼此敬慕。范纯仁为官清白，又是名相范仲淹之子，而且是接受太皇太后遗诏的两位大臣之一。哲宗敬重他的名望，所以至今不敢轻举妄动。四月，当苏东坡与另外三十人同遭流放时，范纯仁请求辞官归隐。在他的力请之下，哲宗准许他退隐于京都附近的家中，而章惇则想把他归入元祐党人一派而一同流放。哲宗认为范纯仁公忠体国，并非元祐党人，辞官退隐是他最好的归宿。但章惇则说范纯仁以辞官表示对朝廷的不服，显然与元祐党人同调。

当时吕大防已经七十多岁，身老多病，在外流放一年有余。许多人心有不忍，可是不敢为他挺身而出，范纯仁决定冒险为其求情。范纯仁的亲友试图阻止他，但范纯仁说："我已年近古稀，两眼昏花，难道情愿贬谪外地吗？但是，眼下此事我义不容辞，势在必行。"他上书为吕大防求情，结果也被流放到南方。

这次迫害自然绕不过"苏门四学士"。他们在流放途中，官职一再被贬低，而且赴任地域也随时发生变动。为了迫害元祐大臣，朝廷还设立了专门的机构，把自元丰八年（1085年）五月至绍圣元年（1094年）四月的官方的资料全予归档，甄别管理。只要有人开口反对王安石的财政经济政策，即以毁谤神宗论罪。一时间，整个政坛风声鹤唳，人人自危。

岭南流放艰且险　天地浩然我独行

绍圣元年（1094年）四月，章惇的党徒先后弹劾苏东坡，所用伎俩仍是"乌台诗案"时的手法，从诗文中寻找漏洞。苏东坡起草的起用吕大防制诏，其中有"民亦劳止，汔可小休"之语，这句话引自《诗经》，原为讽刺暴君之作。于是苏东坡被攻击将神宗比作周厉王，意在诽谤先帝。苏东坡起草的《司马温公神道碑》中，将神宗当政时司马光退居洛阳比作"如屈原之在破泽"，这岂不是又将神宗比作昏庸的楚怀王？凡此罪状种种，弹劾者要求"明正典刑"，结果苏东坡被褫夺端明殿学士、翰林侍读学士两职，追回定州知州一官，以左朝奉郎出任英州。章惇认为"罪罚未当"，还应重罚，苏东坡又被降为左承议郎。之后苏东坡又被连续追降为建昌军司马、惠州安置与宁远军节度副使、惠州安置。

苏东坡就此成为被贬谪到广东高山大庾岭以南的第一个人，他曾先后教授宋哲宗达八年之久，对哲宗皇帝十分了解。被贬之前，他曾在一道表章里向皇帝进言，表示倘若皇帝不接纳大臣的进谏，他宁可做"医卜执技之流，簿书奔走之吏"，也不愿在朝中担任侍读的官职。苏东坡对此认识清醒，但却并不知晓未来将会如何发展。

可是在圣旨中，宋哲宗措辞严厉，明确地痛陈这位教授过自己八年的老师"乖父子之恩、害君臣之义""自绝君亲"，不可宽恕。如此师恩之评价实属罕见，亦可见哲宗对旧党是多么痛恨。

时年五十七岁的苏东坡，身体已大不如从前。他两眼昏花，手脚已不够敏捷。但朝廷却要他跋涉近两千公里，自中部前往南方。他开始了离政治中心渐行渐远的人生旅程。这样的结果倒也符合他的夙愿，让他能够去过自己期待已久的平常生活。他心中波澜不惊,无忧无惧地前行。曾经的日子,无论遇到何事、置身何地,他皆以真诚勇敢之心去应对,自此之后,他将重返自然,顺乎本性地生活。

苏东坡一家往南前行时,正是梅雨季节。连续多日天色阴沉,能见度极低,家人的心情都分外沉重。但是,到达赵州临城时,天突然晴朗起来了,可以清楚地看见太行山上的草木了,苏东坡的心情也畅快起来。去年冬季,他出知定州时,也是走的这一条路。当时连日刮风,尘土弥漫,整个天空灰蒙蒙一片。而此时此刻,离开定州远适岭外,却终于看到雄奇的天光山色。中国人历来有崇拜山岳的传统,苏东坡认为这是吉兆。同时,他也想起了韩愈。唐贞元十九年(803年),韩愈在任监察御史时,关中天旱人饥,他上书请宽民徭,结果因为党派之间的排挤,被贬为广东阳山令。贞元二十一年(805年),又改为江陵法曹参军。当他遇赦北归过衡山时,写下《谒衡岳庙遂宿岳寺题门楼》诗,其中有诗句:"我来正逢秋雨节,阴气晦昧无清风。潜心默祷若有应,岂非正直能感通。须臾静扫众峰出,仰见突兀撑青空。……窜逐蛮荒幸不死,衣食才足甘长终。"苏东坡心想,自己的经历不正与韩愈一样吗?想到这种巧合,他精神为之一振,兴奋地对儿孙们喊道:"吾南迁其速返乎?退之衡山之祥也。"然后他提笔写下《临城道中作》:

逐客何人着眼看,太行千里送征鞍。
未应愚谷能留柳,可独衡山解识韩。

其意是说,自己不可能像柳宗元那般长期留在贬谪之地,而会像韩愈一样很快被皇帝召还。可惜事与愿违,他低估了宋哲宗变法强国的坚决态度。

这时苏辙已经上任汝州，离国都很近。苏东坡决定先去看望弟弟，并在金钱上获得一些接济。他一向不擅长理财，尽管高太后摄政期间有过一段风光期，但因时常调动，并无多少积蓄。而苏辙的仕途则较为平稳，但因家大口阔，只能给他七千缗钱的帮助，供其一家人在宜兴安居之用。待从苏辙家返回，苏东坡发现自己的官职又降了一级，而到南雄的派令并未改变。待他走到滑县时，定州派来送行的人便不肯再继续前往送行，而惠州前来迎接的人尚未抵达，苏东坡付不起雇人和买马的银子，于是被困在半途。无可奈何之下，苏东坡给皇上写了一道表章，说自己情愿死在瘴疠横行的岭南，也不愿葬命于途中，成为羁鬼。他请求皇上恩准他乘船南行，作为对老师的一点恩宠。这样的陈情文读之凄恻，让人潸然泪下。哲宗答应了他这一请求。

随后，苏东坡将全家人送到宜兴的苏家安顿下来，然后带着王朝云和两个小儿子前往南方。一家人泪眼相望，挥泪告别。

六月间，一行人到达金陵对岸的仪真（今扬州）。此时迫害元祐儒臣的行动还在雷厉风行地进行中，已有三十多位名公重卿被流放。苏东坡则被第三次降官，改派到广州以东一百五十公里的惠州充任建昌军司马。因为情势变化，苏东坡决定让次子苏迨返回宜兴农庄照料家事，自己仅与侍妾朝云和二十二岁的小儿子苏过及两名老仆前往建昌。万幸的是，苏东坡此次南迁，沿途多遇故知，并得到他们的帮助。尤其是在扬州，以龙图阁学士衔知润州事的张耒担心苏东坡路遇不测，特地派了两名士兵随他南行，悉心照顾、护送他抵达惠州。

沿途有美丽的乡野、耸立的高山深谷、动人心魄的急流险峰……所见之美景让苏东坡忘却了多数艰难。他乘坐的是一艘官船，没想到船至江西境内九江以南鄱阳湖停泊时，第四道命令传来，他被贬为宁远节度副使，惠州安置。地方押送官听到这条命令，认为苏东坡已无权乘船，便派兵卒将船收回。

九月间，苏东坡开始翻越有名的大庾岭。立于山峰，头顶云天，天上的云彩恍若近在咫尺，伸手可及。苏东坡觉得自己如梦游一般，不知置身何处。站立在高处，俯瞰山下，人的身影是那么渺小，人世间的一切行为都是那么微不足道。山上的清风拂面而过，积聚于胸中的尘世俗念瞬间一扫而空。

对于贬谪岭南，苏东坡的内心很不甘。当他翻越大庾岭即将踏入广东境内时，心绪突然高涨起来，写了一首《过大庾岭》来表明自己高洁的志向：

一念失垢污，身心洞清净。
浩然天地间，惟我独也正。
今日岭上行，身世永相忘。
仙人拊我顶，结发授长生。

横穿过关隘，苏东坡又游历了我国佛教禅宗圣地南雄和南华寺，这里是禅宗六祖惠能弘扬南宗禅法的发源地。在南雄和广州之间，苏东坡还碰见了老道士吴复古。苏东坡第一次遇见他是在济南，后来又在京城重逢。他总是来无影，去无踪，身为一个修行多年的道士，吴复古的身体、精神都轻松自在，无忧无虑。他对世界一无所求的逍遥之态，以及时隐时现的行为，似乎都在提醒苏东坡，倘若他不为政治所累，也可以拥有这种自由不羁的生活。

经过长途跋涉，苏东坡一行终于在九月进入广东。当他乘船沿北江顺流而下，行至清远时，发现岭南到处青山绿水，气候十分宜人，心里不自觉地愉悦起来。更令他高兴的是，一位姓顾的秀才还热情地为他介绍了惠州的风土人情。苏东坡听后，禁不住写了一首《舟行至清远县，见顾秀才，极谈惠州风物之美》：

　　到处聚观香案吏，此邦宜着玉堂仙。
　　江云漠漠桂花湿，海雨翛翛荔子然。
　　闻道黄柑常抵鹊，不容朱橘更论钱。
　　恰从神武来弘景，便向罗浮觅稚川。

从这首诗来看，苏东坡认为岭南环境清幽，风物雅致，适宜他久居。

稍停几日后，苏东坡携家人从广州向惠州进发，他们坐船沿东江溯江而上。一路上，他都在盘算游览罗浮山之事。因为罗浮山是著名的道教名山，东晋时期的道教"小仙翁"葛洪曾在这里炼丹，并写出著名的理论专著《抱朴子》。所以，苏东坡在清远途中听了顾秀才的介绍后，便立下"便向罗浮觅稚川"的宏愿。

不久，苏东坡几人乘坐的船停靠在泊头镇。第二天早晨，父子两人乘肩舆直奔罗浮山，游览了长寿观、冲虚观，饮了卓锡泉，还为葛洪的丹灶题了字。晚上，他们住在宝积寺中阁。第二天早上用过餐，便回到船上。这次游罗浮山，苏东坡写了六篇散文和一首诗，盛赞罗浮山"山不甚高，而夜见日，此可异也"，并称朱明洞是"蓬莱第七洞天"，还说："山中可游而未暇者，明福宫、石楼、黄龙洞，期以明年三月复来。"

之后，苏东坡一行继续赶路，终于抵达惠州。初冬时节的岭南，气候不冷不热，十分宜人。苏东坡从船舱中走出来，只见码头上站满了人，他们用奇异的眼光看着他，有些人还向他问好。苏东坡不由热泪盈眶，一首《十月二日初到惠州》随口而成：

> 仿佛曾游岂梦中，欣然鸡犬识新丰。
> 吏民惊怪坐何事，父老相携迎此翁。
> 苏武岂知还漠北，管宁自欲老辽东。
> 岭南万户皆春色，会有幽人客寓公。

苏东坡对惠州似曾相识，好像曾经来过一样。不然，为什么感觉如此亲切，就像在家乡一样轻松自在呢？惠州的父老乡亲们扶老携幼，都出来迎接他，并热心询问他因何事被贬到这里。他想到苏武被匈奴单于流放到漠北，从没料到暮年还能回到长安；他又想到管宁被流放到辽东，竟愿住在那里终生不走。现在自己被贬惠州，这里景色优美，当地居民也对自己非常友好，长居于此又何妨？

在惠州府衙役的指引下，苏东坡到惠州府办理了报到手续。惠州知州詹范以前虽然不认识苏东坡，但久仰其大名，非常佩服苏东坡的人格和才华。苏东坡报到后，他马上把苏东坡一家安排到合江楼居住。

合江楼原是三司行衙中皇华馆内的一座江楼，是朝廷官员的驿馆。按理苏东坡作为一名贬官，是不能住进合江楼的。詹知州把苏东坡一家安排进去，足见其对苏东坡的敬仰程度。

搬进合江楼后，苏东坡发现这里的风景特别雄壮优美。放眼望去，只见水天茫茫，城内的几座青山就像几颗青螺一样耸立在水中。苏东坡禁不住连声赞叹，很快，他就写下《寓居合江楼》：

> 海山葱昽气佳哉，二江合处朱楼开。
> 蓬莱方丈应不远，肯为苏子浮江来。
> 江风初凉睡正美，楼上啼鸦呼我起。
> 我今身世两相违，西流白日东流水。

> 楼中老人日清新，天上岂有痴仙人。
> 三山咫尺不归去，一杯付与罗浮春。

可惜好景不长。苏东坡在合江楼仅住了十六天，就不得不搬到归善县（今广东惠阳）郊外的荒野，四周是密密麻麻的桃榔林的僧舍——嘉祐寺。

这一切与章惇有脱不开的关系。这个苏东坡曾经的好朋友，如今在朝廷一手遮天，为了打击反对派，他毫不心慈手软。苏东坡贬谪寓惠州，章惇除了派心腹了解苏东坡在惠州的情况，还想尽一切办法借助外部力量整治苏东坡。章惇了解到苏东坡与表兄兼姐夫的程之才之间有多年宿怨，自苏东坡的姐姐嫁给程之才不明不白地死去后，苏程两家反目成仇，已断绝往来四十余年。有了这一层家族恩怨，章惇趁机派程之才南下担任提刑，处理重大诉讼和上诉的案件，并暗示他尽力找苏东坡的过失，借机整治。绍圣二年（1095年）正月，苏东坡到达惠州三四个月后，程之才也到了广州。

苏东坡得知程之才将巡按惠州的消息后，心情非常矛盾，每天都在盘算要如何应对这个棘手的问题。恰好程乡知县此时也在这里，他了解到苏东坡的担忧，建议并答应派人送信与程之才沟通。苏东坡觉得此法妥当，于是给程之才写了一封言辞恳切的信。书信派人送出去后，苏东坡心里轻松了许多，但他转念一想，光这一封信还不够，必须告诉程之才：我虽然不宜亲往迎接，但可派小儿苏过前去迎接。

不几日，广南东路提刑程之才到达惠州，住进了合江楼。第二天，程之才坐船到嘉祐寺看望苏东坡。他一上岸，苏东坡便迎了上来，邀请他到寺里去坐。程之才边走边看，发现僧舍非常破败。此地周围是桃榔林，蚊虫很多，加上远离闹市，不论白天黑夜，行人都非常稀少。他们略显生分地喝茶叙旧,然后自然谈论到写诗作文的话题上来。

几杯茶品过,程之才对苏东坡说起自己的曾祖,即苏东坡的外曾祖父,以仁厚信于乡里,可惜他们兄弟都没有将老人家的事迹记述下来,现在他想请苏东坡帮忙写文。苏东坡听了后欣然接受这个任务,他高兴地说,他在小时候就很熟悉外曾祖父的事迹,从母亲程氏那里听过不少有关他的传说。

之后的几天,两人经常聚在一处,或者品茗醉酒,或者诗文应和,嫌隙逐渐抚平,心结自然打开。

十天很快就过去了,程之才巡按惠州接近尾声。苏东坡心里很矛盾,不知该如何送别,经过反复考虑,他认为还是不在公开场合露面为好。于是,他在程之才的官船开出后不久,雇了一只小艇,沿东江顺流而下,在博罗县城前截住程之才,邀他上岸一叙。

博罗知县林抃得知广南东路提刑程之才和大诗人苏东坡到了博罗,马上赶到他们的歇息处,并邀他们一起游览香积寺。进入香积寺,苏东坡看见这里地势险峻,便把林抃拉到一旁,指着溪流中较窄的地方说:"若在这里修一道拦河坝和一座水碓磨,可以减轻百姓的劳动强度。"

苏东坡如今虽身为罪人,却仍然不忘关注民生。通过程之才,他对惠州官事有所了解,并热心地为地方官出谋划策,为民造福。

程之才此时年约六十,他很想借这次机会弥合程苏两家的关系,因此有意忽略章惇的"嘱托",没有存心加害苏东坡,反而对他格外关照。程之才、苏东坡二人相处得越来越融洽,四十余年的积怨终于在穷乡僻远之地冰消瓦解。程之才在惠州停留十天后,再出发视察各地。那一年的大部分时间他都在广州附近度过。

有了程之才的庇护,苏东坡得以在地方做点实事。他虽然无权签署公文，但却可以充分利用自己对程之才的影响来施政。他以为乡邻和当地百姓谋福祉为己任，但凡有什么事情非法越理，只要能运用权力予以纠正，他便不会坐视不管。

不久，苏东坡在白鹤峰盖起几间房屋，花去了一大半积蓄，剩余的一些，他以"书生薄福，难蓄此物"为念将它们散到公用事业中。

绍圣二年（1095年），苏东坡经过与程之才、几位知州和知县会商，提议在惠州修建两座桥，一座建在河上，一座建在惠州湖上。为了兴建这两座桥，苏东坡花光了买房余下的积蓄，还向苏辙求助筹款，苏辙的夫人捐出不少朝廷当年赏赐给她的金币。

忙于建桥工程的同时，苏东坡还做了一件至今让惠州居民感念不忘的事情。他收集无主野坟的骸骨，重建了一座大冢，将骸骨埋葬在一起，并写祭文祭悼那些无名的死者。他还在城西鳄湖开辟放生池，并修起烟霞堤。直至清末，当地的士绅百姓还保持着在节庆之日买鱼放生的风俗。

对一些细小的事情，苏东坡也充满了浓厚的兴趣。早年贬谪湖北黄州，他见农民插秧都坐在可移动的秧马上。秧马就像在水面漂浮的小船，农人可以坐在上面插秧，腿当作桨，马头正好用来盛稻秧。这种工具既节省劳动时间，又节省劳力，还极其简便，避免了俯身插秧的腰酸背痛之苦。到惠州后，他热心地向博罗知县林抃推广这种农具。林抃很感兴趣，带领农民制作并试验，结果效果很好。秧马很快在当地得到推广并使用。

当地驻军没有集中的住处，散居在市井之中。这样既骚扰市民，集合起来又很拖沓。苏东坡建议程之才建造三百间营房，集中管理、训练军士。营房落成后，情况果然大为好转。

苏东坡发现广州居民饮水一直是个难题，又咸又苦的地下水不但难喝，而且常常诱发疾病，致使瘟疫流行。他认识一个名叫邓守安的道士，此人有一套引山中涧水入城的精妙设想，主要方法是用竹管引水。这个设想虽然花费不小，但可以保证城内居民喝上清澈甘洌的山泉水。苏东坡把邓守安的引水计划告诉广州知州王古，建议铺设水管引城外泉水进城。在山泉所在地建一座石头水库，然后用五根大竹管引水到广州城内另一座石头水库。苏东坡还嘱咐王古这些大竹管必须经常检查，也要按期更换，每年必须从广东东部采购这种大竹筒以作备用。为避免给朋友招来不必要的麻烦，他还叮嘱王古不要让人知道这是他出的主意，以免引来当权派的反对。

苏东坡在惠州的生活并不寂寞，但他内心的孤独却难以抑制，幸好常常有朋友前来看望，给他带来不少温暖。惠州的东、西、北三面，有五个县，这几个县的知县时常给苏东坡送来美酒和食物。惠州知州詹范、博罗知县林抃则成了苏东坡在此地最亲密的朋友。

每过几天，知州詹范就派他的厨子带着菜到苏东坡家里做饭。平日里，苏东坡会到城西湖边的朋友家中喝几杯。有时，他们一起去城西的野湖垂钓或游白水山。苏东坡去钓鱼时，喜欢坐在岸边一块巨大的卵石上。他畅游了白水山数次，并将游玩所赏的景色与心情写入诗文中。

黄州故友陈慥写信说想来探望苏东坡，而自黄州到惠州有一千一百多公里。苏东坡给他回信表示，来此半年已服水土，已经乐知天命，心无挂虑，让老朋友不必舟车劳顿。

在前来探望的友人中，最感人的是苏州定慧院的卓契顺和扬州道人昙秀。当时，留在宜兴的长子苏迈、次子苏迨等人，因为长期收不到父亲的音信，十分焦急，整天愁眉不展。卓契顺便主动对苏迈说自己可以到惠州云游,来为他传书问讯。据苏东坡所述,卓契顺硬是凭着一双脚"涉江度岭,徒行露宿,僵仆瘴雾,鼃面茧足,以至惠州"。苏东坡非常感动,为卓契顺手书了一份陶渊明的《归去来兮辞》以表谢意。昙秀和苏东坡认识于苏东坡在扬州任知州时。绍圣四年(1097年)正月,昙秀专程从扬州来到惠州探望苏东坡。昙秀在惠州住了将近二十天,打算回去时,苏东坡问他要带些什么东西回去。昙秀说:"惠州鹅城的清风,您居住地白鹤峰的明月,我会把它们送给每一个人。可惜它们看不见、摸不着。"苏东坡一听,马上明白他是不好意思开口求礼物,便主动送了他几幅字画,同时苏东坡将儿子苏过写的《送昙秀》一同送给了他。

奇人志士的帮助让苏东坡与家人始终保持着联络。道教奇人吴复古与他同住数月,且在随后两年时常往返于惠州和苏辙任官职的高安,为他们传递信息。苏东坡的同乡道士陆惟谦也不辞辛苦,特意从两千三百公里之遥的眉山到惠州来看望他。

在惠州,作为美酒鉴赏家的苏东坡发现了一种极不寻常的酒——桂酒,他说这种酒不啻仙露。他同时发现当地没有酒类的官方专卖,每家各有家酿的美酒。于是他一边品酒一边自酿。作为资深美食家,苏东坡在惠州期间还独创了一种烤羊脊的菜式,相当于今天人们所食的美味"羊蝎子"。这些惠州生活中的妙趣让苏东坡与这里的风物人情产生了更多的情感牵绊,也让他在流放生涯中不致沉沦。

酒醒梦回春尽日　闭门隐几坐烧香

程之才巡按惠州后,得其帮助,苏东坡一家再次迁入合江楼。

但合江楼乃三司行衙,一般人尚且不能久住,何况是贬官一家。而且,程之才不久就被朝廷召还,因此,改善居住条件就成为摆在苏东坡面前的难题。思来想去,他决定自己建房。更重要的是,长子苏迈正在争取指派粤中的差遣,假如任职成功,儿孙一齐过来,合江楼肯定住不下。若是回嘉祐寺去,那里的条件又是出奇的差,怎能让儿孙们住那么破败的地方呢?

绍圣三年(1096年)二月间,苏东坡找到了归善县城东白鹤峰上一块数亩大的空地。这块空地面临东江,景色优美,苏东坡很中意。

苏东坡按照白鹤峰的地形进行规划设计,打算按两进的格局来建房。前面一进小屋三间,作为门房,中间隔一个庭院。第二进为堂屋三间,有客厅"德有邻堂"、书房"思无邪斋",左侧建造居室、厨房及厕所,房屋四周用廊庑连接起来,共计二十间房屋。他还打算在房屋四周、庭院及上山道旁都种上花木。

建筑图样粗定之后,苏东坡马上托人到河源请木匠师傅计算斫木陶瓦的数量。他还派苏过到河源去,亲访知县冯祖仁,请他帮忙购买木材。六七月间,苏过在河源忙了一个多月,才把木材购置完毕,然后顺东江而下,运至惠州。

就在这个时候,苏东坡遭遇了人生中又一次重大的打击。新房尚未竣工,朝云身染瘟疫,不治身亡。

自苏东坡外放至颍州、扬州后,家姬已陆续离开。等他接到贬谪岭南的圣旨后,家中侍女已所剩无几。苏东坡心慈,认为南方瘴疠之地,常人都难于生存,何况是弱女子,所以他决定将所有姬妾遣散。但王朝云不肯离去,坚持要跟随苏东坡南行,她的勇敢和坚毅让苏东坡深受感动。

到惠州后,苏东坡身为贬官,不得签署公事,又没有亲友来叙旧，因此他时时感到无聊。凄清的境况下，王朝云想方设法疏解他的苦闷，让他更加发自内心地感激她对自己的忠诚。

苏东坡平生最崇拜白居易，觉得自己与他有许多相似之处：进士出身，做过杭州知州，都是翰林院学士，都是诗人。但是，白居易晚年在洛阳过着闲适的生活，这一点是苏东坡望尘莫及的。如今他被贬惠州，过着囚徒式的生活，只有王朝云的不离不弃让他拥有与白居易一较高低的资本。白居易晚年蓄养了两个姬妾，即樊素、小蛮，并曾写诗赞美她们："樱桃樊素口，杨柳小蛮腰。"意思是说她们长得很漂亮，嘴似樱桃，腰似杨柳，并能歌善舞。可是，她们不爱白居易。而王朝云一直坚定地追随苏东坡，不畏艰险，长途跋涉，从北国的定州来到瘴疠之地惠州，一直照顾他的起居饮食。所以，苏东坡刚到惠州一个多月时，读到白居易的诗文，便忍不住写下了《朝云诗（并引）》：

世谓乐天有"鬻骆马放杨柳枝"词，嘉其主老病，不忍去也。然梦得有诗云："春尽絮飞留不得，随风好去落谁家。"乐天亦云："病与乐天相伴住，春随樊子一时归。"则是樊素竟去也。予家有数妾，四五年相继辞去，独朝云者，随予南迁。因读乐天集，戏作此诗。朝云姓王氏，钱塘人。尝有子曰干儿，未期而夭云。

不似杨枝别乐天，恰如通德伴伶玄。
阿奴络秀不同老，天女维摩总解禅。
经卷药炉新活计，舞衫歌扇旧因缘。
丹成逐我三山去，不作巫阳云雨仙。

这首诗大意是说，王朝云不像白居易的侍妾樊素、小蛮那样离开了白居易,而是跟随主人来到惠州。可惜的是,王朝云所生的儿子苏遁过早夭折,但王朝云总是陪伴着苏东坡。王朝云到惠州后,由于水土不服,经常生病,平时不是念经就是煎药。但她还经常为苏东坡唱词。最后,苏东坡反用秦观的诗意,说:即使王朝云学佛成功,将到海中的蓬莱仙山去,也不会满足于只作巫山的仙女,还会来人间陪伴他。从诗中不难看出,苏东坡对王朝云是多么感激、多么信赖!

绍圣二年(1095年)端午节,是王朝云三十三岁生日。为感念朝云的恩情,苏东坡又写了《殢人娇·赠朝云》,词曰:

白发苍颜,正是维摩境界。空方丈,散花何碍。朱唇箸点,更髻鬟生彩。这些个,千生万生只在。

好事心肠,著人情态。闲窗下,敛云凝黛。明朝端午,学纫兰为佩。寻一首好诗,要书裙带。

填罢此词,苏东坡仍觉未能充分表达他对王朝云的感激和赞美之情,又写下一首新词《浣溪沙·端午》:

轻汗微微透碧纨,明朝端午浴芳兰。流香涨腻满晴川。
彩线轻缠红玉臂,小符斜挂绿云鬟。佳人相见一千年。

在这些诗词中,苏东坡把王朝云比作散花的天女,而把自己比作维摩,可见他们之间的亲密关系。苏东坡盛赞王朝云不仅人长得漂亮,而且心地纯良。

如今佳人突然病逝,那个与自己惺惺相惜的红颜知己再也难寻芳踪,苏东坡的生命也仿佛枯萎了大半。

这一年重阳节,苏东坡尤其寂寞,他登上嘉祐寺旁的小山,看见坡上坡下那些枯黄的茅草在秋风中掀起一阵阵波浪,顿时感慨万千,悲伤至极,写下了《丙子重九二首》。其中第一首有诗句:"今年吁恶岁,僵仆如乱麻。此会我虽健,狂风卷朝霞。使我如霜月,孤光挂天涯。西湖不欲往,暮树号寒鸦。"

传说朝云死后,苏东坡每晚梦见朝云回家给他的幼子苏遁哺乳。她每次回家,下衣总是湿漉漉的,问其缘故,朝云说是要涉水过湖所致。苏东坡梦醒后感到肝肠寸断,决定在平湖与丰湖之间构筑一道新堤,这成了惠州苏堤的来历。从此,苏东坡再未娶妻纳妾,鳏居终老。

在苏过到河源购买木料期间,苏迈已经得授广东韶州(今广东韶关)的仁化知县,即将举家南来。苏东坡派苏过到江西虔州(今江西赣州)迎接,他一时间喜忧参半。喜的是"老幼复得相见",分别三年的骨肉终于可以团聚了;忧的是自踏上赴粤行程,经济一直困难,现在家中又将增加好些人口,开支恐怕会更大。在这种情况下,他欲将朝廷发放的折支券请领实物,然后变卖。但是,贬官俸禄本来就不多,再经衙门克扣、市场折价,到手的钱就更少了。

造屋的工程进展基本顺利,快到春节时,房子接近完工。由于新居建在白鹤峰上,山上没有水源,须到东江边去汲取,很不方便。苏东坡在新居即将建成之际,到西邻翟秀才家了解此地生活情况,顺便告诉他自己准备在山顶上凿一口井,并约西邻两家共用这口井。对此,他在《白鹤峰新居欲成,夜过西邻翟秀才,二首·其二》诗中作了记述:

瓮间毕卓防偷酒,壁后匡衡不点灯。
待凿平江百尺井,要分清暑一壶冰。

佐卿恐是归来鹤，次律宁非过去僧。

他日莫寻王粲宅，梦中来往本何曾。

在山顶凿井可不容易。据苏东坡诗文记载，在白鹤峰上挖了四十尺深的时候，工人们遇到了坚硬的磐石，把岩石搬走后才挖出泉水来。当他看见泉水从井底涌出来，禁不住写诗庆祝。

新居建成，还必须在庭院和居所旁栽种花木。到绍圣四年（1097年）二月，苏东坡的白鹤峰新居终于落成。从白鹤峰山脚下拾级而上，只见大门旁种有两株柑橘，此时花正开放，煞是好看。穿过前庑三间平房，便是一个大院落，其间花木交错，清香扑鼻。再往上沿石阶而上，便是正厅"德有邻堂"。

伴随着新居落成，苏东坡马上迎来两件喜事：一是循州知州周文之罢任，特地来惠州看望他；二是闰二月初，苏迈和苏过带着家小到达惠州。周文之抵达惠州后又找到惠州知州方子容，两人同往新居祝贺。当两位知州踏入新居时，马上被其宽阔敞亮和典雅古朴的布局吸引住了。参观后，方知州禁不住作诗赞美，周文之还特地在惠州住了半个月。这一年，苏迈的大儿子苏箪已经二十岁了，次子苏符也已十七八岁。白鹤峰上笑声盈室，热闹非凡。此时虽然患难未尽，但家人齐聚一堂，是多么不容易啊！初闻苏迈举家将要前来的消息后，苏东坡就一直盼着"明年更有味，怀抱带诸孙"，现在他的愿望终于实现了！

谁也未曾想到，团聚未久，变故又生。苏迈本已授仁化知县，但仁化辖属韶州，而韶州与惠州为邻郡。按照朝廷新规，贬官的亲属不得在责地的邻邑做官，故苏迈尚未到任便被去职。这样一来，苏东坡一家的生活更加陷入悲苦的境地。但不管经济多困难，看到眼前子孙齐聚，这位孤独的老人心里还是充满欣慰之情，他觉得这才是人生难得的天伦之乐。况且这座新居从买地算起，到完工迁入，足足费时一年。这一年间，苏过多次到河源购料请工匠，苏东坡则每天上山监工，历尽艰辛才有了这个遮风避雨的家。对于苏东坡及其家人来说，这个家的意义是难以言说的。他感慨万千，禁不住老泪纵横。

屋漏偏逢连夜雨，苏东坡仅仅在倾囊建造的新居住了两个多月，便被一纸皇命调离，从此他再也没能回到白鹤峰的居所。

虽然他在惠州只生活了两年又七个月，可是他对惠州产生的巨大影响早已形成特殊的东坡文化。惠州的山水与苏东坡结下了不解之缘，不少建筑物都取名为"东坡"，比如东坡纪念馆、东坡公园、东坡亭等。而苏堤、朝云墓、六如亭更是后人纪念苏东坡的文化载体，成为惠州的重要历史文物，真可谓"一自坡公谪南海，天下不敢小惠州"。

第十四章　世事一场大梦
　　　　人生几度秋凉

　　在"奋厉有当世志"的社会理想与倔强不屈、戏谑世事的率直性格之矛盾中，苏东坡的仕途起伏坎坷，尤其在哲宗临朝后，他一路受挫，被一再贬谪。明明在惠州生活得很苦，他却在《江郊》诗中说："意钓忘鱼，乐此竿线。优哉悠哉，玩物之变。"他一直盼着尽快离开岭南这"瘴疠之地"，可当他吃过岭南佳果荔枝后却说："日啖荔枝三百颗，不辞长作岭南人。"很显然，苏东坡讲的多半是"反话"，是有意要气一气他的政敌，向政敌们表示：你看，你们这样整治我，我还不是活得很好?！当然，苏东坡在写诗作词的那些瞬间，确实是以旷达的情怀和纯真的眼光来看待世间一切的，觉得这么美好的地方，长住又何妨？这是一种极其矛盾的心理状态。

平生学道真实意　岂与穷达俱存亡

　　几经官场的大起大落、升降沉浮，加上精研佛、道思想，现在苏东坡对于祸福生死已看得很透彻，不会因眼下的惠州之贬而做出过激的行为举措。相反，他总是适时地调整自己，做到信然自得。他的旷达与悠然也自然而然地呈现在他的诗文里。据野史笔记记载，苏东坡之所以会三贬海南，正是因为他在惠州写了《纵笔》一诗：

> 白头萧散满霜风，小阁藤床寄病容。
> 报道先生春睡美，道人轻打五更钟。

诗作传到京都，宰相章惇看完略显不悦，说"看来子瞻在惠州过得很快活啊"。于是在绍圣四年（1097年）二月，他又把苏东坡调离惠州，让他到天涯海角的儋州（今海南儋州）去。

事实上，苏东坡被三贬海南之事，他的诗文不过是个引子而已，更重要的原因是朝廷内部力量的相互倾轧。章惇等人的计谋之所以屡屡得逞，首要因素在于哲宗。哲宗因为年轻，便容易意气用事。多年来他一直抱怨祖母高太后不看重他这个皇帝，痛恨元祐一朝，更痛恨那些执政大臣轻视他。现在他亲政了，反元祐的"绍述"政策意在恢复祖先作风，是他在意气用事的基础上发出的反抗之声。由于从政经验甚少，而他对神宗皇帝的变法又充满景仰，所以对于政治派别博弈中的用人，他的分界线十分分明，全凭感情用事，不会多方面考量是否有阴谋或被人为设计。掌握了新皇帝的这些特点后，章惇等人一方面颂扬先帝"跨绝今古"，一方面又攻击元祐党人藐视朝堂、"敢行讥议"，这怎能不激起年轻皇帝的愤怒，所以朝廷自然出现了一连串的远谪元祐大臣的事件。

绍圣四年（1097年）三月间，尚在惠州的苏东坡听到苏辙被贬过岭的消息，又听说这次同遭严谴的人很多，担心自己今后也不能安居惠州。他立即派人驰函广州知州王古，希望能打探到确切的消息，好做下一步计划。

据说在元祐大臣中，章惇最忌惮的有三样，分别是苏东坡的声望及其与皇帝密切的关系、范祖禹的学问气节、刘安世的刚强敢言。为了稳保自己的权位，他时刻想置这三人于死地。绍圣四年（1097年）闰二月，章惇重提旧议，认为苏东坡、范祖禹、刘安世三人虽谪岭南，但惩罚还不够，于是有了再贬的朝令：范祖禹徙宾州（今广西宾阳县），刘安世徙高州（今广东高州）；苏轼则徙海外，责授琼州别驾、移昌化军安置，为三人中责罚最重的。

海南岛当时虽在宋朝统治之下，但是居民大多是黎族人，仅北部沿岸有少量汉人。苏东坡被贬谪的北部沿岸一带，是中华文化影响之外的地方。在数百个受苦难折磨的元祐大臣中，只有他被贬谪到此处。

圣旨很快就颁到惠州，惠州知州方子容怀着沉痛的心情将朝廷旨意传达给苏东坡，并用许多劝慰的话来开解他。苏东坡现年六十岁，到底还会流放多久，实难预料，有生之年回还内地之望甚为渺茫。

谪令紧迫，苏东坡只能草草处理了家事就起程。第三天一早，苏东坡带着幼子苏过匆匆赶到惠州码头，准备前往儋州。这时，苏迈等诸子孙看见年老的家长苏东坡还要奔赴海外，感伤落泪，坚持要送他一程。苏东坡一家刚到码头，知州方子容也赶到了。他握着苏东坡的手，安慰苏东坡凡事都是命中安排，不必忧恨，一切终有变好的一天。

苏东坡听了坦然一笑，并未表现出多少怨怼与恼恨。眼下最让他头痛的是随身所带的钱不够开支，如此急切之中，怎样才能筹措到这笔开支。困窘之下，他只得函请广州知州王古帮忙催领官俸。

当去往儋州的船行至博罗时，博罗知县林抃已早早候立于江边，为他的这位老友送行。苏东坡上岸与林抃简短交谈后，方才知晓广州知州王古因采纳自己的建议设立医院、赈济贫民，被朝中官员以

"妄赈饥民"之罪弹劾,降调袁州的命令已下。

到了广州,苏东坡特意与王古作别,但不敢久留,怕对他不利,所以道谢后便告辞了。王古还想与苏东坡在半路上再见一面,但苏东坡婉言谢绝。过后,苏东坡给王古写去一封信,在信中说到自己面对此次贬谪的心境以及与友人的话别之意。

第二天一早,苏东坡乘船离开广州。他与苏迈等人在广州江边诀别,子孙数人不约而同地失声痛哭,他们心照不宣却又不由自主地将这次分离看作"已为死别"。苏迨在江边向父亲告别,请他放心家事;苏过则将家眷留在惠州,自己陪伴父亲同到海南。为了到达任所,苏东坡必须溯西江而上,船行数百里先到梧州,然后南转,从雷州半岛渡海。

五月八日,苏东坡抵达梧州。时近黄昏,天色渐黑。次日,听江边父老说前日有一位白须红颊的老者与苏东坡相貌相似,乃知弟弟苏辙尚在滕州(今广西藤县),刚刚经过此地。苏东坡父子随即开船追赶,途中,苏东坡有感而发,写下了离开惠州二十天后的第一首诗——《吾谪海南,子由雷州,被命即行,了不相知,至梧乃闻其尚在藤也,旦夕当追及,作此诗示之》:

> 九疑联绵属衡湘,苍梧独在天一方。
> 孤城吹角烟树里,落日未落江苍茫。
> 幽人拊枕坐叹息,我行忽至舜所藏。
> 江边父老能说子,白须红颊如君长。
> 莫嫌琼雷隔云海,圣恩尚许遥相望。
> 平生学道真实意,岂与穷达俱存亡。
> 天其以我为箕子,要使此意留要荒。
> 他年谁作舆地志,海南万里真吾乡。

海南儋州当时是相去京城几千里的蛮荒之岛，是人们眼中的天涯海角。此间瘴疠尤多，去者罕能生还。有宋一朝，放逐海南是仅比满门抄斩轻一等的处罚。但在苏东坡身上，人们却看不到之前那些流放者的落寞惆怅、悲怆沉郁，听到的只有高歌："他年谁作舆地志，海南万里真吾乡。"他告诉亲人、开导兄弟：平时学佛道要真心实意，不是为作升平时的点缀，而是到了困厄之时，能保持心胸豁达与乐观。苏东坡的确做到了，他无论身处何地，都能够立足很高的境界，超脱地看待现实，不以物喜，不以己悲。

五月十一日，兄弟二人相见于滕州。苏辙的境况也十分凄凉。中午他们在一家小餐馆吃饭，饭食粗糙难以下咽。在京都身居高位多年的苏辙吃惯了美食佳肴，对这些粗糙的麦面饼难以下咽，寥寥几口后就放下筷子，长叹不已。而苏东坡几口就吃光了自己的麦饼，并大笑着说："如此美味，子由还要细嚼慢咽吗？"苏辙只得苦笑。饭毕，兄弟俩起身走出小餐馆，带着家人慢慢向前走。此后兄弟二人一同起卧，在山程水驿共度近一个月。因为彼此深知一旦抵达雷州，就得立刻渡海，不知此生是否还有相见之期。

六月五日，苏东坡兄弟抵达雷州。知州张逢素来仰慕苏氏兄弟的才华和品格，闻知他们到达此处，便与海康知县陈谔于城郭外相迎，给予二人盛大的欢迎接待，并赠送酒食。六月八日，苏东坡离开雷州，苏辙随后离开，张逢派人护送。结果第二年，张逢便因此遭受弹劾，调离任所。

六月九日，苏东坡抵达徐闻县境内的海安（递角场）。徐闻知县冯太钧出迎于海上，后因此遭到弹劾。

次日，苏东坡谢别冯太钧后，去当地的先贤祠作祈祷。此地有一座伏波祠，供奉着西汉路博德与东汉马援两位伏波将军的神像。当地有"凡济者必卜"之说，所有在此风浪险恶之处过海的旅人都要求请神谕,然后决定开船的吉日良辰。苏东坡也谨遵习俗行事。这天夜里,正是离别的前夜,苏东坡兄弟二人及家人全在船上过夜。苏东坡的痔疮复发,痛苦不堪。苏辙也终夜不寐,陪伴在兄长一侧。为消磨时间,二人一同作诗。苏辙以陶渊明诗劝苏东坡戒酒,苏东坡和其原韵,作《和陶止酒》诗赠别苏辙,并表示"从今东坡室,不立杜康祀"。对于这次离别,兄弟二人都深知是真真切切的生离死别,因而彻夜愁忧、相对而坐,黯然神伤至天明。

六月十一日,兄弟二人依依难舍地分别。苏东坡带着苏过及雷州知州特派的几名兵士,从海安登船启航渡海。这段航程并不长,大约有八十公里。当日,天空晴朗,万里无云,岛上的山峦轮廓,影映于天际线上。此情此景让苏东坡思潮起伏。

一路船行顺利,平安无事。他们从澄迈老城平安登岸,后租轿赶赴琼州。苏东坡在琼州府逗留十余日,再经由澄迈沿海南西北部海岸赴儋州,途中作诗《行琼、儋间,肩舆坐睡。梦中得句云:千山动鳞甲,万谷酣笙钟。觉而遇清风急雨,戏作此数句》:

> 四州环一岛,百洞蟠其中。我行西北隅,如度月半弓。
> 登高望中原,但见积水空。此生当安归?四顾真途穷。
> 眇观大瀛海,坐咏谈天翁。茫茫太仓中,一米谁雌雄?
> 幽怀忽破散,永啸来天风。千山动鳞甲,万谷酣笙钟。
> 安知非群仙,钧天宴未终。喜我归有期,举酒属青童。
> 急雨岂无意,催诗走群龙。梦云忽变色,笑电亦改容。
> 应怪东坡老,颜衰语徒工。久矣此妙声,不闻蓬莱宫。

七月二日,苏东坡平安抵达贬所儋州州城。初到此地,他们只能先住在破落的官屋中。官屋因年久失修,秋雨一来,房顶就漏雨，有一夜苏东坡把床东挪西移了三次，其境况之凄惨可见一斑。从踏上儋州的土地，中国文学史上最才华横溢、超然洒脱的天才诗人开始了挑战生命极限的贫困生活，而他在此期间展现出的坚韧的性格和人性的魅力也愈加闪耀起来。

九死南荒吾不恨　兹游奇绝冠平生

在中原人眼里，儋州是不适合人类居住的蛮荒之地。夏天极其潮湿、闷热，秋季雨水连绵，生活所需的器物无不发霉，冬天又雾气弥漫。但当苏东坡告别琼州府赶赴儋州途中忽遇骤风急雨时，他忘记了自己是个被贬逐的官员，他陶醉在海南岛美妙奇幻的景色中。在他眼中，南海诸岛景物奇异，风景迷人，这里的山光水色、奇珍异兽、瑶草琪花、风土人情等，无不使他充满好奇和新鲜感。于是，他像当年办完母亲丧事后，与父亲、弟弟沿长江游览山川名胜一般，被奇特的景致疗愈了。

在路过黎母山时，苏东坡看着雄奇挺拔的黎母山及其腹地美丽的景致，想到自己年轻时交游的经历，写下《和拟古九首·其四》：

> 少年好远游，荡志临八荒。
> 九夷为藩篱，四海环我堂。
> 卢生与若士，何足期渺茫。
> 稍喜海南州，自古无战场。
> 奇峰望黎母，何异嵩与邙。
> 飞泉泻万仞，舞鹤双低昂。
> 分流未入海，膏泽弥此方。
> 芋魁倘可饱，无肉亦奚伤。

这时，苏东坡自觉身处的已不是域外，黎母山和中原的嵩山、邙山一样，都是祖国的名山，都是故乡的沃土。

元符二年（1099年）立春日，也是苏东坡到儋州的第二个春天，面对儋州生机盎然、独特迷人的景色，他更是陶醉不已，欣然作《减字木兰花·己卯儋耳春词》：

春牛春仗，无限春风来海上。便与春工，染得桃红似肉红。
春幡春胜，一阵春风吹酒醒。不似天涯，卷起杨花似雪花。

在这阕词里，我们可以看出苏东坡已经深深地爱上了这片奇异的土地，忘记了自己身处"鬼门关"。

苏东坡一生耿直率性，交友广泛，且入乡随俗，所以尽管儋州生活贫穷不堪，但他却活得自由自在。日子久了，他与当地人逐渐熟识，相处得非常融洽。他曾对弟弟苏辙说，他"上可以陪玉皇大帝，下可以陪卑田院乞儿"，在他眼中，"天下没有一个不是好人"。在和儋州这些默默无闻的读书人、乡野的匹夫村妇们往来时，他无须谨言慎行，大可以自由自如地以名士本色示人。他戴着自己制作的椰子冠，背着盛酒的大瓢，到田间村口和农夫牧童嬉笑交谈；他常常串门过户，向百姓请教问题，与凡夫俗子和乐而处；他与人一块酌酒吟哦，一起寻幽览胜，一道谈古论今。

与乡民交友所体味的快乐，被苏东坡随手写入诗中，如"半醒半醉问诸黎，竹刺藤梢步步迷""总角黎家三四童，口吹葱叶送迎翁""遗我古贝布，海风今岁寒""城东两黎子，室迩人自远。呼我钓其池，人鱼两忘反"，等等。这些诗句无不表达了苏东坡在儋州生活愉快的心情。而且他还发现，黎人并不像传说中那么"性犷悍"，动辄"刀弓相向"。所以，苏东坡认为海南岛不但"风土极善"，而且"人情不恶"。

有一次,苏东坡头顶一个大西瓜,在田地里边唱边走。一位七十多岁的老妇人叫住他,询问他以往在朝中的往事,老妇人随口说昔日的富贵就像是做了个甜美的春梦。苏东坡觉得很有哲理,就称呼老妇为"春梦婆",从此,"春梦婆"便成为当地人对这位老妇人的戏称。

据苏过《斜川集》记载,儋州厚道的黎人不仅帮助苏东坡建起房舍、书院,平日里只要发觉苏东坡缺食少用,黎人就主动送来所需之物;节日到来时,还给苏东坡赠酒送肉。苏东坡对儋州百姓的解衣推食之深情厚谊感激不尽。

儋州当时的生产力相当落后,苏东坡曾写道:"海南多荒田,俗以贸香为业。所产粳稌不足于食,乃以薯芋杂米作粥糜以取饱。"黎人忽视农业生产,"以射猎为生",所有的金属制生活用具和粮食等都由中原输入。苏东坡看到这种情况,很是焦心。儋州地处海南岛西北部,属热带季风气候,"冬不冻寒,草木不调。四时花果水土无他恶,唯黎峒中有瘴气",并不像传说中的那样瘴疠和疟疾横行;这里"四时俱是夏,一雨便成秋",非常适合农业生产。于是,苏东坡在考察儋州生产的基础上,总结出当地存在的许多不良生产生活习惯,认为它们严重阻碍了农业生产的发展。

儋州有"坐男使女立"的风俗,当地人将养家糊口的事情交给妇女操持,男人则在家中照顾孩子。苏东坡苦口婆心地劝说当地人应该由男人外出劳作,而女人则负责待在家中抚养孩子、管理家务。

儋州当时赌博现象严重,苏东坡看到这一问题,即写诗规劝黎人,使之专心劳作,发展生产。对那些好吃懒做、游手好闲、赌博成性的人,应该"投之生黎,俾勿冠履"。

让苏东坡心痛不已的还有,牛作为农业生产的主要畜力,本应受到重视，可是从中原输入的大批耕牛在这里却遭到屠杀。原来，儋州一带的居民非常迷信，患病一概求助于术士。他们治病的唯一办法就是向苍天祷告，杀牛祭神。因此从中原输入的耕牛专为祭神治病所用，而非耕作之用。

苏东坡极力反对这一陋习，一方面写文规劝，宣扬文教；另一方面利用他对中医药的研究，将本地草药如地黄、菊花等合理入药，制成秘方，传授给当地老百姓。

当地居民主要从不卫生的河沟中汲取饮用水，饮用后感染病菌生病的概率很高。苏东坡为帮助他们获得干净的水源，曾在自己居住的桄榔庵附近挖了一口水井，此井至今依然有清洌的井水涌出。当时黎人尚有"食腥"的习俗，每逢有亲人去世，当地人不哭灵、不做饭，也不用糯米，只吃生牛肉，以此表达极端的哀痛。食腥同样易造成病菌入侵人体，因此，苏东坡建议当地老百姓不要吃生食。他的不懈努力，大大改善了当地百姓的生活习惯。

与生俱来的好奇天性，让苏东坡对所有事都愿意尝试，尤其当他赋闲时更是如此。在惠州，因为买不到酒，他开始自己用米酿酒，并分别酿成橘子酒、松酒等，为此他还激动地写下好几篇酒赋。如今在儋州，他又因没有好墨而发愁，又探索着自己制墨。研制过程十分艰苦，最后一次墨灶火势大发，将房屋烧着。经奋力扑救，大火熄灭后，他终于从灶间得到了一些好墨。他顾不得房屋损毁，只是高兴地说：佳墨之多，"足以了一世著书"。空闲无事的苏东坡还养成了到乡野采草药的习惯，并考订了中草药的种类。

除此之外，他还在儿子的帮助下整理杂记文稿，编成《东坡志林》。过去他和弟弟苏辙分别为"五经"作注，在黄州谪居时，他已经注完《易经》和《论语》。现在谪居海南，他又完成了《尚书》的注疏。最了不起的是他的一百二十四首和陶诗。他在颍州时，迫不得已开始田园生活，他觉得自己的生活与陶渊明当年的生活非常相似，而且他极其仰慕陶渊明。离开惠州时，他已经写了一百零九首，只剩下最后十五首没有和，现在他终于完成了这十五首。他请苏辙给这些和诗写一篇序言。这些诗歌充分展现了他惊人的才华，可以说是中国诗歌史上的奇观。他与陶渊明相隔七百余年的诗和，充满了文人趣味。这份雅致也是令后人推崇敬仰苏东坡的重要原因吧。

苏东坡本人精通文史，声名远播。他到儋州后，不少读书学子慕名前来求学。而他也痛感儋州在文教上的落后，有意大力传播中原文化，所以不遗余力地给予指导。苏东坡积极兴办学堂，亲自授徒讲学，主张"教之使有能，化之使有知"。后来，为了他讲学方便，知州张中和黎族的读书人黎子云兄弟共同集资，在黎子云住宅边建起一座房屋，既可作苏东坡父子的栖身之处，也可作为以文会友的地方。苏东坡根据西汉扬雄"载酒问字"的典故为房屋取名"载酒亭"。以后，苏东坡便在这里会见亲朋好友，并给汉黎各族学子讲学授业，传道解惑。

儋州文化的兴起，是苏东坡功业的闪光点。他居儋三年，"以诗书礼乐之教转化其风俗，变化其人心"，到他遇赦北上时，整个儋州地区已是"听书声之琅琅，弦歌四起"。当然，一个地区文化事业的发展要依靠多方面的因素，不能归功于某一个人，但苏东坡对当地的教化功不可没。据清代戴肇辰撰写的《琼台记事录》记载："宋苏文公之谪居儋耳，讲学明道，教化日兴，琼州人文之盛，实自公启之。"可见，儋州文化的兴起，苏东坡浇灌了许多心血与汗水，他那句"我本儋耳人"又是多么贴切和深情！

当时有一个叫姜唐佐的学子禀赋出众，听说苏东坡来到儋州，便找上门来拜师。苏东坡看了他的文章，在其折扇上题诗："沧海何曾断地脉,白袍端合破天荒。"勉励他弥合海南与中原之间的文化差距,也是在断言姜唐佐日后定会考中进士。当时姜唐佐求苏东坡续写全诗,苏东坡承诺:"等你日后登科,吾当为你写足全诗。"苏东坡北归后三年,姜唐佐便举乡贡。崇宁二年(1103年),他在汝阳遇见苏辙,这时才得知苏东坡已去世,姜唐佐便拜在苏辙门下。苏辙听完姜唐佐与兄长的这段逸事后,替胞兄为他补足赠诗:

> 生长茅间有异芳,风流稷下古诸姜。
> 适从琼管鱼龙窟,秀出羊城翰墨场。
> 沧海何曾断地脉,白袍端合破天荒。
> 锦衣他日千人看,始信东坡眼目长。

苏东坡一向对僧人很厚道,但是在儋州却是例外。因为这一带的僧人,不仅可以娶妻生子,而且个别僧人还和别的女人有暧昧情事。对此,他写文作辛辣讽刺。

儋州几年,苏过与父亲时刻不离。苏东坡夸赞说,像苏过这样的好儿子实在是"至矣尽矣,蔑以加矣"。他不但承担一切家中琐务,还是父亲的好秘书。在父亲的指导下,苏过很快便在诗、画方面有了很大的长进,他的作品流传至今。他遵守父命,接受了当年祖父教导父亲与叔父读书学习的方法。为加强记忆,他将《汉书》《新唐书》都抄写了一遍。苏东坡博闻强记,对读过的古史记忆犹新。有时他倚在躺椅上听儿子诵读这些古书,偶尔指出某些古代文人生平的相似细节而加以评论。父子二人还颇以无好笔好纸为苦,但仅凭手中的纸笔,苏过已经能画出颇有雅趣的竹石冬景了。

随着哲宗去世,新帝登基,政局又开始发生变化。新帝登基,必定会有一次天下大赦。终于,苏东坡要苦尽甘来了。

居儋三年有余的苏东坡与儋州地区纯朴的黎族百姓早已融为一体，他把儋州当作自己的故乡，深深地爱上了这片"荒蛮之地"，他高唱："余生欲老海南村，帝遣巫阳招我魂。"多少难言的况味都浓缩在短短的诗行里。往日那些凄风苦雨、诬陷中伤，都已经过去，虽然九死一生，但苏东坡心中早已淡然，他看到了海内看不到的奇绝景色，领悟到了生命深处潜藏的精神之光……

第十五章　南渡北归漫漫路
劫后染疫断诗魂

北宋是我国历史上经济文化非常繁荣的时代，也是我国历史上少见的亡国于文艺君主的时代。建中靖国元年（1101年），是亡国皇帝宋徽宗赵佶即位的第二年。宋徽宗赵佶是宋神宗赵顼的第十一子、北宋第八位皇帝。他曾先后被封为遂宁王、端王，历任镇宁军节度使、司空、昭德军节度使等要职。据说他降生之前，宋神宗曾到秘书省观看收藏的南唐后主李煜的画像，"见其人物俨雅，再三叹讶"，随后就生下徽宗，"生时梦李主来谒，所以文采风流，过李主百倍"。这种"李煜托生"的传说固然不足为信，但赵佶身上确实有李煜的影子。他自幼爱好丹青、骑马、射箭、蹴鞠等文体活动，对奇花异石、飞禽走兽也有浓厚的兴趣，尤其在书法绘画方面更是表现出非凡的天赋。

北宋政坛自宋神宗起用王安石变法伊始，改革派与保守派之间的争斗就不曾停歇，而保守派内部的党派之争与改革派内部的相互倾轧也伴随其间，对北宋的政治生态与人文环境造成深远影响。

宋徽宗登基的第一年是宋哲宗元符三年（1100年）。这年的上半年，朝廷由向太后摄政。向太后是宋神宗的皇后，支持反对变法的保守派。前因哲宗继位时年幼，太皇太后高氏与向太后曾垂帘摄政，扶持幼主。眼下，宋哲宗猝然驾崩，身后无子。向皇后独自决策，迎立端王赵佶为新帝。宰相章惇表示异议，认为"端王轻佻，不可以君天下"。但向太后终未改变主意。同年七月，向太后还政于徽宗。反对立徽宗为帝的左相章惇在保守派数次弹劾和多次主动请辞下被罢相，朝廷升任韩忠彦为左相，曾布为右相。

宋徽宗赵佶从他兄长哲宗手中接过来一个颓败的国家。目睹了朝廷党争的残酷后，他想调和保守派与改革派之间日趋激化的矛盾斗争，于是即位次年改年号为"建中靖国"，以示"本中和而立政"，表达自己准备平息纷扰已久的新旧党争，还朝政以清爽的政治理想。但这个年号仅用过一年便改弦了。新旧党争不仅没有停止，反而愈演愈烈，加上赵佶荒淫挥霍、好大喜功、昏庸无能，终致国都沦陷，北宋灭亡。

然而就在这一年，苏东坡这一颗璀璨的巨星从我国古代文学的历史星空中陨落了。正月，他经历劫难后，准备穿越大庾岭北归。在我国古代的政治人文环境中，大庾岭是一条贬谪诗路，无论由北方走向岭南，还是由岭南返回北方，都意味着在穿越一条生死之路。

很不幸，苏东坡在穿越这条生死之路时，适逢天气恶劣，又恰遇流行性瘟疫。他被迫在山北赣县滞留，这一停留就是七十余天。苏东坡以六十多岁的衰败之貌、病弱之躯被困此地等待船只，因适应不了气候变化，随行的仆人中已有因感染流行性瘟疫而病死的，而他自己也在挣扎着与病魔抗争。

问翁大庾岭头往　曾见南迁几个回

自元符三年（1100年）五月始，就有消息像暗夜里的光亮一样一丝丝、一束束地穿过阴霾照向儋州。先是好友吴复古经广州二次渡海到苏东坡的贬谪地，带给苏东坡获赦内迁的消息，不久后又收到门生秦观致书告知已内迁廉州（今广西合浦、北海）的事，然后收到朝廷命苏东坡以琼州别驾衔移廉州安置，不得签书公事的诏命。接二连三的喜讯表明朝局的变化，而苏东坡又要离开谪居三年多的儋州了。

离开儋州渡海前，苏东坡给朋友写信，请求派二十个青壮年到徐闻海边搬运物品。这是一次离而不返的大迁徙，所以尽管是贬官之身，但这次遇赦北渡，他仍像来到海南时一样乘坐官渡。琼岛西北部的澄迈老城有港口能停泊大船，且有官府驿站通潮阁，从这儿乘坐官渡是最好的选择。等候多日后，苏东坡才得以和好友吴复古、小儿子苏过及家小、仆从一起渡海。

儋州三年，苏东坡与岛上居民结下了深情厚谊。离岛当天，数十名父老乡亲带着自家精心准备的酒菜到船上为他送行。他们拉着苏东坡的双手不肯松开，他们知道此去一别恐难再会，他们流着眼泪诉说不舍与祝福。苏东坡对儋州的民众同样依依难舍，他把自己惜别的心情诉诸诗歌《别海南黎民表》中：

> 我本海南民，寄生西蜀州。
> 忽然跨海去，譬如事远游。
> 平生生死梦，三者无劣优。
> 知君不再见，欲去且少留。

因为取道澄迈渡海，苏东坡未能与自广州返琼的学生姜唐佐相见。苏东坡特意写信告别，抒发其"怀甚惘惘"之意，并将所借的书籍托人还给姜唐佐，同时将自己所用的一只端砚送给他留作纪念。

元符三年（1100年）六月二十日，苏东坡渡海离琼。夜里，他辗转难眠，回想自己三年多的海南谪居生活，他百感交集，慨叹地写下《六月二十日夜渡海》：

参横斗转欲三更，苦雨终风也解晴。
云散月明谁点缀，天容海色本澄清。
空余鲁叟乘桴意，粗识轩辕奏乐声。
九死南荒吾不恨，兹游奇绝冠平生。

所有的一切终于都过去了，他心中没有丝毫的恨意。见识了平生最美妙的风景，他踏上北归的旅程。他一路访友人、题字画、游山水、作诗文、寻住所，心中颇有"春风得意马蹄疾"的畅快。

六月二十一日晚，苏东坡一行人到达徐闻海安。徐闻知县邀集了一批壮夫在此地恭候。谪居海康的苏门学士秦观及其好友海康知县欧阳君亦前往会晤。苏东坡将前日夜渡海的感悟诗句赠送给友人。

六月二十五日，苏东坡与秦观、吴复古等人惜别。苏东坡和吴复古二人一生足迹遍布中国，所不同者，苏东坡是受皇命驱使辗转南北，而吴复古则完全听从己意，来去自如。

从雷州到达廉州，路途很不顺利，一路上暴雨倾泻、洪水涌涨，桥梁坍塌，天气阴晦，家人仆从均已疲惫不堪。七月四日，苏东坡一行人抵达廉州贬所。廉州知州张左藏和当地名士邓拟、刘几仲等人早已恭候多时。他们把劳累不堪的苏东坡一行人接到邓氏园林清乐轩安顿下来，设宴款待，众人把酒吟诗，相谈甚欢。清乐轩环境优美，四周垂柳成荫，百鸟啭鸣，让苏东坡等人一解身心之劳乏。

廉州的七八月正是龙眼成熟的季节。一天，张左藏捧了一把龙眼给苏东坡品尝，苏东坡品尝几颗后赞不绝口，称之"质味殊绝，可敌荔支"，并挥毫写下《廉州龙眼质味殊绝可敌荔支》诗：

> 龙眼与荔支，异出同父祖。端如柑与橘，未易相可否。
> 异哉西海滨，琪树罗玄圃。累累似桃李，一一流膏乳。
> 坐疑星陨空，又恐珠还浦。图经未尝说，玉食远莫数。
> 独使皱皮生，弄色映㕍俎。蛮荒非汝辱，幸免妃子污。

在廉州，苏东坡与石康知县欧阳晦夫意外重逢。自踏上贬谪之路，他们已多年未曾得见。久别后的相逢让他们惊喜万分，欧阳晦夫的妻子为苏东坡缝制了头巾，欧阳晦夫的儿子向苏东坡赠送了琴枕。苏东坡心怀感激之情，写下《欧阳晦夫惠琴枕》《欧阳晦夫遗接䍦琴枕，戏作此诗谢之》等诗相赠留念，诗作饱含深情，以示感谢。此时的苏东坡正处于穷困潦倒、颠沛流离的窘况，除了以饱含真诚的诗词回赠挚情，实在没有可以拿出手的可赠之物了。

稍微休整，恢复一点元气后，苏东坡开始在合浦寻友访胜。三廉古刹东山寺是苏东坡的倾心之处，"以诗名岭外"的东山寺住持合浦愈上人更是苏东坡有意结交的高人。无奈苏东坡寻访东山寺时，他已访道南岳去了。有趣的是，住持似乎心有灵犀，知道苏东坡会来寻访他，离寺时在寺院的墙壁上留下"闲伴孤云自在飞"的诗句。苏东坡访高僧不得，颇为惆怅，"戏和其韵"以对之：

> 孤云出岫岂求伴，锡杖凌空自要飞。
> 为问庭松尚西指，不知老奘几时归。

八月，朝廷又诏命苏东坡任舒州（今安徽安庆）团练副使，移永州（今湖南永州）安置。他又得重新起程了。

廉州的短暂停歇，让苏东坡仿佛卸下了无形的枷锁，他的内心因离岛北还而轻松，因行动相对自由而惬意。虽然依旧贫穷，但他享受到了晚年生活中一段难得的平静自在。

八月二十二日,正值秋高气爽,碧波湖中,秋荷摇曳,分外多姿。张左藏、刘几仲、邓拟等人在清乐轩设宴为苏东坡饯行。宾主举杯,心中泛起无限惆怅。席间,苏东坡忽闻远处传来丝竹之声,袅袅动人。这乐声似从白云间传来,抑扬回还,凝神细听方知是瓶笙。苏东坡于是即席作《瓶笙诗》记之:

> 孤云吟风细冷冷,独茧长缲文蜗笙。
> 陋哉石鼎逢弥明,蚯蚓窍作苍蝇声。
> 瓶中宫商自相赓,昭文无亏亦无成。
> 东坡醉熟呼不醒,但云作劳吾耳鸣。

八月二十九日,苏东坡离开廉州,张左藏、刘几仲等人在南流江畔与苏东坡黯然告别。苏东坡乘着木筏溯南流江而上,经博白,过玉林,到藤县,九月底自梧州北归。

苏东坡的安然北归,引起了很大的社会震动。所到之处,百姓夹道欢迎;有的书生背着干粮,一路追随着走了三百多里路。他每经过一座城市、每到达一个地方,都被朋友和仰慕者紧紧包围。他们陪着他到处游山逛庙题字,以表达难以言说的喜悦和崇敬之情。

接到湖南赴任的命令后,苏东坡和儿子苏过从廉州北上前往梧州。出发前,他曾盼咐孩子们在那里等他。但他到达时,儿孙都还没到。由于贺江水浅,乘船往北到湖南行船不易,于是他决定绕道而行:先回广州,再往北过大庾岭,再由江西往西到湖南。这段旅程正常情况下要走上半年时间才能走完。

十月,苏东坡到达广州,友人程怀立等人出迎款待。长子苏迈、次子苏迨等已经自北方到此迎候父亲。与儿孙们久别后重聚,苏东坡在诗文中感叹生活如梦。

在广州，苏东坡的日程十分紧凑，设宴款待的朋友接连不断。某日席间畅饮正酣时，有朋友开玩笑说他到海南第二年，就有谣传他已去世，当时朋友真以为他死了。苏东坡风趣地回答说："不错，我是真的死了，并且还下到阴曹地府。但是在去往阴间的路上遇见了故友章惇，又决心还阳。"深谙其中事的朋友们大笑起来。

十一月，团聚后的一大家子乘船前往南雄。南雄，别称雄州，又名南雄州，位于大庾岭南麓，毗邻江西、湖南，自古是岭南通往中原的要道，"枕楚跨粤，为南北咽喉"。他们尚未走出多远，吴复古及一群僧人便追了上来。这群僧人又与苏东坡在船上盘桓了几天才告辞离开。

途经英州（今广东英德）时，当地正好有一座何公桥建成，英州知州何智茂请苏东坡作文纪念。英州是苏东坡自定州首先被贬的地方，他挥笔作铭文，流传后世。

这时，苏东坡又接到诰命："复朝奉郎，提举成都玉局观，在外州军任便居住。"至此，苏东坡才真正结束了贬谪生活，完全获得了自由。但这个诰命可以说是命运又一次与苏东坡开了个玩笑。假若一开始就得到自由定居的命令，他和弟弟苏辙便能在广州会面，结伴北归。苏辙接到命令被调往湖南洞庭湖边的地区，那时苏东坡只是奉令移居海南岛的廉州，离广东还很远，而苏辙已经起程携眷北归了。此前苏辙的家眷一直住在惠州白鹤峰苏东坡的房子里。等苏辙到达汉口附近，正要前往目的地时，他又升了官职，恢复行动自由。因为他在颍州（今安徽阜阳）有田产，其他孩子也住在那儿，他就回颍州去了。他写信希望苏东坡也去颍州居住，这样兄弟俩就可以老来为伴，而苏东坡也正有此意。

因为朝廷调令的时间差，苏东坡在北归漫行了半年后，于建中靖国元年（1101年）正月开始穿越大庾岭并被迫因气候及瘟疫而滞留。这一滞留便是七十天。在滞留大庾岭的这段时间，周边慕名前来拜访的各界人士络绎不绝。只要不忙着给求字者题字，苏东坡就腾出时间给病人看病，给集镇上的乡民们抓药配药。偶尔闲下来，也和新老朋友相约游览附近的山川河流。

人们密切关注并打探苏东坡北归的行踪。他每到一地，总有数不尽的绫绢和纸笔等待着他题诗。某一日，苏东坡歇居于一家村店，有白发老者询问客官为何人，苏东坡的随行者告之是"苏尚书"，白发老者十分激动地问道："是苏子瞻吗？"得到肯定的回答后，老翁健步如飞地跑到苏东坡面前，激动地连声道："我听说有心肠歹毒的人千方百计要加害尚书，您这次能平安北归，是苍天有眼，保佑好人哪！"苏东坡见素不相识的乡野村夫居然也这么关心自己，深受感动。为表达对老人的谢意，他在墙壁上题诗一首：

鹤骨霜髯心已灰，青松合抱手亲栽。
问翁大庾岭头住，曾见南迁几个回？

世事坎坷识天意　贫病淹留见人情

朝廷犯官能够在贬谪之地儋州安然地生活，在古代是一件无法想象的事情。贬谪儋州在北宋时期只是比满门抄斩略轻的惩罚，因为在世人眼中，只要被流放于此，无异于让其自生自灭。儋州生活条件之艰苦实在让中原人难以想象，更超出今人所能以为的愚昧与贫困。岛上如远古洪荒般原始，当地黎族人甚至常以薯芋、老鼠、蝙蝠、蟛蜞等为食。而三年前的盛夏，苏东坡被辗转流放，来到这片蛮荒之地。

哲宗绍圣四年（1097年）七月二日，苏东坡平安抵达贬所儋州的州城（今儋州中和镇）。到达儋州后，按照例行程序，苏东坡给皇上呈报《到昌化军谢表》。表章写道：

今年四月十七日，奉被告命，责授臣琼州别驾昌化军安置，臣寻于当月十九日起离惠州，至七月二日已至昌化军讫者。并鬼门而东鹜，浮瘴海以南迁。生无还期，死有余责。臣轼中谢。伏念臣顷缘际会，偶窃宠荣。曾无毫发之能，而有丘山之罪。宜三黜而未已，跨万里以独来。恩重命轻，咎深责浅。此盖伏遇皇帝陛下，尧文炳焕，汤德宽仁。赫日月之照临，廓天地之覆育。譬之蠕动，稍赐矜怜；俾就穷途，以安余命。而臣孤老无托，瘴疠交攻。子孙恸哭于江边，已为死别；魑魅逢迎于海上，宁许生还。念报德之何时，悼此心之永已。俯伏流涕，不知所云。臣无任。

一个病弱老人，身处"穷途"且"生无还期"之际，还感念着皇恩以自责自审，"子孙恸哭于江边，已为死别"的悲切随着江水奔涌……其千古悲壮之声和生死离别之痛，令人不忍卒读。

初到儋州，苏东坡举目无亲、身无寸金，登岛便陷入"食无肉、病无药、居无室、出无友、冬无炭、夏无寒泉"的生活困境。为换得衣食等最基本的生活必需品，他变卖了千里迢迢运来的物件，连自己爱好的酒器都变卖了，最后仅剩下一只珍爱的荷叶杯，因其做工精妙奇巧，实在舍不得出手而免于变卖。

七月十三日，苏东坡将自己到达贬地十多天的生活窘境和静寂于天地间的愁绪记入《夜梦》，并作序："七月十三日，至儋州十余日矣。淡然无一事，学道未至，静极生愁。夜梦如此，不免以书自怡。"在《和陶连雨独饮二首》，苏东坡在和诗前写道："吾谪海南，尽卖酒器以供衣食，独有一荷叶杯工制美妙，留以自娱。乃和渊明《连雨独饮》。"

闲游城东学舍时，苏东坡又作《和陶示周掾祖谢》，记述了自己忍饥挨饿论道作文的生活：

闻有古学舍，窃怀渊明欣。
摄衣造两塾，窥户无一人。
邦风方杞夷，庙貌犹殷因。
先生馔已缺，弟子散莫臻。
忍饥坐谈道，嗟我亦晚闻。
永言百世祀，未补平生勤。
今此复何国，岂与陈蔡邻。
永愧虞仲翔，弦歌沧海滨。

无论物质生活如何贫困，那份不屈的精神探求是始终不会消散的！苏东坡已经做好了最坏的心理准备。所幸八月初，儋州知州兼军使张中到任。他叩门拜访苏东坡，并将雷州知州张逢的书信交给苏东坡，待之甚恭。当他看到苏东坡所住驿舍破烂不堪，就派出兵卒用公款修缮了伦江驿，让苏东坡父子移居伦江驿。后来张中也住进旧州衙署，与苏东坡为邻。

张中不但对苏东坡的诗才佩服得五体投地，而且常邀苏过与其对弈。苏东坡不解棋，苏过也只是粗略会一点。张中和苏过下棋时，苏东坡总是在旁观战，乐在其中。他将这种生活写成《观棋》诗，并在诗前详细交代：

予素不解棋，尝独游庐山白鹤观。观中人皆阖户昼寝，独闻棋声于古松流水之间,意欣然喜之。自尔欲学,然终不解也。儿子过乃粗能者,儋守张中日从之戏,予亦隅坐,竟日不以为厌也。

十一月,张中邀请苏东坡同访东郊逸士黎子云。苏东坡欣然同意,并作《和陶因舍始春怀古二首》记之。在序言中,他说:"儋人黎子云兄弟,居城东南,躬农圃之劳。偶与军使张中同访之。居临大池,水林幽茂。坐客欲为醵钱作屋,予亦欣然同之。"

十二月,苏东坡将其所作的一百零九首和陶诗编成集子,寄给弟弟子由,让子由为之作序。

绍圣五年(1098)六月,改年号为元符。这一年,苏东坡六十一岁。第二年正月上元夜,张中置酒邀请苏东坡过饮,苏东坡作《上元夜过赴儋守召,独坐有感》。二月二十日,是苏辙六十岁生日,苏东坡将黎族人送给他的沉香木寄给弟弟祝寿,另附《沉香山子赋》,"盖非独以饮东坡之寿,亦所以食黎人之芹也"。二月下旬,苏东坡游历了城北谢氏废园。三月三日,正值上巳日,苏东坡携一壶酒出游城南,寻访诸生,诸生皆出,独与符林秀才饮,作《海南人不作寒食,而以上巳上冢。予携一瓢酒,寻诸生,皆出矣。独老符秀才在,因与饮至醉,符盖儋人安贫守静者也》:"老鸦衔肉纸飞灰,万里家山安在哉?苍耳林中太白过,鹿门山下德公回。管宁投老终归去,王式当年本不来。记取城南上巳日,木棉花落刺桐开。"

苏东坡的岛居时光,在平静悠闲中慢慢流淌。元符元年(1098年)三月下旬,好友吴复古渡海来儋州探望苏东坡,他带来了一个坏消息。朝廷将派湖南提举董必南下查访,可能要起诉逐臣。他和苏东坡同住了几个月。当时儋州隶属广西。朝廷原计划派遣吕惠卿的弟弟吕升卿到广西巡查。但是曾布和其他朝官说吕升卿一定不会秉公呈报实情,必然招致私仇大恨。如此一来,朝廷的这些举措就显得过于极端了。于是，哲宗改吕升卿巡查广东，董必巡查广西。果然不出所料，董必找出了苏辙的纰漏，说他强占民房，还弹劾雷州知州厚待罪臣。于是雷州知州遭撤职，苏辙被改调到惠州以东地区，也就是苏东坡曾谪居的地方。

四月，董必查访广西。董必打算从雷州半岛到海南，他的副手彭子明因为同情苏东坡，劝阻董必。他说每个人都有子孙，如果非要赶尽杀绝的话，将来恐怕要遭报应。董必似乎有所触动，只委派属下过海察看苏东坡的情形。巡查官发现苏东坡住在官舍里，颇受知州张中优待，便据实以报。董必立即以流放之人不许住官舍之名将苏东坡父子逐出官舍。

仅有的栖息之地被收走，苏东坡必须用一点余钱搭个陋室居住。但像他这样贫窘的逐臣，要想在异地他乡建屋筑室谈何容易！"坎坷识天意，淹留见人情"，幸而天性淳厚的儋州百姓给了他极大的帮助与同情。黎人热情慷慨，拿出建房的材料和工具，帮助他在桄榔林中建造了五间茅屋，而且分文未取。他所住的地方位于城南的一片椰子林中。盖房时，知州张中也亲自帮忙。当地的居民，尤其是穷苦读书人家的子弟，"十数学生助作，躬泥水之役"。特别是王介石，"躬其劳辱，甚于家隶，然无丝发之求"。苏东坡将新居命名为"桄榔庵"，并把简陋的桄榔庵当成为官以来最有意义的居所。在《和陶和刘柴桑》诗中，他写道："漂流四十年，今乃言卜居。且喜天壤间，一席亦吾庐。"

新居建成，东坡兴奋不已，又作《新居》诗：

朝阳入北林，竹树散疏影。
短篱寻丈间，寄我无穷境。
旧居无一席，逐客犹遭屏。

结茅得兹地,翳翳村巷永。
数朝风雨凉,畦菊发新颖。
俯仰可卒岁,何必谋二顷。

桄榔庵不仅意味着知州张中对苏东坡的关心与保护,也体现了岛上居民的纯朴与真诚。桄榔庵成了东坡晚年的精神家园。他在这里著书立说,完成了"追和古人,则始于东坡"的和陶诗;他在这里与百姓促膝谈心,话桑麻,治民病;他在这里与张中"卯酒无虚日,夜棋有达晨"。这或许就是苏东坡有意将儋州当作故乡的主要原因吧。到元符二年(1099年),知州张中因优待苏东坡而被朝廷革职。

桄榔庵的后面有一片槟榔林。夜里躺在床上,苏东坡常常能听见黎人猎鹿的声音。这个地区有很多鹿,有时天刚蒙蒙亮,便有猎人前来叩门,以鹿肉相赠。

在拥有了几间陋室后的两年半时间里,苏东坡的日子过得轻松自在,只是仍然一贫如洗。为了养活家人,他恳请知州给他划出一片地,供他耕种。谪居黄州时苏东坡已有过耕作的经验,他还想像那样自食其力,但他毕竟年岁已衰,年逾六旬的老人亲自下地劳动,在当时是十分艰难的一件事。幼子苏过一直陪伴着父亲,帮忙分担日常劳作。

面对难以忍受的贫病威胁,苏东坡心里是坦然的,没有一丝畏难恐惧的情绪。元符元年(1098年)九月十二日,苏东坡在杂记中述写自己的坎坷:

吾始至南海,环视天水无际,凄然伤之曰:"何时得出此岛耶?"已而思之,天地在积水中,九州在大瀛海中,中国在少海中。有生孰不在岛者？覆盆水于地，芥浮于水，蚁附于芥，茫然不知所济。
少焉，水涸，蚁即径去，见其类，出涕曰："几不复与子相见。"岂
知俯仰之间，有方轨八达之路乎？念此可为一笑。戊寅九月十二日，
与客薄饮小醉，信笔书此纸。

  在苏东坡的胸怀中，这"天地""九州""中国"不都在"大瀛
海"中吗？普天之下，谁不是"岛"上人呢？尽管眼下，他的生存
状态凄惨之至，但他的精神却更加坚不可摧。这种得之于道家的独
特思路使他身居高位时不会得意忘形，遭受厄运时亦不会绝望沮丧。
哪怕从一只抱草叶的蚂蚁身上，他也能看到生之希望！

  夏天的热带海岛，潮湿闷热，当地居民很受煎熬。苏东坡静坐
于椰子林中，一天天数着日子，等待秋季来临。谁知这年秋季多
雨，自广州、福建来的船只都已停航，粮食供应难以为继，连稻
米都不可得。苏东坡一筹莫展。

  元符元年（1098年）冬天，因为食物接济不上，他又开始采用
煮青菜的老办法充饥，煮苍耳为食。他给朋友写信说，他和儿子
"相对如两苦行僧尔"。面对饥饿，他在杂记《辟谷说》中写下"食
阳光止饿法"。传说洛阳有一个人，一次坠入深坑之中，里面有蛇和
青蛙。这个人注意到，黎明时分，这些动物都将头转向缝隙，因为
那里有射进来的太阳光，而且它们好像要将太阳吞食下去。这人既
饥饿又好奇，也尝试模仿动物吞食的动作，饥饿之感竟然瞬间就消
失了。后来此人获救，竟不再知道何为饥饿。苏东坡说："此法甚易
知易行，天下莫能知，知者莫能行，何则？虚一而静者，世无有也。
元符二年，儋耳米贵，吾方有绝食之忧，欲与过子其行此法，故书
以授之。四月十九日记。"不知苏东坡当时是以认真还是玩笑的心情
写这段杂记的，总之，我们今天读来，于心酸之际还会忍不住为苏

东坡的天真可爱会心一笑。

事实上，苏东坡的挨饿是暂时的，海岛上他的朋友、邻居及渔民没让他挨饿，他们给予了他力所能及的帮助。有的送食品，有的送药品，也有的送酒，还有的给他的亲朋传送信息。学子姜唐佐就时常给东坡送来酒、面和香茶，而当时在广东罗阳郡任职的程天侔也不间断地给苏东坡寄药、米、糖、姜等，程儒也不时给苏东坡寄赠纸、茶等。为此，苏东坡作《答程全父推官》《与程秀才》等文答谢。十二月，友人王介石、徐钰给苏东坡送来酒子。道潜致书苏东坡，说欲携颖沙弥自杭州来儋州探视苏东坡，苏东坡回信让他不要来。赵梦得自澄迈来访，苏东坡书录陶阮篇什及旧作赠之，并作《会茶帖》。在友人、乡邻与学生们的关照与守护下，苏东坡把谪居海南的贫困日子过出了别样的风味。

元符二年（1099年），已经六十二岁的苏东坡似乎全然不记得自己在惠州的《纵笔》诗引来被贬儋州的厄运，他挥毫又作《纵笔三首》：

> 寂寂东坡一病翁，白发萧散满霜风。
> 小儿误喜朱颜在，一笑那知是酒红。
>
> 父老争看乌角巾，应缘曾现宰官身。
> 溪边古路三叉口，独立斜阳数过人。
>
> 北船不到米如珠，醉饱萧条半月无。
> 明日东家当祭灶，只鸡斗酒定膰吾。

自四十二岁因"乌台诗案"入狱后，才华横溢的苏东坡渐不为变法改革的支持者所容，屡贬黄州、惠州、儋州，仕途坎坷，心力交瘁。但即使如此，苏东坡在诗中依旧隐言了他的观点：外界的风浪随它去，挫折过后，他还是能生活得不错。这几首自我解嘲的叹老之作背后有苏东坡心中的不满和欲有所为的心迹，我们从中不难窥见苏东坡的铮铮傲骨。

道大平生为民容　才高济世未成累

建中靖国元年（1101年）正月，向太后去世，宋徽宗赵佶开始掌握朝政大权。正穿越南岭北归的苏东坡猜测朝中将又有变动，为避免是非，他决定不去离京都较近的京畿重地颍州，而选择回常州居住。他给苏辙写了一封长信，把他们因时间差而不能聚首的遗憾归咎于天命。待安居常州后，他再让苏迈去任新职，他和另外两个儿子则在太湖地区的农庄里居住。

苏东坡乘船行至新淦（今江西新干）时，恰逢这儿也有一座新桥落成，两三千父老乡民在桥边迎接他，并请他为新桥命名。苏东坡想上岸去见当地知州，但人山人海难以上岸。盛情之下，他只好仓促在船上题了"惠政桥"三个字，乡亲们这才慢慢散去。

五月一日，苏东坡来到金陵，此前他已经写信给布衣至交钱世雄，请他帮忙在常州城内找房子安居。在这半年里，苏东坡颇为犹豫难决。苏辙已经回到颍昌的老宅居住，而且写信邀请他去同住，他一时拿不定主意。常州地濒太湖，风光甚美，而且他在常州也有田产，可以作为生活之资。他当然很想与弟弟住在一处，可是弟弟有一大家人，而且家境并不富裕。他不知道是否应该带一家三十多口人前去加重弟弟的负担，但接到信后，他决定与弟弟结邻而居。在金陵渡江时，他交代儿子苏迈、苏迨到常州处理家事，然后双方在扬州相会。

在扬州，苏东坡住在船上，等待与孩子们会合。夏季很快来临，天气非常炎热，苏东坡感觉奇怪：自己从热带北归，为什么反而觉得中原地区更加炎热呢？阳光火辣辣地照在河面上，湿气自水面升腾，他觉得胸中闷得非常难受。

六月初三，苏东坡感觉自己大概患了痢疾。他猜测是因为喝冷水过多，也可能是一直喝江水的缘故。第二天早晨，他浑身酸软无力，于是停止进食。因为略通医术，他命家人买来黄芪煎汤喝下，感觉缓解了许多。可是，在此期间，他的消化系统确实出了毛病，以致夜里无法安睡。

在扬州期间，他给好友、大画家米芾写了九封信，信里他向米芾描述自己的病情："两日来，疾有增无减。虽迁闸外，风气稍清，但虚乏不能食，口殆不能言也。……"

"某两日病不能动，口亦不欲言，但困卧耳。承示太宗草圣及谢帖，皆不敢于病中草草题跋，谨具驰纳，俟小愈也。河水污浊下流，熏蒸益病，今日当迁往通济停泊。虽不当远去左右，且就快风活水，一洗病滞，稍健当奉笑谈也。"

"某昨日啖冷过度，夜暴下，且复疲甚。食黄芪粥甚美。卧阅四印奇古，失病所在。明日会食，乞且罢。需稍健，或雨过翛然时也。印却纳。"

"某食则胀，不食则羸甚。昨夜通旦不交睫，端坐饱蚊子耳。不知今夕云何度？……"

米芾送来一味药，是麦门冬汤。苏东坡一直把米芾当晚辈看，米芾则对这位前辈十分敬仰。苏东坡读了米芾的一篇《宝月观赋》后，"恨二十年相从，知元章不尽，若此赋，当过古人，不论今世也"，相识相交二十年，苏东坡觉得自己对米芾的了解着实不足。

在病中，苏东坡时而觉得好些，时而又感到软弱疲乏。他的生命力已经受到严重破坏。米芾多次前来探望他，当他的身体状况稍微好转时，二人还曾一同去游东园。

六月十一日，苏东坡向米芾告别，十二日过江去往靖江。江边有数千民众翘首迎立，只为一睹名士的风采。

六月十二日，苏东坡拖着病弱之躯，带着三个儿子和一个子侄，在堂妹的儿子柳闳的陪伴下，前往墓地祭扫早逝的堂妹夫妇，并第二次为亡者写祭文。回家后，他难抑伤心，"侧身面壁而卧，哽咽抽搐"，无法起身接待来访的朋友。

苏东坡到京口时，章惇正在南下，他已于一年前被贬到雷州半岛。章惇的儿子章援还留在京口，准备前去探望父亲。因为苏东坡病重，家人便谢绝了许多客人的会见。除了知州，当地文人几乎都不能面见苏东坡，这其中就有章援。

章援与苏东坡算得上有师生之谊。九年前苏东坡为主考官时，曾将章援的应试文擢为第一名。按照宋朝当时的风气，章援应当是苏东坡的门生。章援深知父亲与苏东坡的政见分歧，也知道苏东坡随时有再度当权的可能，所以他百般思虑后决定给苏东坡写一封长信。这封信很难措辞，他坦白地说出了不敢登门拜访老师的理由，因为他父亲的缘故，他曾踌躇再三。他在信中诉说了父亲在南海将要面对的艰难处境，很委婉地提到苏东坡若再有辅佐君王之时，其一言足以决定他人的命运。他担心苏东坡会以他父亲当年施于自己的手段，还施于其父。他恳请并盼望能见苏东坡一面，或者得他一言，以知其态度。

其实，苏东坡在遇赦北归的路上就听到了章惇被放逐的消息。有个名叫黄实的人，与苏、章两家都有亲戚关系，他是章惇的女婿，同时又是苏辙第三子苏逊的岳父。苏东坡听到章惇被贬谪的消息后，曾写信对黄实说:"子厚(章惇字)得雷,为之惊叹弥日。海康地虽远,无甚瘴。舍弟居之一年,甚安稳。望以此开譬太夫人也。"苏东坡很坦荡,与章惇多年的恩怨似乎成了昨日之事。收到章援的信后,苏东坡不顾病痛,回信说:

某与丞相定交四十余年,虽中间出处稍异,交情固无所增损也。闻其高年,寄迹海隅,此怀可知。但已往者,更说何益?惟论其未然者而已。主上至仁至信,草木豚鱼所知。建中靖国之意,可时以安。海康风土不甚恶,寒热皆适中,舶到时,四方物多有,若昆仲先于闽客、广舟中准备,备家常要用药百千去,自治之余,亦可以及邻里乡党。又丞相知养内外丹久矣,所以未成者,正坐大用故也。今兹闲放,正宜成此,然只可自内养丹,切不可外服物也。某在海外,曾作《续养生论》一首,甚欲写寄,病因未能,到毗陵定叠检获,当录呈也。所云穆卜,反复究绎,必是误听。纷纷见及已多矣,得安此行为幸,幸更徐听其审。又见今病状,死生未可必。自半月来,日食米不半合,见食即先饱。今且速归毗陵,聊息居我里,庶几且少休,不即死。书至此,困惫放笔,太息而已。六月十四日。

章援接到信后,为苏东坡的宽厚和大度感动不已。

路过金山寺,苏东坡在寺中看到自己以前的画像,感慨良多,不禁对他的一生作出自嘲性的总结:

心似已灰之木,身如不系之舟。
问汝平生功业,黄州惠州儋州。

六月十五日,苏东坡沿运河继续自靖江北归常州故地。行船沿着运河进入常州时,引起了轰动。成千上万的民众在西岸会集,他们跟着船走,对苏东坡表示出诚挚热烈的欢迎。苏东坡体力稍稍恢复,已能在船里坐起。他头戴小帽,身着长袍,两臂伸出舱外,挥动着向民众致意。他深受触动,没想到民众对自己的感情如此深厚。他转身向船上众人说,这样的欢迎仪式太隆重了,他承受不起。众人则回说理应如此,只是他太过谦逊。

为了有一个相对舒适的安身之地,苏东坡用所余不多的钱财在乡间买了一所住宅。入住几天后的某一晚,他漫步到一座破落的茅棚附近,忽闻里面传出悲哭声,他感到奇怪,便推门进去。只见一位老妇人正难过地哭泣,他问询缘由,老人告诉他自家有一座百年老宅,相传为宝,不料被她的不孝儿子偷偷卖掉了,她被赶到这间破屋居住。百年旧居,是几辈人的苦心经营,一旦诀别,再也回不去了,所以特别伤心。苏东坡为之怆然,便问老妇人老宅在哪里,老妇人告知的正是苏东坡所买的那处宅院。苏东坡再三劝慰老人不必伤心,随后取出房契烧毁,分文未取就搬走了。由于没钱另买房子,他只好寄居在好友钱世雄为他租的一户住宅里。

在常州安定下来后,苏东坡向皇帝上表请求退隐林泉,获得批准。按照宋朝的官员退休制度,苏东坡被任命为故乡四川一所寺院的管理人,管理庙产。当时有一种迷信的说法,若官员身患重病,辞去官职便有助于疾病痊愈,也能延年益寿。苏东坡亦听闻此说,愿意一试。

三年多艰苦困顿的海南生活,已经严重损害了苏东坡的身体健康,北上几千里路的长途跋涉更是雪上加霜。即使是青春年少者,如此辛苦辗转也未必吃得消,何况是一个六十多岁的老人!未到常州前,他就感到身体不适;到达常州后,他的病情日益加重,缠绵难愈。

他一直没有胃口，长期卧床不起，预感大去之期已不远。好友钱世雄几乎每隔一天就来看他。尚未北归时，钱世雄就曾不断写信、捎药物给他。现在每逢精神稍好一些，苏东坡就让儿子苏过去请钱世雄来闲谈。这一天，钱世雄进房间时，发现苏东坡已不能坐起来了。苏东坡凄惶地说："我由南方迢迢万里，生还中土，自然高兴。心中唯独难过的是，归来后始终没有机会与子由相会。自雷州海边一别，就一直未曾再见一面……"

喘息了一会儿，积蓄点力气，他又接着对钱世雄说："我在海南时已完成了《论语》《尚书》《易经》三部书的注解，我想将这三部书托付给你。你且将这些稿本妥为收藏，三十年后，它们将很受人看重。"然后，他颤抖着想打开箱子，但却找不到钥匙。钱世雄安慰他不用着急，先安心养病，等病好起来再找也不迟。

在苏东坡病重的一个月里，钱世雄几乎抽出一切时间探望苏东坡。苏东坡将所有心思都寄托于诗文上，他把自己在南方所写的诗文拿给钱世雄看。每当拿出诗文，他就忘记了带病的残躯，双目放光。有几天，他还有体力为诗文写些小文、札记、题跋等，他知道好友会细心珍藏自己的文稿，他把其中一篇《桂酒颂》送给了钱世雄。

七月十五日，苏东坡病情恶化，夜里发起高烧，天明时牙根出血严重。分析症状，他认为病因来自热毒，即所谓的传染病。他以为，若要痊愈，只能让病毒的毒性自行消散，除此别无他法。他拒绝吃饭，只喝用人参、麦门冬、茯苓熬成的汤汁，感到口渴时就啜饮几口。钱世雄给苏东坡送来几种据说有奇效的药，但是苏东坡拒不服用。他写信给钱世雄说："庄生闻在宥天下，未闻治天下也。……如此而不愈则天也，非吾过矣。"

七月十八日，苏东坡把三个儿子叫到病床前，交代后事，自言"平生未尝为恶，自信不会进地狱"。他让儿子们不用担心，并嘱咐他们，他的墓志铭要让苏辙写，将他与第二任妻子王闰之合葬在苏辙家附近的嵩山山麓。几天后，苏东坡的病况似乎有些起色，他让两个儿子扶他从床上坐起，略微走了几步后就不得不坐下歇息。

七月二十五日，苏东坡病情恶化，几乎没有病愈的希望。他在杭州期间的老友维琳方丈闻讯后前来探望，并一直陪伴着他。尽管他已不能坐立，但很愿意在屋里跟方丈说说话。

七月二十六日，苏东坡写下最后一首诗。维琳方丈一直和他谈论今生与来世，劝他念几首偈语。苏东坡笑笑，虚弱地问："鸠摩罗什呢？他也死了，不是吗？"鸠摩罗什是印度高僧，在汉末来到中国，将三百卷左右印度佛经译成中文。一般人相信他是奠定大乘佛法的高僧，中国和日本的佛法都承此一脉。鸠摩罗什行将去世时，有几个由天竺同来的僧友替他念梵文咒语。纵然如此，鸠摩罗什还是病情恶化，不久死去。苏东坡读过他的传，依然记得这个情节。

七月二十八日，苏东坡迅速衰弱下去，变得呼吸气短。全家老少、维琳方丈和钱世雄等齐聚在房间里，为他作临终守候。方丈走近床前，附在苏东坡耳边，轻声对鼻息渐弱的他说："此刻，你可以想一想西方极乐净土。"苏东坡声音微弱地回答："西方净土也许有吧，空想前往，又有何用呢？"钱世雄站立一旁，亦俯身对苏东坡说："东坡，最好还是作如是想吧。"苏东坡用尽一生的浩然之气留给人间的最后一句话："勉强而为就错了。"他拒绝了佛家虚无缥缈的来生和西方，将其解脱之道交给了自然，任由一切顺其自然。儿子苏迈走上前去请示父亲还有什么遗言交代，但是苏东坡一言未发便已瞑目，享年六十四岁。

苏东坡历尽艰难，没有客死海外，而是死在了自己原已择定的终老之乡——常州。这是不是冥冥中的一种天意，甚至是眷顾呢？

　　一代文豪苏东坡逝世的消息一经传出，天下百姓，尤其是苏东坡曾治下或他生活过的杭州、密州、徐州、黄州、惠州等地的百姓，为之痛哭不已。前来吊丧的人络绎不绝，来自各方的悼文、挽联堆满书案，其中由"苏门六君子"之一的李廌所作的悼文获得广泛称赞。悼文曰：

　　德尊一代，名满五朝；道大不容，才高为累。惟行能之盖世，致忌媚之仇。久蹭蹬于禁林，不遇故去；遂飘零于瘴海，卒老于行。方幸赐环，忽闻亡鉴。识与不识，罔不尽伤；闻所未闻，吾将安仿？皇天后土，知一生忠义之心；名山大川，还千古英灵之气。系斯文之兴废，占吾道之盛衰。兹乃公议之共忧，非独门人之私议。

　　如此高评，古往今来，俱获文人学士、为官者、为民者一致的认同，堪称文学史上的一大奇观！苏东坡其德之尊、其道之大、其才之高、其忠义之心、其英灵之气，为后人提供了为人作文的养料，这些财富何其宝贵，即使时间流逝近千年，它们依然璀璨，依然令苏东坡立于那座不可逾越的文化高峰之上。

鉴平生忠义之心　　还千古英灵之气

　　苏东坡去世后，悲痛不已的苏辙将其安葬于河南汝州境内的一座山上。巧合的是，这座山的名字也叫峨眉山——距苏东坡的故乡眉山不远，那里有另一座峨眉山，一座他曾登临过、歌咏过的峨眉山。

　　建中靖国元年（1101 年）十一月，邓洵武攻击左相韩忠彦，推荐蔡京为相，为宋徽宗采纳，宋徽宗于同月末决定改年号为崇宁，明确宣示放弃先前拟定的调和政策，改为崇法熙宁变法。

随后，他们做了一件令人发指的事情。他们将哲宗时一度执政的蜀党全部列为"奸党"，对已经去世的司马光和苏东坡也不放过。蔡京等人焚毁了元祐法，宣布把元祐、元符年间的执政官员司马光、文彦博、苏东坡、黄庭坚、秦观等三百零九人列入"奸党"名单，并焚毁了一大批文集的印版。他们还将这三百零九人的名字刻于石碑上，昭告天下。这就是历史上著名的"元祐党人碑"。这种将反对派一网打尽、斩尽杀绝、使之千年万载永受羞辱的办法，使社会衰乱，朝纲败坏，直到北宋亡国。

崇宁五年（1106年）正月，位于文德殿东墙上的元祐党人碑突遭雷电袭击，破裂为二。这件事使苏东坡身后的名气越来越大。按朝廷要求，他死后的前十年，凡石碑上刻出的苏东坡诗文或字画都被奉令销毁，他在世时的所有官衔也全予剥夺。然而，雷击石碑五年后，一个道士向徽宗呈奏称，曾见苏东坡已在玉皇大帝驾前任文曲星，掌诗文。热衷文艺的徽宗愈加害怕，急忙恢复苏东坡在世时的最高职位，后又另封高位，为苏东坡生前所未有。至徽宗政和七年（1117年），皇家开始搜集苏东坡的手稿，苏东坡的诗文字画在市场交易中极受欢迎，不久这些珍贵的手稿成了皇宫的御览之宝，或官宦巨贾及收藏家手中的珍品。

到南宋时，高宗在新都杭州开始阅读苏东坡的遗著，尤其是他所写的有关国事的文章，越读越敬佩他的谋国之忠和至刚大勇。为了追念苏东坡，他给苏东坡的孙子苏符赐封高官。到南宋乾道六年（1170年），孝宗因喜爱苏东坡的诗文，尤其赞赏他的策论奏章等，称他为忠直之臣，追谥他为"文忠公"。乾道九年（1173年），又赐太师官阶，还特意为他的文集作序，盛赞他的浩然正气。至此，苏东坡身后的名声不仅恢复，还达到巅峰。

  弹指一挥间，千年时光倏尔远逝，滔滔岷江水依然奔涌向前，黄州的赤壁矶头犹有葳蕤的林木和徐徐的清风，杭州西子湖畔的杨柳悠悠地见证了历史中的别样故事，惠州依然烟雨空濛、湖山碧净如洗，儋州的夕照与海南的椰风还在咏叹着渔歌号子……但斯人已逝，只有那些珠玑般的文字为我们记录了曾经那个时代的那位文人。他以飘逸雄健的文字、傲然于世的胸怀、随缘通达的心性，为后人立起一座难以企及的文化丰碑。

附录　苏东坡年谱

景祐三年十二月十九日，出生于眉州眉山。

皇祐六年，娶妻王弗。

嘉祐二年，高中进士；母丧，回乡丁忧。

嘉祐四年十月，守丧期满，前往京都。

嘉祐六年，应中制科考试，入第三等，为"百年第一"，授大理评事，签书凤翔府判官。

治平元年，任职史馆。

治平二年五月八日，妻子王弗去世。

治平三年，父丧，扶柩还乡，守孝三年。

熙宁元年，娶王闰之。

熙宁二年，返京，任职史馆。

熙宁四年，上书谈论新法的弊病，为王安石变法派不容，后请求出京任职，被授为杭州通判。

熙宁七年秋，调往密州，任知州。

熙宁十年四月，赴任徐州知州。

元丰二年，调为湖州知州。后因"乌台诗案"被捕，解往京师。

元丰三年，谪居黄州，贬为黄州团练副使，本州安置，受当地官员监视。

元丰七年，离开黄州，奉诏赴汝州就任。

元丰八年，宋神宗驾崩，哲宗即位，高太后临朝听政，重新起用司马光为相。苏东坡被召还朝，并连连升职。

元祐元年，升翰林学士知制诰，知礼部贡举。

元祐四年，任龙图阁学士，知杭州。

元祐六年，被召回朝，任吏部尚书。因为党争，八月调往颍州任知州。

元祐七年，任扬州知州、兵部尚书、礼部尚书。

元祐八年，任定州知州。高太后去世，哲宗执政，新党再度执政。第二任妻子王闰之去世。

绍圣元年，被贬为宁远军节度副使、惠州安置。

绍圣四年，被贬到荒凉之地海南儋州。

元符三年四月，朝廷颁行大赦，复任朝奉郎。

建中靖国元年七月二十八日，在常州逝世。